Ik dacht: mijn vader is God

Andere boeken van Paul Auster bij De Arbeiderspers:

Leviathan
Mr. Vertigo
De New York-trilogie
Timboektoe
Van de hand in de tand

Paul Auster (red.)

Ik dacht: mijn vader is God

Ware verhalen uit Amerika

Vertaald door Gert Jan de Vries

Uitgeverij De Arbeiderspers
Amsterdam · Antwerpen

Copyright © 2001 Paul Auster

Copyright Nederlandse vertaling © 2002 Gert Jan de Vries/
BV Uitgeverij De Arbeiderspers, Amsterdam
Oorspronkelijke titlel: *I thought my father was God and other true tales
of American life*
Uitgave: Henry Holt and Company, New York

Niets uit deze uitgave mag worden verveelvoudigd en/of openbaar gemaakt, door middel van druk, fotokopie, microfilm of op welke andere wijze ook, zonder voorafgaande schriftelijke toestemming van BV Uitgeverij De Arbeiderspers, Herengracht 370-372, 1016 CH Amsterdam. *No part of this book may be reproduced in any form, by print, photoprint, microfilm or any other means, without written permission from* BV *Uitgeverij De Arbeiderspers, Herengracht 370-372, 1016* CH *Amsterdam.*

Omslagontwerp: Nico Richter
Omslagillustratie: Chris Draper/Photonica en
Jake Rajs/Tony Stone

ISBN 90 295 0033 6 / NUR 304
www.boekboek.nl

Mededeling van de samensteller

Mijn hartelijke dank gaat uit naar de volgende mensen die mij hebben geholpen en gesteund: Daniel Zwerdling, Jacki Lyden, Rebecca Davis, Davar Ardalan, Walter Ray Watson, Kitty Eisele, Marta Haywood en Hannah Misol – allemaal van *Weekend All Things Considered* – en Carol Mann, Jennifer Barth en – als eerste, laatste en eeuwige – Siri Hustvedt.

P. A.

Inhoud

Inleiding 13

DIEREN
De kip, *Linda Elegant* 25
Rakker, *Yale Huffman* 26
De gele vlinder, *Simonette Jackson* 28
Pooh, *Patricia L. Lambert* 30
Varkenskarbonade, *Eric Wynn* 33
Konijnenverhaal, *Barry Foy* 35
Andy en de slang, *Ron Fabian* 37
Blauwe luchten, *Corki Stewart* 41
Blootgesteld, *Michael Oppenheimer* 43
Vertigo, *Janet Schmidt Zupan* 45

VOORWERPEN
Radiozigeuner, *Bill Calm* 51
Een fietsgeschiedenis, *Edith Riemer* 53
Oma's porselein, *Kristine Lundquist* 56
De bas, *Mark Snyder* 58
Moeders horloge, *Raymond Barry* 62
Manuscript gevonden op een zolder, *Marcus Rosenbaum* 64
Kerstmis in gezinsverband, *Don Graves* 66
Mijn schommelstoel, *Dick Bain* 67
De eenwieler, *Gordon Lee Stelter* 69
De streepjespen, *Robert M. Rock* 71
De pop, *Robert McGee* 73
De videoband, *Marie Johnson* 77
Een cadeau van goud, *John Keith* 79

FAMILIE
Weggeregend, *Stan Benkoski* 85
Afstand, *Lucy Hayden* 87

Banden, *Miriam Rosenzweig* 90
De woensdag voor kerst, *Jack Fear* 92
Hoe mijn vader zijn baan kwijtraakte, *Fred Muratori* 94
Danny Kowalski, *Charlie Peters* 97
Wraak, *Eric Brotman* 99
Put your little foot, *Anna Thorson* 101
Amerikaanse odyssee, *Jane Adams* 104
Een bordje doperwten, *Rick Beyer* 107
Moeders kladblok, *Heather Atwood* 110
Dubbele smart, *Martha Russell Hsu* 113
Duizend dollar, *I. Z.* 116
Vrijaf, *Joe Miceli* 120
Herdenking, *Mary Grace Dembeck* 128

SLAPSTICK
Van twee kusten, *Beth Kivel* 135
Man versus jas, *Mel Singer* 136
Lol, *Nancy Wilson* 138
De taart, *Gerard Byrne* 139
Hoe je vrienden maakt en invloed kunt uitoefenen,
Jerry Yellin 141
Je vader heeft hooikoorts, *Tony Powell* 143
Lee Ann en Holly Ann, *Holly A. Heffelbower* 146
Waarom ik tegen bont ben, *Freddie Levin* 148
Vliegveldverhaal, *Randy Welch* 151
De restauratiewagen, *John Flannelly* 153
Pret in de Bronx, *Joe Rizzo* 155
Op een dag in Higley, *Carl Brooksby* 158

VREEMDEN
Dansen in 74th Street, *Catherine Austin Alexander* 161
Een gesprek met Bill, *John Brawley* 163
Mijn fout, *Ludlow Perry* 166
Het nieuwe meisje, *Marc Mitchell* 169
De ijsman van Market Street, *R. C. Van Kooy* 172
Dichterslevens, *Clayton Eshleman* 176
Land of the Lost, *Erica Hagen* 177

Gered door God, *Mary Ann Garrett* 179
Mijn verhaal, *Rachel Watson* 181
Kerstochtend 1949, *Sylvia Seymour Akin* 186
$1380 per nacht, dubbele bezetting, *Bruce Edward Hall* 189
Een schot in het licht, *Sion Goodman* 195
Sneeuw, *Juliana C. Nash* 204

OORLOG

De berg Grappa, *Mary Parsons Burkett* 209
Savenay, *Harold Tapper* 211
Vijftig jaar later, *Gisela Cloos Evitt* 212
Hij was even oud als mijn zus, *Mieke C. Malandra* 213
Wedden op oom Louie, *Jeanne W. Halpern* 215
De tiengoaler, *Paul Ebeltoft* 218
De laatste hand, *Bill Helmantoler* 221
Augustus 1945, *Robert C. North en Dorothy North* 223
Een middag in de herfst, *Willa Parks Ward* 225
Ik dacht: mijn vader is God, *Robert Winnie* 227
Het volksfeest, *Reginald Thayer* 229
Kerst 1945, *Lloyd Hustvedt* 232
Een zonnige wandeling, *Donald Zucker* 235
A Shot in the Dark, *David Ayres* 238
Bekentenissen van een muisketier, *Doreen Tracey* 241
Utah 1975, *Steve Hale* 243

LIEFDE

En als?, *Theodor Lustig* 247
De geheimen van tortellini, *Kristina Streeter* 249
Een onvrijwillige assistent, *C. W. Smitt* 251
De plek, *Bev Ford* 253
Tafel voor twee, *Lori Peikoff* 255
Boordenknoopje, *Earl Roberts* 258
Susans kerstwens, *Susan Sprague* 260
Edith, *Bill Froke* 262
De dag dat Paul en ik vliegerden, *Ann Davis* 265
Een liefdesles, *Alvin Rosser* 268
Ballerina, *Nicolas Wieder* 270
Het gelukskoekje, *Sharli Land-Polanco* 273

DOOD

As, *Sara Wilson* 277
Harrisburg, *Randee Rosenfeld* 279
Stof tot nadenken, *P. Rohmann* 281
Welterusten, *Ellise Rossen* 283
Dodemansbluf, *Joel Einschlag* 285
Dat wist ik niet, *Linda Marine* 287
Een mislukte executie, *David Anderson* 289
De geest, *G.A. Gonzalez* 292
Hartchirurgie, *Dr. G.* 295
De huilplek, *Tim Gibson* 296
Lee, *Jodie Walters* 298
South Dakota, *Nancy Peavy* 300
Contact met Phil, *Tom Sellew* 304
De brief, *Brian F. McGee* 306
Generale repetitie, *Ellen Powell* 308
De anonieme doorslaggevende factor,
Hollie Caldwell Campanella 312

DROMEN

4:05 uur 's ochtends, *Matthew Menary* 317
Bloed, *James Sharpsteen* 318
Vrijdagavond, *Steve Hodgman* 320
Farrell, *Stew Schneider* 322
De muur, *Vicky Johnson* 324
De hemel, *Grace Fichtelberg* 326
De droom van mijn vader, *Mary McCallum* 329
Parallelle levens, *Timothy Ackerman* 331
Anna May, *Jeff Raper* 334
Lang, lang geleden, *Lynn Duvall* 337

BESPIEGELINGEN

Aan de kust, *Tanya Collins* 343
Martini-cocktail, *Dede Ryan* 346
Nergens, *John Howze* 349
Wat is er toch van Era Rose Rodosta geworden?,
Carolyn Brasher 350

Rekenen voor beginners, *Sandra Waller* 353
Weerspiegelingen in een wieldop, *Roger Brinkerhoff* 357
Dakloos in Prescott, Arizona, *B.C.* 360
Huisje Weltevree, *Tim Clancy* 363
Een doorsneeverdriet, *Ameni Rozsa* 365

Inleiding

Dit is nooit de bedoeling geweest. Het Nationale Verhalenproject ontstond per ongeluk, en als mijn vrouw zestien maanden geleden niet een keer aan tafel een bepaalde opmerking had gemaakt, zouden de meeste verhalen in dit boek nooit zijn geschreven. Het was mei 1999, juni misschien, en ik was die dag al geïnterviewd voor National Public Radio over mijn nieuwste roman. Nadat het gesprek was beëindigd had Daniel Zwerdling, presentator van *Weekend All Things Considered*, me gevraagd of het me wat leek om vaste medewerker van het programma te worden. Ik kon zijn gelaatsuitdrukking niet eens zien toen hij me de vraag stelde. Ik zat in New York in de studio van NPR op Second Avenue en hij zat in Washington D.C. en we hadden de afgelopen twintig, dertig minuten via microfoons en koptelefoons met elkaar gesproken, ondersteund door het technische wonder dat bekendstaat als glasvezel. Ik vroeg wat hem voor ogen stond en hij zei dat hij dat niet wist. Misschien kon ik eens in de maand of zo in de uitzending een verhaal vertellen.

Ik was niet geïnteresseerd. Mijn eigen werk was al ingewikkeld genoeg en ik had er allerminst behoefte aan om er een baan bij te nemen waarvoor ik op commando verhalen moest uitpersen. Maar om aardig te zijn zei ik dat ik er thuis eens over na zou denken.

Siri, mijn vrouw, was degene die het voorstel op zijn kop zette. Toen ik haar die avond over het merkwaardige aanbod van NPR vertelde, kwam zij meteen met een voorstel dat mijn gedachten op een ander spoor zette. Binnen dertig seconden was nee in ja veranderd.

Je hoeft die verhalen niet zelf te schrijven, zei ze. Laat andere mensen maar eens wat opschrijven, hun eigen verhalen. Als ze die naar jou insturen kun jij de beste op de radio voorlezen. Als er genoeg mensen iets opsturen kan het zelfs iets bijzonders worden.

En zo werd het Nationale Verhalenproject geboren. Het was Siri's idee en ik ging ermee aan de haal.

Ergens eind september kwam Zwerdling me in Brooklyn opzoeken, samen met Rebecca Davis, een van de producenten van *Weekend All Things Considered*, en toen lanceerden we het idee van het project in de vorm van wederom een interview. Ik liet de luisteraars weten dat ik verhalen wilde. Die verhalen moesten waar gebeurd zijn en ze moesten kort zijn, maar met betrekking tot schrijfstijl of onderwerp waren er geen voorschriften. Wat me het meeste interesseerde, zo beweerde ik, waren verhalen die haaks stonden op onze verwachtingen van de wereld, anekdotes die de mysterieuze en onkenbare machten schetsten die werkzaam waren in ons leven, onze familiegeschiedenissen, ons lichaam, onze geest en in onze ziel. Of om het anders te zeggen: waargebeurde verhalen die klonken als fictie. Ik had het over kleine en grote zaken, tragische en komische, elke ervaring die belangrijk genoeg leek om aan het papier toe te vertrouwen. Je hoefde je geen zorgen te maken als je nog nooit een verhaal had geschreven, legde ik uit. Iedereen kende ongetwijfeld een goed verhaal en als er maar genoeg mensen op de oproep reageerden, zouden we ongetwijfeld iets verrassends over onszelf en elkaar aan de weet komen. De sfeer van het geheel was volstrekt democratisch. Alle luisteraars konden insturen en ik beloofde ieder verhaal dat binnenkwam te zullen lezen. Ze zouden in hun eigen leven en ervaringen graven, maar tegelijkertijd deel uitmaken van een collectieve inspanning, iets wat groter was dan zijzelf. Met hun hulp, zei ik, hoopte ik een archief van feiten samen te stellen, een museum van de Amerikaanse realiteit.

Het interview werd op de eerste zaterdag van oktober uitgezonden, vandaag precies een jaar geleden. Sindsdien heb ik meer dan vierduizend inzendingen ontvangen. Dat aantal is vele malen groter dan waar ik op had gerekend en de afgelopen maanden ben ik dan ook overspoeld geweest door manuscripten, heb ik als een dolle rondgedobberd in een uitdijende zee van papier. Enkele verhalen zijn handgeschreven; sommige getypt; andere zijn uitgeprinte e-mails. Elke maand heb ik de vijf of zes beste eruit gekozen en die omgezet tot korte stukjes van twintig minuten die op *Weekend All Things Considered* werden uitgezonden. Het is opzienbarend dankbaar werk gebleken, een van de inspirerendste zaken die ik ooit heb ondernomen. Maar er zijn ook moeilijke kanten aan geweest. Op verschillende momenten was ik volstrekt overspoeld met materiaal en las ik zestig of zeventig verhalen per sessie, en elke keer dat ik dat deed, voelde ik me naderhand verpulverd, volstrekt leeg en energieloos. Zoveel emoties om mee om te gaan, zoveel vreemden in de woonkamer, zoveel stemmen die me uit zoveel richtingen tegemoetkwamen. Op zulke avonden had ik gedurende twee of drie uur het gevoel dat de gehele Amerikaanse bevolking mijn huis was komen binnenwandelen. Ik hoorde Amerika niet zingen. Ik hoorde het verhalen vertellen.

Ja, er is wel wat geraas en getier ingestuurd door ontspoorde types, maar veel minder dan ik verwacht had. Ik heb wereldschokkende onthullingen vernomen over de moord op Kennedy, ben blootgesteld aan diverse ingewikkelde interpretaties die recente gebeurtenissen verbinden met bijbelteksten en ben ingewijd in informatie over rechtszaken tegen een half dozijn bedrijven en overheidsinstellingen. Sommige mensen hebben hun best gedaan om me op stang te jagen en ziek te maken. Vorige week ontving ik nog een bijdrage van een man die zijn verhaal ondertekende met 'Cerberus' en als adres opgaf: 'De onderwereld 66666'. Het verhaal over zijn marinierstijd in Vietnam eindigde met een verslag van hoe hij en de rest van zijn compagnie een gestolen Vietnamese baby hadden geroosterd en bij een kampvuur hadden opgegeten. Het klonk alsof hij er trots op was. Wat mij betreft kon het best waar zijn. Maar dat betekent nog niet dat ik het op de radio wil voorlezen.

Aan de andere kant bevatten sommige verhalen van gestoorde mensen verrassende en fascinerende passages. Afgelopen herfst, toen het project net op gang begon te komen, kwam er een verhaal van een andere Vietnamveteraan, een man die in een gevangenis in het Midwesten een levenslange gevangenisstraf uitzat wegens moord. Hij sloot een handgeschreven verklaring in waarin hij met horten en stoten vertelde hoe hij tot zijn misdaad was gekomen, en de laatste zin van dat document luidde: 'Ik ben nooit volmaakt geweest, maar ik ben echt.' Op een bepaalde manier zou die uitspraak als credo kunnen gelden voor het Nationale Verhalenproject, het werkelijke principe achter dit boek. We zijn nooit volmaakt geweest, maar we zijn echt.

Van de vierduizend verhalen die ik heb gelezen waren de meeste onderhoudend genoeg om me tot het laatste woord te boeien. De meeste zijn direct, eenvoudig en overtuigend geschreven en hun inzenders hebben er eer mee ingelegd. We hebben allemaal een innerlijk leven. We hebben allemaal het gevoel dat we deel uitmaken van de wereld en er tegelijkertijd buiten staan. We branden allemaal op onze eigen existentiële wijze. We hebben woorden nodig om uit te drukken wat er in ons leeft, en keer op keer hebben de inzenders me bedankt dat ik ze de kans heb gegeven hun verhaal te vertellen, 'zich hoorbaar te maken'. Wat ze hebben verteld is vaak verbijsterend. Meer dan ooit heb ik leren inzien hoe diep en hartstochtelijk we ons eigen leven leiden. Onze gehechtheden zijn meedogenloos. Onze liefdes overdonderen ons, bepalen ons, verwijderen de grenzen tussen onszelf en anderen. Meer dan een derde van de verhalen die ik heb gelezen gaan over gezinnen: ouders en kinderen, kinderen en ouders, echtgenoten, broers en zussen, grootouders. Voor de meesten van ons vullen die ons bestaan, en verhaal na verhaal, of ze nou grimmig waren of humoristisch, ben ik ervan onder de indruk geraakt hoe helder en krachtig die banden worden verwoord.

Enkele middelbare scholieren hebben verhalen ingestuurd over het slaan van homeruns en het winnen van medailles bij wedstrijden, maar het was die zeldzame volwassene die van de gelegenheid gebruikmaakte om op te scheppen over zijn prestatie. Hilarische blunders, pijnlijke toevalligheden, strelingen des doods, wonderlijke ontmoetingen, onwaarschijnlijke ironie, voorgevoelens, verdriet, pijn, dromen – dat waren de onderwerpen waarover de inzenders schreven. Ik sta niet alleen in mijn overtuiging dat hoe meer we van de wereld begrijpen, hoe verwarrender en ongrijpbaarder hij wordt. Zoals een van de eerste inzenders het zo welsprekend omschreef: 'Ik zit zonder adequate definitie van de werkelijkheid.' Als je de dingen niet zeker weet, als je geest nog open genoeg is om vraagtekens te plaatsen bij wat je ziet, bekijk je de wereld heel nauwgezet en door die oplettendheid kun je iets zien wat nog nooit iemand heeft gezien. Je moet bereid zijn toe te geven dat je niet alle antwoorden kent. Als je denkt van wel zul je nooit iets belangrijks te zeggen hebben.

Onwaarschijnlijke clous, onverwachte wendingen, gebeurtenissen die weigeren te voldoen aan de wetten van het gezond verstand. Onze levens lijken menigmaal op wat je in achttiende-eeuwse romans leest. Vandaag kwam er toevallig weer een lading emails van NPR binnen, en tussen de nieuwe inzendingen zat het verhaal van een man die in San Diego in Californië woont. Ik citeer eruit, niet omdat het bijzonder is, maar stomweg omdat het het meest recente bewijs is dat ik bij de hand heb:

Toen ik acht maanden oud was werd ik uit een weeshuis geadopteerd. Nog geen jaar later overleed mijn adoptiefvader plotseling. Ik werd samen met drie oudere adoptiefbroers door mijn alleenstaande moeder opgevoed. Als je geadopteerd bent, heb je een natuurlijke nieuwsgierigheid om je natuurlijke familie te kennen. Tegen de tijd dat ik getrouwd was en al achter in de twintig, besloot ik op zoek te gaan.

Ik was opgevoed in Iowa en natuurlijk vond ik na twee jaar zoeken mijn biologische moeder in Des Moines. We ontmoetten elkaar en gingen uit eten. Ik vroeg haar wie mijn biologische vader was en zij zei me hoe hij heette. Ik vroeg waar hij woonde en zij zei: 'San Diego', waar ik zelf al vijf jaar woonde. Ik was zonder er iemand te kennen naar San Diego verhuisd – ik had alleen maar geweten dat ik erheen wilde.

Uiteindelijk bleek dat ik werkte in het gebouw naast dat waar mijn vader werkte. We lunchten vaak in hetzelfde restaurant. We hebben zijn vrouw nooit over mijn bestaan verteld omdat ik zijn leven niet echt wilde verstoren. Hij was wel altijd een beetje een zwerver geweest die er vriendinnetjes op nahield. Hij en zijn laatste vriendin waren al meer dan vijftien jaar 'samen', en zij bleef mijn informatiebron over hem.

Vijf jaar geleden stierf mijn biologische moeder in Iowa aan kanker. Kort daarvoor kreeg ik een telefoontje van de minnares van mijn vader dat hij aan een hartkwaal was overleden. Ik belde mijn biologische moeder in het ziekenhuis van Iowa en vertelde haar over zijn dood. Zij overleed die nacht. Ik hoorde dat beide begrafenissen de volgende zaterdag plaatsvonden – die van hem 's ochtends om elf uur in Californië en die van haar om één uur 's middags in Iowa.

Na een maand of drie, vier kreeg ik het gevoel dat er een boek nodig was om het project recht te doen. Er kwamen te veel goede verhalen binnen en ik kon niet meer dan een fractie van de waardevolle bijdragen op de radio brengen. Er waren er trouwens veel die te lang waren voor het format dat we hadden vastgesteld, en vanwege de vluchtigheid van een uitzending (een eenzame, lijfloze stem die elke maand achttien of twintig minuten lang door het Amerikaanse luchtruim trilt), wilde ik de meest memorabele ervan verzamelen en in druk bewaren. Radio is een machtig medium, en NPR reikte tot in vrijwel alle uithoeken van het land, maar je kunt de woorden niet aanraken. Een boek is tastbaar, en als je het neerlegt, kun je later de plek terugvinden waar je was gebleven.

Deze bloemlezing bevat 126 stukken – die ik beschouw als de beste uit de vierduizend werken die tijdens het afgelopen jaar binnen zijn gekomen. Maar het is ook een representatieve selectie, het Nationale Verhalenproject in het klein. Voor ieder verhaal over een droom of een dier of een verloren voorwerp dat u hier vindt zijn tientallen andere ingezonden, tientallen andere die gekozen hadden kunnen worden. Het boek begint met een verhaal van zes zinnen over een kip (het eerste verhaal dat ik afgelopen november voor de radio voorlas) en eindigt met een melancholieke overdenking over de rol die de radio in ons leven speelt. De auteur van dat laatste stuk, Ameni Rozsa, werd tijdens het luisteren naar een uitzending van het Nationale Verhalenproject geïnspireerd tot het schrijven van een verhaal. Ik had gehoopt stukjes en beetjes van de Amerikaanse realiteit te pakken te kunnen krijgen, maar ik was nooit op de gedachte gekomen dat het project zelf ook deel van die realiteit zou gaan uitmaken.

Dit boek is geschreven door mensen van alle leeftijden en van alle rangen en standen. Er zit een postbode bij, iemand van de koopvaardij, een chauffeur van een trolleybus, een meteropnemer, een muzikant, een zakenman, twee priesters, een gedetineerde uit een heropvoedinginstituut, diverse dokters en een assortiment huisvrouwen, boeren en een ex-militair. De jongste inzender is nauwelijks twintig, de oudste bijna negentig. De helft van de schrijvers is vrouw, de helft man. Ze wonen in steden, buitenwijken en op het platteland en ze komen uit tweeënveertig verschillende staten. Ik heb bij het bepalen van mijn keuze nooit over demografisch evenwicht nagedacht. Ik heb de verhalen puur op basis van verdienste gekozen vanwege hun medemenselijkheid, vanwege hun waarheidsgehalte, vanwege hun charme. Zo zijn die aantallen tot stand gekomen, door puur toeval.

In een poging om wat orde in de chaos van stemmen en contrasterende stijlen te scheppen heb ik de verhalen in tien verschillende categorieën verdeeld. De titels van de afdelingen spreken voor zich, maar afgezien van de vierde afdeling, 'Slapstick', die helemaal uit komische verhalen bestaat, bevat elke categorie een ruime keuze aan materiaal. De inhoud doorloopt het hele scala van klucht tot tragedie en voor iedere wreedheid en gewelddadigheid die erin plaatsvindt is er een tegenhanger van vriendelijkheid of vrijgevigheid of liefde. De verhalen gaan voor- en achteruit, op en neer, in en uit en na een poosje begint het je te duizelen. Als je de bladzij van de ene bijdrage omslaat word je meteen met een volstrekt andere persoon geconfronteerd, met volstrekt andere omstandigheden en een volstrekt andere kijk op de wereld. Maar dit hele boek draait om verschillen. Er staat wel wat elegant en verfijnd schrijfwerk in, maar er is ook veel grof en onhandig. Slechts een beperkt deel zou je kunnen kwalificeren als 'literatuur'. Het is iets anders, iets rauws, gewaagds, en welke vaardigheden de auteurs ook mogen ontberen, de meeste verhalen zijn onvergetelijk. Het is voor mij moeilijk voor te stellen dat iemand dit boek van voor naar achteren zou doorlezen zonder ook maar één traantje weg te pinken of eenmaal hardop te lachen.

Als ik deze verhalen moest definiëren, zou ik ze berichten noemen, rapportages van het front van persoonlijke ervaringen. Ze gaan over de privé-werelden van individuele Amerikanen, en niettemin zie je er keer op keer de onontkoombare tekenen van de tijd in, de verknoopte manieren waarop het lot van het individu wordt bepaald door de maatschappij als geheel. Enkele van de oudere inzenders schrijven, terugkijkend op hun jeugd, noodzakelijkerwijs over de crisisjaren en de Tweede Wereldoorlog. Andere inzenders die halverwege de eeuw geboren zijn, worden nog steeds bezocht door de gevolgen van de oorlog in Vietnam. Dat conflict eindigde vijfentwintig jaar geleden en toch leeft het als een terugkerende nachtmerrie in ons voort, een grote wond in onze nationale ziel. Weer andere inzenders, van verschillende generaties, hebben verhalen geschreven over de kwaal van het racisme in Amerika. Die gesel treft ons al meer dan 350 jaar en hoe hard we die ook uit ons midden trachten te verdrijven, er is nog geen medicijn tegen ontdekt.

Andere verhalen behandelen aids, alcoholisme, drugsgebruik, pornografie en vuurwapens. Maatschappelijke krachten beïnvloeden het leven van die mensen voortdurend, maar niet een van die verhalen beoogt de maatschappij zelf te kenschetsen. We weten dat Janet Zupans vader in 1967 in een gevangenenkamp in Vietnam om het leven kwam, maar daar gaat haar verhaal niet over. Met een opmerkelijk oog voor visuele details roept ze een specifieke middag op in de Mojavewoestijn waarop haar vader zijn koppige, weerspannige paard nazit en doordat we weten wat er slechts twee jaar later met haar vader zal gebeuren lezen we haar verslag als in memoriam. Geen woord over de oorlog maar doordat ze indirect een moment dat daaraan voorafgaat schildert, voelen we toch dat een compleet tijdperk van de Amerikaanse geschiedenis zich voor onze ogen voltrekt.

De lach van de vader van Stan Benkoski. Kleine Mary Grace Dembeck die een kerstboom door de straten van Brooklyn sleept. John Keiths moeder die haar trouwring kwijt is. John Flannelly's vingers die klem zitten in de gaten van een roestvrijstalen verwarmingsradiator. Mel Singer die door zijn eigen jas op de grond wordt gegooid. Anna Thorson die in de schuur danst. Edith Riemers fiets. Marie Johnson die een film ziet die is opgenomen in het huis waarin ze is opgegroeid. Ludlow Perry's ontmoeting met de man zonder benen. Catherine Austin Alexander die uit haar raam kijkt op West Seventy-Fourth Street. Juliana C. Nash die door de sneeuw wandelt. Dede Ryans filosofische martini. Carolyn Brashers boordenknoopje. Stuk voor stuk laten deze verhalen een blijvende indruk achter. Zelfs als je ze alle 126 hebt gelezen, blijven ze je bij en zul je ze net zo herinneren als een treffende gelijkenis of een goeie mop. De beelden zijn helder, compact en toch op de een of andere manier gewichtloos. En ze zijn per stuk klein genoeg om in je zak te steken. Net als de kiekjes van ons gezin die we meedragen.

Paul Auster, 3 oktober 2000

Dieren

De kip

Toen ik een keer op zondagochtend door Stanton Street liep zag ik een paar meter voor me een kip. Ik liep sneller dan de kip, dus haalde ik haar gaandeweg in. Tegen de tijd dat we Eighteenth Avenue naderden zat ik haar op de hielen. De kip ging bij Eighteenth de hoek om. Bij het vierde huis draaide zij het tuinpad in, hipte het trappetje op en tikte hard met haar snavel op de metalen tochtdeur. Even later ging de deur open en verdween de kip naar binnen.

Linda Elegant, Portland, Oregon

Rakker

De herrijzenis van de Ku Klux Klan in de jaren twintig was een gebeurtenis die niemand nog afdoende heeft kunnen verklaren. Opeens bleken stadjes in het Midwesten in de greep van deze geheime orde die zich ten doel stelde negers en joden uit de samenleving te verwijderen. In plaatsen als Broken Bow in Nebraska, waar slecht twee negergezinnen woonden en één jood, waren de katholieken het doelwit. Leden van de Klan fluisterden dat de paus een aanval op Amerika beraamde, dat de kelders van de kerken arsenalen waren en dat priesters en nonnen na afloop van de mis orgies hielden. Nu de Eerste Wereldoorlog afgelopen was en de moffen waren verslagen hadden mannen die de behoefte hadden iemand te haten, een nieuw doel gevonden. Het was verbijsterend hoeveel van die types er bestonden.

In Broken Bow en Custer County werden grote groepen verleid door de mystiek van de geheime, mannelijke gemeenschap die op het wij-tegen-zij-gevoel inspeelde dat alle mannen schijnbaar hebben. Twee mensen die hier weerstand aan boden waren de plaatselijke bankiers: John Richardson en mijn vader, Y. B. Huffman. Toen een telefoontje van de Klan hen waarschuwde dat ze katholieken moesten boycotten, trotseerden ze dat. Aangezien beide banken zich verzetten werd die poging van de Klan verijdeld, maar mijn moeder, Martha, moest ervoor boeten tijdens de verkiezing voor het schoolbestuur. Ze werd overtuigend verslagen dankzij de smadelijke roddel dat ze een verhouding zou hebben met de grootste drogist ter plaatse.

Ten slotte stond de jaarlijkse optocht van de Ku Klux Klan rond de grote markt voor de deur. Ze kozen altijd een zaterdag in de zomer als de stad krioelde van de boeren. Gekleed in witte gewaden, met puntmutsen en maskers met kijkgaten, marcheerden ze rond, geleid door de machtige maar anonieme figuur van de grote kleagle, om de burgerij te herinneren aan haar waardigheid en macht. De stoep stond vol mensen die speculeerden wie de marcheerders waren en fluisterden over hun macht.

Toen kwam er uit een steegje een klein wit hondje met zwarte vlekken aanrennen. Aangezien de mensen uit Broken Bow elkaar allemaal kenden, kenden ze ook de honden, althans de opvallende. Onze Duitse herder Hidda en Art Melvilles retriever waren befaamde plaatsgenoten.

De gevlekte rende opgewekt naar de grote kleagle en sprong tegen hem op, smekend om een klopje op zijn kop van die geliefde hand. 'Rakker,' de naam ging rond. 'Dat is Rakker, de hond van Doc Jensen.' In de tussentijd maaide de majestueuze grote kleagle met zijn lange benen onder zijn gewaad vandaan om de hond weg te schoppen die duidelijk de zijne was. 'Weg, Rakker, weg!'

Nu verspreidde de boodschap zich over het trottoir voor de stoet uit. Men fluisterde niet, maar praatte hardop om zijn kennis te tonen. Andere toeschouwers werden met ellebogen aangestoten, gegniffel trok door de rijen als ruisende bladeren die door een windvlaag zijn opgejaagd. Toen verscheen het zoontje van Doc Jensen om de hond tot de orde te roepen: 'Hier, Rakker! Hier Rakker!'

Dat verbrak de spanning. Iemand nam de kreet over: 'Hier Rakker!' En op dat moment sloeg het gegniffel om in gebulder en klonk er stormachtig gelach op de hele markt. Doc Jensen staakte het schoppen van zijn hond en hervatte zijn statige mars, maar de toeschouwers trapten er niet meer in. 'Hier, Rakker! Hier Rakker!'

En dat was dus het einde van de Ku Klux Klan in Broken Bow. Doc Jensen was een goede veearts en werd vaak ingeschakeld door de boeren. Misschien belden ze hem zo graag omdat ze dan wat aan hun buren te vertellen hadden, maar hij werd weinig gepest. Zo nu en dan riep een snotneus die Doc Jensen voorbij zag rijden 'Hier Rakker!'

En het witte hondje met de zwarte vlekken werd nadien dicht bij huis gehouden.

Yale Huffman, Denver, Colorado

De gele vlinder

In de Filippijnen begonnen de lessen voor de Heilige Communie gewoonlijk in de tweede klas. Elke zaterdag moesten we naar school om te repeteren hoe we moesten lopen, hoe we de kaars moesten dragen, waar we moesten zitten, hoe we moesten knielen en hoe we onze tong moesten uitsteken om het Lichaam van Christus te ontvangen.

Op een zaterdag haalden mijn moeder en oom me op in een gele Volkswagen-kever. Terwijl ik op de achterbank kroop trachtte mijn oom de auto te starten. Hij hoestte een paar keer droog en toen gaf de motor het op. Mijn oom zat zich in stilte te verbijten en mijn moeder draaide zich om en vroeg mij wat we nu moesten doen. Ik was acht en zonder aarzeling vertelde ik haar dat we moesten wachten totdat een gele vlinder de auto zou hebben aangeraakt voordat de auto het weer zou doen. Ik weet niet of mijn moeder me al dan niet geloofde. Ze glimlachte alleen maar en wendde zich vervolgens tot mijn oom om te overleggen over wat er nu moest gebeuren. Hij stapte de auto uit en zei dat hij naar het dichtstbijzijnde pompstation zou lopen om hulp te halen. Ik zat wat te dommelen, maar was klaarwakker toen mijn oom terugkwam van het pompstation. Ik zie nog hoe hij een jerrycan vol benzine droeg, de auto bijvulde, de auto niet aan de praat kreeg, nog wat prutste, maar de auto startte nog steeds niet. Vervolgens stapte mijn moeder uit en hield een taxi aan. Er stopte er een. In plaats van ons naar huis te brengen bekeek de chauffeur ons probleemgeval en stelde mijn oom voor wat benzine in de motor te spuiten. Dat scheen het hem te doen, en nadat hij deze barmhartige Samaritaan had bedankt draaide mijn oom het sleuteltje om en de auto startte meteen.

Ik viel weer in slaap. Voor het einde van de straat wekte mijn moeder me. Ze was helemaal opgewonden en haar stem was een en al verbazing. Toen ik mijn ogen opende keek ik in de richting die ze aangaf. Rond het achteruitkijkspiegeltje fladderde een klein geel vlindertje.

Simonette Jackson, Canoga Park, Californië

Pooh

Dertig jaar geleden, in mijn hippietijd, nam ik het eigenaarschap over van een vuilwitte Duitse herder, het voormalige huisdier van een getrouwd stel dat naar een woning in Aspen, Colorado verhuisde waar huisdieren verboden waren. Ik woonde in Leadville, een ruw mijnwerkersplaatsje drieduizend meter hoog in de bergen.

Ik leidde een dubbelleven, zoals zoveel hippies die hun eigen kost verdienden. Mijn ene ik woonde gratis als huismeester in een woning hartje Leadville en werkte als betrouwbaar medisch transcribist in het ziekenhuis. De andere ik woonde in de oneindige naaldwouden en deelde daar een omgebouwde garage van twee verdiepingen met Pooh en Jak, een energieke een meter achtentachtig lange Nederlands-Koreaanse snelheidsduivel en goudsmid met lang zwart haar in een paardenstaart. Kostwinner Jak was een betrouwbare machinebankwerker die een presidentiële aanbevelingsbrief bezat voor het vervaardigen van componenten voor een maanlander.

Net als de meeste huisdieren van buiten de stad liep Pooh los in het bos en kwam hij toen het van winter in voorjaar omsloeg steeds minder vaak op de basis kijken. We zagen dat ze zwanger was, maar ze was snel weer verdwenen. Vervolgens kregen we een klacht van enkele buren dat Pooh onder hun stacaravan had geworpen. Dertien puppies! We haalden de honden op. Die kleine vale Pooh was een behoorlijk goede moeder geworden.

Op een ochtend toen ik net naar mijn werk in het ziekenhuis zou vertrekken, belde de sheriff. Pooh had haar pups weer naar de buren verhuisd. Ze hadden de dierenbescherming gebeld en of ik maar even bij de sheriff op kantoor wilde komen om de papieren in te vullen om mijn honden uit het asiel te kunnen halen. Mijn moederlijke baas, de stoere Lahoma uit Oklahoma gaf toestemming omdat ik verder geen moeilijke meid was en gaf me een vervroegde koffiepauze. Ik spoedde me naar het centrum. Tot mijn afschuw bedroeg de borgsom tien dollar per hond. Honderdveertig dollar! Het hadden er net zo goed duizend kunnen zijn. Ik maakte flink stennis, maar tevergeefs, en beende weg.

Revolutie! Ik was een wolf in schaapskleren! Ik haastte me naar mijn 'stadswoning', graaide slopersgereedschap bijeen en een grote kledingmand en begaf me naar het hondenasiel. Verrassend genoeg waren de hokken om tien uur 's ochtends niet op slot en onbewaakt. Ik tilde de pups in de mand, smeet Pooh erachteraan en reed in dolle vaart de bergpas op. Een kilometer buiten de stad zette ik iedereen er bij de rivier uit en reed terug naar mijn werk.

Ongeveer een uur later ging de telefoon. Het was Jak. De puppies en Pooh werden vermist! Het sheriffkantoor was doodsbenauwd! De wijde omgeving was gewaarschuwd tegen hondenlokkers!

Rond lunchtijd vervoegde ik me op het asiel bij de politie en Jak. Jak ging heel bevredigend over de rooie, zo erg zelfs dat ik hem apart nam en inlichtte voordat hij een lynchpartij organiseerde. Hij was geen goede toneelspeler, dus besloten we dat ik de stad een poosje zou verlaten en hem onkundig zou laten van de ontwikkelingen om zijn onschuldige verhouding als drinkmaatje van de sheriff en zijn hulpsherrifs niet te verstoren. Niet dat hij niet vreselijk trots op me was. Maar ik was nu een misdadiger, en op mezelf aangewezen.

Na mijn werk reed ik naar een naburig stadje om een grote zak Purina te kopen. In de koude nacht onder een volle maan bracht ik Pooh eten bij de rivier. En elke nacht bezocht ik het hondengezin. Daar kwam trotse Pooh, die wel wat weghad van een witte wolf. En achter haar aan, door het maanlicht op me af stromend, een beetje struikelend over de wilgentenen, kwamen haar dertien prachtige, naar knuffels verlangende stevige puppies. Het was een van de meest magische periodes in mijn leven.

En toen kwam er op een nacht niemand op me af. De honden waren verdwenen. Ik kon op geen enkele manier de zaak onderzoeken, dus kon ik alleen maar op de tamtam uit de stad wachten.

Was het niet merkwaardig dat niemand ons had gebeld om te zeggen dat Poohs puppies gevonden waren toen ze door het kantoor van de sherrif ter adoptie werden uitgedeeld?

Een week of wat later raakte Jak in de kroeg slaags met een van hulpsherifs die stond op te scheppen hoe hij een wit teefje had neergeschoten dat haar pups zo wild beschermde dat hij er niet bij in de buurt kon komen.

Patricia L. Lambert, Eugene, Oregon

Varkenskarbonade

Vroeg in mijn loopbaan als schoonmaker van plekken waar misdaden gepleegd zijn werd ik naar het huis gestuurd van een vrouw die in Crown Point, Indiana woonde, ongeveer twee uur van waar ik woonde.

Toen ik aankwam deed mevrouw Everson de deur open en ik rook meteen de geur van bloed en andere weefsels die uit het huis kwam. Toen werd me duidelijk dat het binnen een flinke puinhoop was. Een nogal grote Duitse herder liep overal achter mevrouw Everson aan.

Mevrouw Everson vertelde dat ze was thuisgekomen in een stil huis hoewel haar oude en zwaar zieke schoonvader daar woonde. Haar Duitse herder besnuffelde me met de nieuwsgierigheid die grote vleeseters eigen is.

Het licht in het souterrain had gebrand, dus wist ze dat hij daar moest zijn. Ze vond hem onderuitgezakt op een stoel. Hij had een twaalfpatroonsgeweer in zijn mond gestoken en de trekker overgehaald, waardoor het grootste deel van zijn hoofd was weggeslagen en zijn hersens, botten en bloed het hele souterrain hadden bespetterd.

Ik ging even kort beneden kijken en besefte dat ik een beschermend pak aan moest trekken. Meer om het bloed van mijn kleren af te houden dan om me tegen iets uit het bloed te beschermen.

Wauw, wat een troep, dacht ik bij mezelf. Hoezeer ik ook mijn best deed, ik zat al snel van top tot teen onder het bloed. Hoelang ik dit werk nu ook al doe, ik vind het nog steeds afschuwelijk en weerzinwekkend. Dat is volgens mij een goed teken.

Ik deed diverse loopjes naar mijn wagen met smerige zaken uit dat souterrain: plafondplaten, een paar kledingstukken, delen van de stoel waar die ouwe op had gezeten. Ik merkte dat de nieuwsgierige hond me met groeiende interesse begon te volgen.

Ik heb geleerd dat je tijdens een rouwperiode meestal beter niets kon zeggen om te voorkomen dat je een onbeholpen opmerking maakt. Maar deze dame zat aan de keukentafel met haar hoofd gebogen te snotteren alsof ze nog nooit van haar leven had gehuild. Ik vond dat ik iets moest zeggen om de spanning te doorbreken. Haar hond volgde me nog steeds door het huis terwijl ik mijn werk deed, dus besloot ik dat te gebruiken om het ijs te breken. Ik zei: 'Weedu, mevrouw Everson? Dit is vast de vriendelijkste hond die ik ooit heb gezien.'

Opeens, alsof iemand een koud glas water over haar hoofd had gegooid, schoot mevrouw Everson overeind, keek me aan alsof ik gek was en zei: 'Ja, Jezus!... Je ruikt naar varkenskarbonade!'

Eric Wynn, Warsaw, Indiana

Konijnenverhaal

Een paar jaar geleden zocht ik een vriendin op met wie ik naar een nieuwe cd wilde luisteren. Ik nam in de woonkamer plaats op een houten stoel, waarbij ik zorgvuldig het contact vermeed met de kat die op de veel comfortabeler bank lag.

Toen de muziek een poosje aanstond, zag ik uit mijn ooghoek een tweede kat de trap af sluipen. Ik maakte een licht afkeurende opmerking, iets wat van je van iemand met een allergie mocht verwachten.

'Maar dat is geen kat,' verbeterde mijn vriendin me. 'Dat is het konijn van mijn dochter.'

Er schoot me iets te binnen dat ik weleens had gehoord. Ik vroeg haar: 'Hebben konijnen niet de neiging om, als ze zonder toezicht kunnen rondhupsen, elektriciteitskabels door te knagen – en dan...?'

'Ja,' zei ze. 'Je moet blijven opletten.'

Toen maakte ik mijn kleine grapje. Ik zei haar dat als ze ooit met een geëlektrocuteerd konijn zat, ze mij meteen mocht bellen. Ik zou hem komen halen en hem thuis voor de maaltijd toebereiden. We moesten er flink om lachen.

Het konijn scharrelde weg. Even later liep mijn vriendin de kamer uit om een potlood te zoeken. Binnen een paar tellen kwam ze terug met een gezicht alsof ze een geest had gezien. Ik vroeg haar wat er aan de hand was en zij vertelde me dat het konijn net aan het snoer van een lamp had geknaagd en was geëlektrocuteerd – precies zoals ik het had beschreven. Ze had nog net gezien hoe hij met een laatste stuiptrekking het leven liet.

Ik rende de andere kamer in om het bewijs zelf te zien. Daar lag het onbeweeglijke beest met zijn twee voortanden nog in het bruine snoer verzonken. Om de paar tellen sprong er tussen de tanden een klein elektrische boogje over.

Mijn vriendin en ik keken elkaar een tikje onvast en gedesoriënteerd aan. We wisten niet goed of we het nou grappig moesten vinden of verdrietig. Uiteindelijk moest er toch iets gebeuren, ik pakte een bezem en tikte het konijn, dat langzamerhand gekookt was, los van het snoer.

We stonden nog een poosje naar het lijkje te gapen. Toen zei mijn vriendin iets. Er was haar iets te binnen geschoten.

'Besef je wel,' vroeg ze, 'dat je álles kon hebben gewenst?'

'Wat bedoel je?' vroeg ik.

'Toen jij daarstraks voorstelde het konijn mee naar huis te nemen en daar klaar te maken,' zei ze, 'toen jij daarstraks die mogelijkheid opperde. Je had toen net zo goed een miljoen dollar kunnen wensen of iets anders dat je wilde hebben. En dan had je dat gekregen. Zo'n moment was dat, een moment waarop alles wat je wenste je zou toevallen.'

Ik heb er nooit een moment aan getwijfeld dat ze absoluut gelijk had.

Barry Foy, Seattle, Washington

Andy en de slang

Andy was gefascineerd door dieren. Elke dag vertelde hij ons over slangen, honden en katten. Hij sprak met de hartstocht van een dierenrechtenactivist en eerlijk gezegd met de verwrongen liefde van een stalker.

Hij las me een verhaal uit zijn dagboek voor. Hij zei dat het een waargebeurd verhaal was uit zijn eigen verleden. Hij was in een nieuwe wijk komen wonen, ergens in Texas waar het tot voor kort nog vrijwel een wildernis was geweest. Hij was een jaar of veertien en had geen vriendjes op zijn kleine broertje na, dat niet zozeer een vriend was als wel een boksbal. Uit de verhalen die Andy me vertelde toen we bij elkaar woonden begreep ik dat zijn broer vluchtte zodra Andy in de buurt was. Het was kort voor hij verslaafd raakte en zijn broer was niet in de buurt om zijn aandacht af te leiden of zijn verveling te verdrijven. Andy ging een wandeling maken de nieuwe wijk uit en het laatste stukje vrije natuur in.

Het was een terrein waar de modderlaag maar dun was. Met de punt van je laars kon je het deklaagje wegschoppen. Eronder zat rotsgrond. Op de modder kon niet veel groeien, maar dat kon het onkruid niet schelen. Dat tierde er welig. Er liep een stroompje door het gebied, dat door een grote ondergrondse pijp vlak langs de wijk werd omgeleid. De oevers van het stroompje waren hoog en als het regende werd het stroompje een krachtige en gevaarlijke rivier. Andy en alle kinderen uit de buurt kregen dagelijks te horen dat ze uit de buurt moesten blijven. Omdat hij zich verveelde ging Andy er recht op af. Onderweg zag hij een enorme slang van minstens twee meter lang. Die kronkelde langs de oever van het stroompje het onkruid in en uit. Hij glansde en glom als de zon hem bescheen. Zijn schubben leken een harnas waarin alle kleuren zaten, die met de snelheid van het licht om beurten zichtbaar waren. Andy moest er wel naar blijven kijken. Hij dacht dat God hem die slang had gestuurd, als een bijzonder cadeau. Hij volgde hem totdat hij van de oever omlaag gleed. De oever was van brokkelig, gevaarlijk leisteen. Hij zat vol gaten en deuken. Er groeiden polletjes onkruid uit de wanden. Andy stond maar naar die slang te kijken. Die was gestopt. Maar zelfs stilstaand glinsterde, glansde en straalde hij.

Andy was in trance, een staat die hij niet meer zou bereiken totdat hij cocaïne in zijn bloedbaan begon te spuiten, gemengd met exact de juiste dosis LSD. Hij hoorde de auto's achter hem niet aankomen. Hij kwam niet van zijn plek totdat hij door een steen werd geraakt.

'Hé!' zei hij. 'Wat betekent dat, verdomme?' Hij draaide zich om en zag een groep van een stuk of vijf jongens en drie meisjes, van wie er niet een ouder dan twintig leek. Hij dacht dat hij er een paar van school herkende.

'Wie zei er hier "verdomme"?' vroeg een van de jongens, die er verveeld uitzag. Andy voelde de bloeddorst bij die jongen ook, maar hij was op zijn hoede. 'Ik,' zei Andy. En vervolgens zei hij meteen: 'Er zit daar zo'n grote slang dat ik wed dat je hem niet aan durft te raken.' Alle anderen keken onmiddellijk waar die slang dan was. Die knul zei: 'Waar heb je het verdomme over? Ik hoef hem niet aan te raken om hem dood te maken.' Vervolgens liep hij naar de auto en haalde er een klein pistool uit. Hij richtte en schoot op de slang. Hij miste, maar de splinters leisteen vlogen alle kanten op. De slang kronkelde de oeverwand af een hol in.

De knul zei: 'Welke slang?' en keek vervolgens met het pistool nog in zijn hand naar Andy. 'Heb je nog een slang waar ik op kan schieten?' vroeg hij. Andy zei: 'Nee. Maar ik kan die slang wel voor je halen.' Alle jongens begonnen te lachen en hem uit te schelden. Niemand kon die oever afdalen – behalve een slang. Andy zei: 'Als ik naar beneden ga en die slang te pakken krijg, moet jij me je pistool geven.' De knul zei: 'Geen sprake van.' Andy zei: 'Bang dat ik het toch kan?' Waar zijn groepje bij was zei de knul: 'Oké. Vooruit maar. Als jij die slang te pakken krijgt en hierboven brengt krijg je mijn pistool.'

Andy kende geen angst. Of als hij die wel kende, liet hij zich er bij dit soort dingen nooit door hinderen. Hij liep naar de rand van de kloof en liet zich omlaag glijden bij het hol waarin hij de slang had zien verdwijnen. Het was zo steil dat de jongens en meiden op de oever hem nauwelijks konden zien. Ze bleven naar hem roepen: 'Sukkel', 'Stomme lul', 'Lafbek'. Andy zei niets. Hem kennende ben ik ervan overtuigd dat hij die stoere glimlach vol doodsverachting op zijn gezicht droeg.

Toen hij bij het hol was remde hij af. Hij ging er voorzichtig omheen. Vervolgens leunde hij tegen de oever en kroop langzaam naar de ingang. Het was een enorme grot. Als de zon niet hoog had gestaan had niemand de grot gezien, laat staan erin hebben kunnen kijken. Maar Andy keek er wel in. Hij zag de slang vlak achter de ingang. Hij zag hem tegen de achtergrond van de onzichtbare wanden van de grot glanzen en glinsteren. Hij zag de slang zijn mond openen alsof hij gaapte. Hij zag zijn groene ogen in het niets staren. Hij zag het en greep hem vervolgens en vermoordde hem door zijn kop tegen de rotsbodem van de grot te slaan.

Hij had de kreten van de kinderen boven bij de weg een poosje niet meer gehoord, maar nu hoorde hij ze weer. Hij bleef aanhoudend een geschreeuwd 'Hé, man!' horen. Hij riep terug: 'Ik kom naar boven.' Er werden nieuwe vragen zijn kant op gebruld: 'Heb je hem?' die met weer andere kreten werden beantwoord: 'Welnee man. Hij kon die slang nooit pakken.' De pistoolknul zei: 'Het is sowieso een schijterd en een sukkel.' Andy zei niks terwijl hij tegen de oever op klom. Hij had er twee handen bij nodig, dus sloeg hij de dode slang om zijn nek terwijl hij op handen en voeten stukje bij beetje de leisteen op klauterde en daarbij zijn handpalmen en zijn knieën schaafde. Hij begon te zweten en veegde het zweet om de beurt met beide bebloede handen van zijn voorhoofd. Hij kwam bij de overstekende rand aan en stopte. Niemand kon hem zien. Hij kwam op adem en slingerde toen zijn been over de rand en zette zich met het andere been af.

De jongens en meiden waren verrast. Ze zeiden geen van allen iets, maar Alex grijnsde. De pistoolknul had zijn pistool nog vast, maar zijn mond viel open. De meiden keken hem stuk voor stuk aan alsof hij meer dan een aantrekkelijke lastpak was. De pistoolknul zei: 'Nou, tof man, maar mijn pistool krijg je niet.' Andy zei: 'Je hebt het beloofd.' 'Beloftes aan idioten tellen niet.' Andy liep op hem af en zei: 'Je moet niks beloven als je het niet kunt nakomen.' De knul deed een paar stappen naar achteren en hief zijn pistool. 'Blijf uit mijn buurt, man.' Andy zei niets maar liep door. Ondertussen wikkelde hij de dode slang af, die nu grijs was maar nog steeds enorm, en wierp die naar de pistoolknul. De pistoolknul wierp zijn armen in de lucht om hem af te houden en viel achterover met de slang boven op zich. Andy boog zich voorover, raapte het pistool op en zei: 'Je kunt de slang wel houden, man. Hij dient toch nergens meer voor.' De andere jongens en meiden lachten. De pistoolknul stond op en zei: 'Hé, geef me mijn pistool terug.' Andy zei: 'Mijn pistool. Jij hebt een slang. Stik maar.' De pistoolknul stond op het punt op te gaan knokken, maar Andy trok weer zo'n gezicht waarvoor zijn broertje altijd vluchtte. Een andere knul, een grote knul, zei: 'Kalm aan. Je hebt hem je pistool aangeboden in ruil voor een slang en hij heeft je de slang gebracht.' Vervolgens keek hij naar Andy en zei: 'Tot ziens, man.' Ze stapten allemaal in hun auto's en vertrokken. Een meisje keek door het achterraam om. Ze glimlachte en zwaaide. Andy liep met het pistool in zijn hand naar huis, die grijns nog op zijn gezicht.

Ron Fabian, Parma, Michigan

Blauwe luchten

In 1956 was Phoenix Arizona een stad met eindeloos blauwe luchten. Toen ik op een dag rond het huis liep met de nieuwe parkiet van mijn zus Kathy op mijn vinger kreeg ik de ingeving om Perky te laten zien hoe de lucht eruitzag. Misschien kon hij daar wel een klein vogelvriendje vinden. Ik nam hem mee de achtertuin in en toen, tot mijn verbijstering, vloog Perky weg. De enorme, meedogenloze hemel slokte de blauwe schat van mijn zus op en opeens was hij weg, gekortwiekt en wel.

Het lukte Kathy mij te vergeven. Met geveinsd optimisme probeerde ze me zelfs te verzekeren dat Perky wel een nieuw thuis zou vinden. Maar ik was veel te slim om zoiets voor mogelijk te houden. Ik was ontroostbaar. De tijd verstreek. Ten slotte kreeg mijn grote wroeging een bescheiden plekje te midden van de grotere zaken des levens, en we werden allemaal volwassen.

Tientallen jaren later zag ik mijn eigen kinderen opgroeien. We leefden met ze mee, brachten de zaterdagen op klapstoeltjes op het voetbalveld door, samen met de ouders van de vriendjes van de kinderen, de Kissels. De twee gezinnen kampeerden samen door heel Arizona. We persten ons in het busje om gezamenlijk naar de schouwburg te gaan. We werden goede vrienden. Op een avond vertelden we om de beurt een mooi dierenverhaal. Iemand beweerde dat hij de oudste levende goudvis bezat. Iemand anders had een helderziende hond. En toen vroeg Barry, de vader van het andere gezin het woord en verkondigde dat het Beste Huisdier Aller Tijden zijn blauwe parkiet was, Sweetie Pie.

'Het mooiste van Sweetie Pie,' zei hij, 'is de manier waarop we hem hebben gekregen. Op een dag, toen ik een jaar of acht was, kwam er een klein blauw parkietje uit de helderblauwe hemel aan dwarrelen en landde precies op mijn vinger.'

Toen ik eindelijk weer iets kon zeggen, overdachten we het verbijsterende bewijsmateriaal. De data en locaties en de foto's van het dier klopten allemaal. Onze beide gezinnen schenen lang voordat we elkaar leerden kennen al met elkaar verbonden. Veertig jaar later ben ik naar mijn zus gerend om te zeggen: 'Je had gelijk! Perky leefde!'

Corki Stewart, Tempe, Arizona

Blootgesteld

Mijn zus en ik liepen langzaam het onverharde pad van school naar huis af. De lucht was zomers warm en ik denk dat we allebei wilden dat het zomer was, maar het was herfst. De espen hadden hun blad verloren. De jagers op herten en reeën waren alweer vertrokken. Het was weer rustig in het dal.

Ik liep na te denken over wat de juf had gezegd dat we moesten doen als er een bom viel. Ze had gezegd dat we dan naar buiten moesten gaan en in de duiker moesten kruipen omdat het onder de weg veilig was. Ik had vaak genoeg in die duiker gekeken, vond het er veilig uitzien, maar wilde er niet inkruipen. Volgens onze juf zou de modder de straling tegenhouden.

Op weg naar huis vroeg ik mijn zus of zij dacht dat er een bom zou vallen. Zij zei: 'Hier niet, maar in Korea vast wel.'

Ik dacht eraan dat onze juf elke ochtend de frontlinie op de kaart van Korea aanwees die aan de muur hing. Ik geloof dat ze naar radio Durango luisterde en vervolgens naar school kwam en ons vertelde wat ze net had gehoord.

Toen we thuiskwamen stond onze vader net op het punt het stierkalf te gaan slachten dat we de hele zomer graan hadden gevoerd. Hij vroeg of we wilden helpen. Mijn zus zei nee, maar ik zei best. Ik denk dat mijn zus vriendjes was met het stierkalf.

Mijn vader haalde zijn geweer van de haken aan de muur, pakte een handje patronen uit de keukenla en zo liepen we naar het stek waarachter het stierkalf stond en sloten het hek zodat hij niet kon weglopen. Terwijl hij het geweer laadde, vertelde mijn vader me, net als de vorige keer toen hij had geslacht, dat hij twee denkbeeldige lijnen trok van de oren van het stierkalf naar zijn ogen en hem dan schoot op de plek waar die lijnen elkaar kruisten. Hij zei: 'Daar zit het cruciale stuk van de hersenen en dan sterven ze voor ze het doorhebben.'

Het stierkalf keek ons aan en ik was blij dat hij niet wist wat hem te wachten stond.

Mijn vader richtte zorgvuldig en haalde toen de trekker over. Tot mijn verrassing deinsde het kalf alleen maar terug. Ik denk dat mijn vader nog verbaasder was dan ik. Hij zei: 'Ik kan niet mis hebben geschoten,' en toen schoot hij snel nog eens voordat het stierkalf wegliep. Maar het beest schudde zijn kop gewoon. Mijn vader zei 'verdomme' en schoot toen nogmaals. Weer schudde het kalf zijn kop, maar toen zag ik dat er dik bloed uit zijn neus droop en dat hij zijn kop tot bijna op de grond liet zakken. Dat zag mijn vader ook. Hij keek flink kwaad, en haalde het handje patronen uit zijn zak, inspecteerde ze en riep: 'Waar komen die vandaan?' Ik keek in zijn handpalm en toen vertelde hij me dat de patronen vol hagel zaten die werden gebruikt om zwerfhonden te verjagen en vervolgens gooide hij de patronen in de modder, gaf mij het geweer en liet me daar midden in de kraal staan wachten bij het stierkalf terwijl hij de juiste patronen ging halen.

Terwijl mijn vader weg was, keek het stierkalf me een poosje aan en ondertussen liep het bloed en snot hem uit de neus. Daarna schudde hij nogmaals zijn kop en begon langs het hek te lopen Ik hield hem in de gaten en werd al snel duizelig doordat ik rondjes moest draaien toen hij begon te rennen. Ten slotte kwam mijn vader terug, nam het geweer van me over en stak er een patroon in, legde aan, richtte, draaide mee met het lopende kalf en riep toen luid: 'Hé!' Het stierkalf hield op met rennen en wij wachtten. Vervolgens draaide het stierkalf langzaam zijn kop in onze richting. Hij had zijn neus maar een paar centimeter boven de modder. Zijn witte kop zat onder het bloed en hij keek alsof hij wist wat hem te wachten stond.

Michael Oppenheimer, Lummi Island, Washington

Vertigo

Toen ik tien was verhuisden we naar Apple Valley, een klein hooggelegen plaatsje in de woestijn van Californië. Mijn vader was vanaf 1964 als testpiloot verbonden geweest aan de luchtmachtbasis George. We vestigden ons in een mosterdkleurig huis in een enorme woonwijk die bestond uit nog een paar huizen, duizend creosootstruiken, palmlelies en peercactussen op een perceel van ruim vijf kilometer dat zich naar alle kanten uitstrekte op één kant na: de Mojaverivier glinsterde ons van anderhalve kilometer tegemoet.

Mijn vader was een meter achtentachtig en had ongelooflijk borstelige wenkbrauwen. Hij had zo'n zware lach dat ik zijn gebulder in mijn maag voelde trillen. Hij kon het gehinnik van een paard beter imiteren dan wie ook. Hij sprak een Taiwanees dialect en zijn Duits scheen vloeiend. In de plaatsen waar we woonden gaf hij eenmansvliegshows en zijn foto hing in zijn geboorteplaats in een benzinestation omdat ze hem daar een held vonden. Hij stierf in 1967 in een Noord-Vietnamees concentratiekamp, op zijn eenenveertigste.

Ik besef dat ik mijn vader bewonderde om zijn sterke punten. Hij nam enthousiast grote risico's en was een bodemloos vat vol optimisme. Toen we in Taiwan woonden nam hij elke week de bus naar Taipe, waar hij samen met een plaatselijke timmerman een Lightning-zeilboot bouwde. We lieten hem naar de Verenigde Staten overbrengen en eindigden als laatste in elke zeilwedstrijd waaraan we op de Chesapeake Bay meededen. Mijn vader was altijd haantje de voorste om nieuwe dingen te proberen, om leuke veranderingen in ons leven aan te brengen. Soms aarzelde een van ons of was iemand bang, maar dan moedigde hij ons aan om de gok te wagen.

Nu ik terugblik op mijn vader, met vierenveertigjarige ogen, besef ik dat ik het meeste hield van zijn kwetsbaarheid, en doordat ik die voelde ontwikkelde ik een verlangen om hem te beschermen. Ik denk dat iedereen in ons gezin het zo voelde. We waren een en al respect voor zijn buitenissigheid, maar hij boezemde ons ook angst in. Misschien droeg hij zoveel belofte uit dat we beseften hoe zwaar het ons allemaal zou vallen als hij teleurgesteld, gedesillusioneerd of gewond zou raken.

Kort nadat we naar Apple Valley waren verhuisd adopteerden we een paard dat Vertigo heette. Vertigo was een grote, slimme, koppige palomino, een voormalig paradepaard dat door zijn pronkzuchtige jaren snugger was geworden, en verbitterd. Ik kan niet namens mijn broers en zussen spreken, maar ik was bang voor Vertigo. Hij scheen mijn angst ook te herkennen en leek te genieten van mijn ongemakkelijkheid en aarzelingen, tilde dreigend een hoef op of zwiepte zijn staart tegen me aan als ik in de buurt kwam. Mijn vader daarentegen popelde om te gaan rijden en zat urenlang te studeren op het tuig en de verzorging van paarden.

Op een zaterdagmiddag in juli 1965 zadelde mijn vader Vertigo en ging op weg naar de Mojaverivier. We kwamen allemaal in de kraal kijken. Zelfs mijn moeder bleef in de buurt het ijskruid snoeien dat aan de schaduwkant van het huis groeide. Eerst roskamde mijn vader Vertigo's manen en staart; terwijl hij dat deed wendde het paard zijn hoofd naar achteren en likte terloops de hoevenkrabber van een hekpaaltje; het ding viel in het stof. Onaangedaan inspecteerde mijn vader Vertigo's hoeven. Vertigo zuchtte en snoof en maakte voorts de teugels los van de stang. Een paar tellen later steigerde hij. 'Rrrrmmmf,' hinnikte mijn vader zachtjes tegen Vertigo terwijl hij de slingerende teugel probeerde te grijpen. Hij knoopte het beest opnieuw aan de paal vast en begon het hoofdstel vast te maken, zadelde het paard en zette de gespen en de buikriem vast. Vertigo snoof en schudde zijn hoofd. Hij knikte en sloeg mijn vader met zijn manen in het gezicht. 'Rrrrmmmf' was al wat mijn vader zei. Ten slotte waren ze klaar. Het was een hete, droge dag. Het moet die middag zeker veertig graden zijn geweest.

Ik zie nog hoe ze wegreden – mijn vader zonder hemd, in zijn spijkerbroek en op tennisschoenen, het paard met gebogen hoofd sjokkend, terwijl hij aan plukjes gras probeerde te knabbelen en tegen de mieren snoof. Mijn vader trok rustig aan de teugels en

Vertigo schudde zijn hoofd en zwaaide zijn witte manen door de lucht. Ik weet niet wat ons allemaal bij het hek hield of mijn moeder bij schoffel en ijskruid, maar we kwamen niet van onze plek. We bleven ze helemaal tot aan de rivier volgen, Vertigo's gesjok en getraineer, mijn vaders getrek aan de teugels, het kregele gezwiep met de manen.

Eindelijk waren ze uit het zicht, over de rand van de woestijn, een vergevingsgezinder oord in, de koele wereld van de Mojaverivier. Toen zijn wij, kinderen, kennelijk allemaal weggelopen, naar ons koelere huis, naar onze eigen zorgen. Ik weet niet meer waar ik heen ging of wat ik deed. Ik weet alleen nog dat mijn moeder ons een paar uur later weer riep. We stonden met zijn zessen op een rijtje en overzagen, met onze handen boven onze ogen, het stuk woestijn tussen ons huis en de rivier. Ik zag Vertigo in de verte steigeren, zijn hoofd en staart zo trots als tijdens een optocht, terwijl een briesje zijn manen kamde. Hij scheen geen haast te hebben om terug te komen; hij stopte en graasde wat onkruid. Hij was nog niet zo ver en de rivier glinsterde vlak achter hem. Mijn maag draaide zich om toen ik me afvroeg of mijn vader gewond was – afgeworpen en nu eenzaam vol peercactus op de grond lag, of, erger nog, onder de rode mieren en schorpioenen. Maar toen zag ik hem onhandig door het rulle zand in Vertigo's richting rennen. Het paard schudde zijn hoofd maar bleef aan het nutteloze onkruid knabbelen. Zijn zadel hing vervaarlijk aan zijn zij.

Mijn vader kwam dichterbij en ik zag hem naar de teugels grijpen. Vertigo wierp zijn hoofd opzij en huppelde weg, niet regelrecht naar huis, maar opzij, zijn hoofd geheven alsof hij wist dat we toekeken. Even plotseling stopte hij weer en rukte aan het onkruid. Mijn vader, die nog stond waar het paard hem had achtergelaten, liet zijn armen langs zijn lijf vallen en bleef een ogenblik versteend staan. Vervolgens liep hij weer op het dier af. Weer wachtte Vertigo tot mijn vader de teugels binnen bereik had. Ditmaal sprong het paard opzij alsof het schrok en huppelde er weer vandoor. We zagen het zwijgend aan. Mijn moeder leunde op haar schoffel en zuchtte.

Vertigo bleef mijn vader pesten en zigzagde zo de hele weg naar huis. Toen mijn vader voor de vierde keer de slingerende teugels probeerde te grijpen maar miste, wist ik zeker dat hij gefrustreerd en kwaad was. Hij sloeg Vertigo op zijn schoften toen het paard ervandoor ging; ik hoorde een flard van de vermoeide stem waarmee hij over de korte afstand die hen scheidde op het paard schold. Ze kwamen langzamerhand dichterbij.

Mijn moeder is op dat moment kennelijk even naar binnen gegaan; geen van ons had het in de gaten doordat wij bezorgd mijn vader de helling zagen beklimmen. Uiteindelijk huppelde Vertigo naar de kraal en bleef bij het hek staan wachten. Hij hield zijn hoofd fier omhoog. Zijn neusgaten stonden wijdopen en zijn ogen glansden. Ik voelde dat mijn moeder naast me stond en samen met mijn broers en zussen en mij zwijgzaam mijn vader het laatste stuk naar ons toe zag lopen.

Hoe dichterbij hij kwam, hoe beroerder ik me voelde. Hij zag er verhit en zweterig uit. Zijn schouders stonden naar voren en zijn hoofd was gebogen. 'Wat is er gebeurd, pappie?' vroeg een van mijn broers. Zonder antwoord te geven liep mijn vader naar het hek, gooide dat open en deed een stap achteruit. Vertigo liep langzaam naar binnen en begon rustig hooi te kauwen. Mijn vader sloot het hek en hing de balk ervoor. Hij kwam bij ons staan. Het zweet parelde op zijn wenkbrauwen. 'Dat is een reuzeslim paard. Je moet die ouwe Vertigo steeds een stap voor zijn.'

Mijn moeder stak hem een fles ijskoud bier toe. Terwijl hij een enorme teug nam zei niemand iets. We stonden allemaal naar de rivier te kijken en hoorden de Santa Anawind fluiten; niemand keek naar Vertigo. Maar toen we ons omdraaiden om terug te lopen naar huis hoorden we hem tevreden snuiven. De zaterdag erop was mijn vader weer in de kraal en roskamde en zadelde ons nieuwe paard voor het volgende ritje.

Janet Schmidt Zupan, Missoula, Montana

Voorwerpen

Radiozigeuner

Het gebeurde tijdens mijn leven als radiozigeuner: in maart 1974 had ik een baantje aangenomen als nieuwslezer bij wow in Omaha en vertrok in mijn Volkswagen-kever uit mijn ouderlijk huis in een buitenwijk van Denver toen ik opeens boven op de rem moest staan. Er kwam een band heuvelafwaarts rollen en die kruiste vlak voor me langs. Poëtisch voorteken, dacht ik, en ging op pad.

Twee maanden later kwam de baan vrij die ik echt wilde bij kgw in Portland en terwijl ik erover zat na te denken of ik mijn baan in Omaha zo snel al moest opgeven keek ik uit het raam van mijn flat en zag een band over het parkeerterrein rollen. De band heeft gesproken, dacht ik en gokte op die baan in Portland.

Er gaat een jaar voorbij en Portland gaat goed – zo goed dat me een promotie naar ons vlaggenschip king in Seattle wordt aangeboden. Maar niet voordat ik met mijn kever 's avonds laat het kruispunt van Thirteenth en West Burnside nader en er een band uit de mist opduikt en de straat afrolt.

En dat is nog niet alles. Een jaar later – het is nu 1976 – en de firma wil me terugsturen naar Portland, naar kgw, als nieuwsregisseur en nieuwslezer in de ochtend. En ditmaal verscheen het rollende wiel – eigenlijk alleen een velg – in zuidelijke richting op het Alaskan Way Viaduct. Op de linkerbaan.

Eind 1977. Ik ben weer onderweg, naar kya in San Francisco. Mijn oude Volkswagen is volgeladen met mijn stereo-installatie, mijn kat en al mijn huisraad en ik sta op het punt de snelweg op te draaien. Ik heb nog geen rollende banden gezien, maar opeens hoor ik geknars van de achterkant van de auto komen, ik voel me wegschuiven en heb geen macht over het stuur. Beangstigend. Ik rem – net op tijd om mijn rechterwiel, dat was losgeraakt, over de weg te zien rollen en in een greppel tot stilstand te zien komen. Een monteur had een spie vergeten. De rollende band was verdomme mijn eigen band!

En zo eindigde het verhaal van de rollende banden. Dat dacht ik althans – tot 1984. Ik was terug in Seattle, inmiddels een grote radiobaas, maar nog steeds een zigeuner in het vak, en ik nam voor veel geld een baan aan in Houston, Texas. Instinctmatig had het alles tegen: de stad, de sfeer, het feit dat ik inmiddels twee kinderen had en ze eigenlijk aan de noordwestelijke oceaankust wilde opvoeden. Maar het contract en het geld vertroebelden mijn oordeel. Ik vloog erheen om aan die baan te beginnen en mijn vrouw volgde met de auto. Ze reed op snelweg I 5 vanaf Portland tot *kraak*: de motorkap van de Volvo een enorme klap te verwerken kreeg doordat iets van de weg erboven erop was gevallen. Het ketste van haar auto af, raakte twee andere auto's en kwam tegen de vangrail tot stilstand. Geschokt maar ongedeerd keek ze ernaar en zag wat het was: een grote, enorme vrachtwagenband.

We 'deden' Houston maar het was vreselijk. Het duurde maar een jaar en daarna kwamen we dankbaar terug in Portland om hier ons gezin op te laten groeien. Geen jeukende vingers meer, geen radiozigeuner meer en geen verrekte rollende banden meer.

Bill Calm, Lake Oswego, Oregon

Een fietsgeschiedenis

In de jaren dertig was de grootste hoop van ieder kind in Duitsland dat het een eigen fiets kreeg. Ik heb er jaren voor gespaard, het geld opzij gelegd dat ik voor mijn verjaardag kreeg of voor Chanoeka en de incidentele beloning voor een goed rapport. Ik kwam nog ongeveer twintig mark tekort. Op de ochtend van mijn dertiende verjaardag deed ik de deur van de woonkamer open en schrok toen ik de fiets zag staan die ik zo vaak in de etalage van meneer Schmitt had staan te bewonderen. Hij had een breed zwart zadel en een glanzend chromen frame. Maar het mooiste was dat hij rode luchtbanden had – het nieuwste van het nieuwste, wat je, in tegenstelling tot zwarte banden, meer grip op de weg opleverde en de rit ook vloeiender liet verlopen. Ik kon nauwelijks wachten tot de schooldag om was en ik de hele stad door kon fietsen, bewonderend gadegeslagen door de voorbijgangers.

De fiets werd mijn trouwe metgezel. En toen moest ik op een vorstige januarimorgen in 1939 Duitsland en het Hitlerregime ontvluchten. Ik maakte deel uit van een inderhaast georganiseerd kindertransport naar Engeland. We mochten niet meer dan een kleine koffer meenemen, maar mijn ouders verzekerden me dat ze zouden uitzoeken hoe ze mijn fiets ook konden sturen. In de tussentijd zou hij veilig in de kelder worden opgeborgen.

Door een gelukkig toeval waren een paar van mijn nieuwe vrienden actief in de Methodistenkerk van Ashford Middlesex. Zij kregen het voor elkaar hun gemeenschap geld te laten inzamelen om een flat voor mijn ouders te huren, die, zodra ze officieel toestemming hadden gekregen, hun schuilplaats in Groot-Brittannië zou vormen. Op basis van die voorlopige beschikking liet de Duitse overheid mijn ouders een grote houten kist verschepen naar mijn vrienden. Alle voorwerpen moesten worden goedgekeurd: waardevolle zaken waren verboden, maar tegen mijn fiets werd geen bezwaar gemaakt. Ondertussen waren de beschikkingen voor mijn ouders op het Britse ministerie van Binnenlandse Zaken in orde gemaakt. Alles was gereed, op de laatste handtekening na. Vervolgens brak de oorlog uit en was het lot van mijn ouders bezegeld. Ze lieten beiden het leven in een kamp, in 1942.

In september 1939 lag dat allemaal nog in de toekomst verborgen. Je bleef hopen op een vroegtijdig einde van de oorlog en de hereniging met je familie. Een maand later werd ik toegelaten tot een opleiding tot kinderverpleegster. St. Christopher's was uit Londen – weg van de dreiging van bombardementen – naar een klein gehucht in het zuiden van Engeland uitgeweken. Na een halfjaar kreeg ik toestemming voor een week vakantie. Ik moest me aan de regels houden, dus alle bezittingen die ik niet meenam van een etiket voorzien. Plichtsgetrouw hing ik een naamkaartje aan mijn fiets en liet hem op de toegewezen plek in de fietsenstalling achter.

Een paar dagen later kreeg ik een brief van de hoofdverpleegster dat er een nieuwe wet was aangenomen. Ik was nu een 'ongewenste vreemdeling' en mocht me niet binnen vijfentwintig kilometer van de kust vertonen. Nu was niet alleen mijn opleiding plotseling afgelopen, maar er werd me ook meegedeeld dat ik me niet aan de instructies had gehouden en dat mijn kleren zoek waren. Wat mijn fiets betrof betwijfelden ze of die überhaupt bestond. Ik was woest, laaiend, en stond hulpeloos tegenover die schandalige leugens, maar ik miste vooral mijn fiets, die zo'n trouwe kameraad was geweest.

In de volgende paar jaar trok ik veel rond, en gehoorzaamde voortdurend de wet die vluchtelingen voorschreef zich bij de plaatselijke politie te melden zodra ze hun woonplaats langer dan vierentwintig uur verlieten. Eind 1945, toen ik in Londen woonde, kreeg ik een kaart met een officieel politiestempel erop. Ik raakte ervan in paniek. De kaart sommeerde mij me zo snel mogelijk op het bureau te melden. Ik bibberde vreselijk. Wat had ik misdaan? Niet in staat om de angst en de spanning nog langer te verdragen ging ik meteen heuvelopwaarts richting politiebureau en liet daar de kaart aan de brigadier van dienst zien.

'Hé, Mac. Hier is die meid waar je op zat te wachten!'

Er kwam een andere agent tevoorschijn. 'Heb jij ooit een fiets bezeten?'

'Ja.'

'Wat is ermee gebeurd?'

Ik vertelde hem het verhaal. Na een poosje zat bijna iedereen op het bureau naar me te luisteren. Dat vond ik vreemd.

'Hoe zag hij eruit?'

Ik beschreef hem. Toen ik de ongebruikelijke rode luchtbanden noemde, lachten ze allemaal opgelucht. Een van de agenten haalde een fiets tevoorschijn.

'Is dit hem?'

Hij was roestig, de banden waren lek en er zat een scheur in het zadel, maar het was absoluut mijn fiets.

'Nou, waar wacht je nog op? Neem hem mee naar huis.'

'O, dank u wel, heel erg bedankt,' zei ik. 'Maar hoe hebben jullie hem gevonden?'

'Hij was achtergelaten en iemand heeft hem gevonden. Hij heeft hem meegenomen omdat er nog een naamkaartje aan hing.'

Ik duwde hem dolgelukkig mee naar mijn flat. Maar toen mijn hospita me zag, raakte ze ontsteld.

'Daarop ga je toch niet door Londen rijden, of wel soms?'

'Waarom niet? Hij moet alleen een beetje gerepareerd worden en dan is hij weer zo goed als nieuw.'

'Daar gaat het niet om. Aan die brede banden kan de grootste sukkel nog zien dat het een Duitse fiets is. De oorlog is afgelopen, maar we haten die hufters en alles wat ons aan ze doet herinneren nog steeds.'

Ik liet het frame overspuiten en het zadel en de banden repareren, maar één enkel ritje in de buurt was voldoende om de hospita gelijk te geven. In plaats van op bewonderende blikken werd ik op gejoel en geschreeuw onthaald. Twee jaar later heb ik hem voor een paar stuivers aan een verzamelaar van oorlogssouvenirs verkocht.

Edith Riemer, South Valley, New York

Oma's porselein

In 1949 waagden mijn ouders de grote sprong van Rockford Illinois naar Zuid-Californië met drie erg kleine kinderen en al hun huisraad. Mijn moeder had veel erfstukken uit de familie zorgvuldig ingepakt, inclusief vier dozen met handgeschilderd tafelporselein van haar moeder. Oma had dit prachtige servies zelf met vergeet-mij-nietjes beschilderd.

Helaas gebeurde er tijdens de verhuizing iets. Een doos porselein redde het niet. Hij kwam nooit op ons nieuwe adres aan. Zodoende hield mijn moeder slechts driekwart van het servies over – ze had borden van verschillende formaten en wat dienschalen, maar de kop en schotels en de kommen ontbraken. Tijdens familiebijeenkomsten of tijdens gezamenlijke maaltijden met Thanksgiving of Kerstmis zei mijn moeder vaak iets over het ontbrekende porselein, dat ze wilde dat het de reis had overleefd.

Toen mijn moeder in 1983 overleed, erfde ik oma's porselein. Ook ik gebruikte het servies bij veel bijzondere gelegenheden en ook ik vroeg me af waar die ontbrekende doos toch was beland.

Ik houd ervan om antiekzaakjes en vlooienmarkten af te schuimen op jacht naar schatten. Het is zo leuk om 's ochtends vroeg door de paden te lopen en te zien hoe de kooplieden hun waren op de grond uitstallen.

Ik was al in een jaar niet meer naar een vlooienmarkt geweest toen ik op een zondag in 1993 opeens behoefte kreeg om er eentje te bezoeken. Dus kroop ik om vijf uur 's ochtends mijn bed uit en legde voor het ochtendgloren de rit van een uur naar de reusachtige Rose Bowl vlooienmarkt in Pasadena af. Ik liep buiten door de gangpaden en dacht er na een paar uur over om te vertrekken. Ik sloeg de laatste hoek om en zette een paar stappen in dat laatste pad toen ik wat porselein op het asfalt zag staan. Ik zag dat het handgeverfd was... met vergeet-mij-nietjes! Ik rende erheen om het van dichtbij te bekijken en pakte voorzichtig een kop en schoteltje op... vergeet-mij-nietjes! Precies oma's porselein, met dezelfde subtiele lijntjes en dezelfde gouden biesjes aan de randen. Ik keek naar de overige voorwerpen – dat waren de kommen! De kopjes! De schotels! Het was oma's servies!

De verkoopster had mijn opwinding bemerkt en toen ze erbij kwam staan vertelde ik haar het verhaal van de zoekgeraakte doos. Ze zei dat het porselein afkomstig was van een erfenis uit Pasadena – de plaats naast Arcadia, de plek waar ik als kind had gewoond. Toen ze de boedel van de erfenis langs was gelopen had ze een ongeopende kartonnen doos in het gereedschapsschuurtje gevonden waar het porselein in zat. Ze had de erfgenamen naar het porselein gevraagd en die hadden gezegd dat ze er niets vanaf wisten, dat die doos 'al eeuwen' in het schuurtje stond.

Ik verliet de vlooienmarkt van de Rose Bowl die dag overladen met mijn verrassende schat. Ook nu nog, zes jaar later, ben ik verbijsterd dat 'alle puzzelstukjes uit het heelal' op hun plek waren gevallen om mij dat ontbrekende serviesgoed te laten vinden. Wat zou er zijn gebeurd als ik me had verslapen? Waarom moest ik per se die dag naar de Rose Bowl? Wat als ik die laatste hoek niet om was geslagen maar in plaats daarvan mijn pijnlijke voeten een momentje rust had gegund?

Vorige week gaf ik een etentje voor vijftien vrienden. We gebruikten oma's porselein. En aan het eind van de maaltijd serveerde ik trots koffie in die prachtige kop en schotels die zo lang zoek waren geweest.

Kristine Lundquist, Camarillo, Californië

De bas

Ik speelde voor de tweede of derde keer van mijn leven in een vast dienstverband, zes avonden per week in een hotellounge in Toledo, Ohio. Ik was jong en trots op het feit dat ik muziek maakte en daar redelijk goed voor betaald kreeg. Mijn oude bas met holle kas, een studiemodel van Epiphone, was duidelijk geen stijl voor een beroeps als ik.

Ik was behoorlijk weg van een Fender Precision die bij Ron's Music Store aan de muur hing. Het was een blonde bas met een volmaakt glanzende essenhouten kast, een crèmekleurige slagplaat en een hals van ongeverfd esdoornhout. Maar het opvallendste aan dit schitterende instrument was dat het fretloos was. Het had zelfs geen toets; er zat geen dun laagje eboniet of rozenhout aan de voorkant van de hals waar bij een normale bas de frets op zaten. Er zaten zelfs geen positiestipjes op – van die typische ingelegde paarlemoeren punten of streepjes of sterretjes. Alleen een prachtig gevlamd stuk kaal esdoornhout, uitsluitend verdeeld door de vier snaren die eroverheen liepen. Ik vond hem prachtig en ik wist dat ik hem zou kunnen bespelen. Toen ik hem op de versterker in de winkel probeerde, wist ik dat ik deze bas moest hebben.

De trilling van de snaren op een fretloze elektrische bas is iets geweldigs. Het is een stevige mix van het geluid van een modern elektrisch instrument met dat van een traditioneel houten akoestisch snaarinstrument. De tonen verglijden met een tevreden stemmende zoem als de snaar al trillend heel teder de hals raakt, snaar op hout. De mate van expressie die je op een bas met fret niet kunt variëren, laat zich met minieme verandering van de vingerzetting bewerkstelligen.

De prijs van de bas, voor hedendaagse maatstaven obsceen laag, was in 1974 toch een rib uit mijn lijf, maar ik had het ervoor over; ik leende geld en kocht dit droominstrument.

Mijn vader lag in het ziekenhuis te herstellen van een openhartoperatie en ik zocht hem op. Ik nam mijn nieuwe bas mee naar het ziekenhuis, sjouwde hem in een lompe harde koffer langs de nieuwsgierige en alerte blikken van de verpleegsters om hem aan hem te laten zien. Zo trots was ik op hem.

We speelden in de Hospitality Motor Inn in Toledo. Zes avonden per week loungemuziek – pop, rock, swing en funk. Alles van Sinatra tot Stevie Wonder. Elke avond na het optreden zetten de gitarist en ik onze instrumenten (we waren hip en noemden ze dus 'bijlen') in de onbewaakte garderobe en gingen tot een uur of drie, vier de volgende ochtend in de kantine gebakken eieren met spek zitten eten en koffiedrinken. Ik had wijzer moeten wezen en niet mijn bas in die garderobe achter moeten laten. Ik was al eerder met misdaad in aanraking gekomen toen mijn auto was gekraakt. Maar ik was jong, dom, te goed van vertrouwen en naïef.

Op een nacht kwamen mijn vriend en ik de kantine uit en zagen dat onze bijlen weg waren. We doorzochten het hele gebouw tot twee keer toe en konden maar niet geloven dat het lot ons zo had getroffen. De professionele apparatuur van een man, zijn broodwinning... hoe kon iemand zo slecht zijn om die bewust te ontvreemden? Mijn schitterende nieuwe bas was weg.

Twee jaar later nam een drummer die ik alleen van gezicht kende me in een tent apart en zei dat hij mijn bas tijdens een jamsessie had gezien en dat hij degene kende die erop speelde. De bas was in Toledo waarschijnlijk nog enig in zijn soort, en elke muzikant in de stad was van mijn verlies op de hoogte. Hij was voor de drummer niet moeilijk te herkennen geweest. Hij gaf me het adres van de vent die mijn bas bezat.

De enige mogelijkheden waren dat de kerel die mijn Fender Precision nu bezat hem had 'geheeld', dus hem had gekocht terwijl hij wist dat hij was gestolen, of dat hij hem zelf had gestolen. In beide gevallen vond ik dat ik het recht had hem terug te halen.

Ik had een vriend die Marek heette, een lange, gespierde voormalige bokser en trompettist die nu talenten begeleidde. Ik vertelde hem wat ik van plan was en vroeg hem mee te gaan voor morele, verbale en wellicht fysieke ondersteuning.

We stopten voor een klein boerderijtje met een slonzig tuintje, stapten uit en belden aan. Ik was zenuwachtig en kreeg het idee dat ik een verschrikkelijke vergissing beging. Een jonge vrouw deed open. We stelden onszelf voor en legden uit waar we voor kwamen. Marek vroeg haar of we binnen mochten komen. Ze scheen te twijfelen en kwam verward over. Vervolgens vertelde ze ons dat haar man niet thuis was. En toen liet ze ons binnen.

Op een gitaarstandaard, midden in de woonkamer, stond mijn fretloze bas. Ik was verbijsterd. Twee jaar – en daar stond hij pal voor mijn neus!

Marek legde de jonge vrouw heel rustig uit dat mijn bas heel bijzonder was en daardoor eenvoudig te herkennen. Hij vertelde haar dat we beseften dat haar man die bas alleen op een onwettige manier kon hebben verkregen. We wilden de politie niet bellen of een aanklacht indienen, zei hij, we wilden alleen de bas.

Ze begon er steeds minder op haar gemak uit te zien en ze wist duidelijk niet goed wat ze ermee aan moest. Ze zei nogmaals dat haar man niet thuis was en dat ze geen beslissing over de bas durfde te nemen zonder het met hem te overleggen.

Op dat moment was ik blij dat ik een verzamelgek en papierbewaarder ben. En dat Fender serienummers aanbrengt in alle instrumenten die hij maakt. Ik trok mijn portefeuille en haalde de originele kassabon van Ron's Music Store tevoorschijn, compleet met het serienummer van de bas. Ik vouwde hem open, toonde hem aan haar en zei vervolgens: 'Mag ik?' Ik pakte de bas – en genoot toen ik alleen al door hem vast te houden een golf van emoties door me heen voelde gaan omdat dit instrument mijn uitlaatklep was, het verlengstuk van mijn lichaam waarmee ik iets moois tot stand kon brengen. Ik draaide hem langzaam om en keek naar het serienummer dat in het bevestigingsplaatje van de hals was geslagen, op de plek waar de slanke hals en de blonde essen kast op elkaar aansluiten. De nummers kwamen overeen.

Ik hield haar de bas voor zodat ze het nummer kon zien. Ze keek naar de bon die ik haar had overhandigd, zag dat de nummers overeenkwamen en keek mij weer aan. Een zeer angstige blik.

Marek zei haar: 'We nemen de bas mee.' Ik pakte hem beet en we liepen de deur uit. We lieten haar achter zonder het flauwste besef wat ze moest doen. Ik had op dat moment medelijden met haar, maar tegelijkertijd besefte ik dat ik in mijn recht stond.

Ik had mijn bas terug. Hoewel de kans om hem ooit nog terug te zien miniem was geweest, had ik hem weer. Ik speelde nog jarenlang bas, in vele hotellounges, nachtclubs en op concertpodia. In die jaren verwierf ik andere bassen en bouwde er zelf drie.

Enkele jaren geleden heb ik de fretloze Fender Precision voor aanmerkelijk meer verkocht dan ik ervoor had betaald. Ik had het geld nodig, maar ik heb tot op de dag van vandaag spijt dat ik hem heb verkocht. Hij had een grote rol gespeeld in mijn ontwikkeling als muzikant en is me jarenlang trouw geweest.

Mark Snyder, Milton, Massachusetts

Moeders horloge

Het was een zeventienkaraats Elgin in een medaillon en mijn moeder had hem voor haar huwelijk gekocht, in september 1916. Het was typisch een horloge uit die tijd, functioneel maar decoratief – een duur sieraad voor een vrouw van die tijd. Als je op de opwindknop drukte, sprong het medaillon open en kwam de wijzerplaat tevoorschijn. Ik kreeg het horloge rond mijn dertiende of veertiende en ik liet er een polshorloge van maken. Voor mij was het een willekeurig eigendom. Toen ik in april 1941 in dienst ging nam ik het horloge mee.

Mijn eenheid werd naar de Filippijnen gestuurd. Aan boord op de Stille Oceaan verloor ik het horloge bijna toen ik het zorgeloos aan een waterlijn liet hangen terwijl ik een douche nam. Gelukkig was er een eerlijke soldaat die het vond en terugbracht. Het horloge betekende nog altijd niets bijzonders voor me. Het was gewoon een gebruiksvoorwerp dat ik bezat.

Na het bombardement op Pearl Harbor trokken wij ons terug op het schiereiland Bataan. Nu begon ik me een beetje zorgen te maken om mijn horloge. Met de vijand zo dichtbij vond ik het opeens stom van mezelf om iets mee te nemen wat ik van mijn moeder had gekregen. Toen we te horen kregen dat we ons aan de Japanners moesten overgeven, besefte ik dat mijn horloge een Japans souvenir zou kunnen worden. Ik kon het niet over mijn hart verkrijgen het horloge het oerwoud in te gooien, maar ik wilde het evenmin aan de vijand kwijtraken. Ik deed mijn best om mijn overmeesteraars te slim af te zijn. Ik deed het horloge rond mijn linkerenkel en trok mijn sok eroverheen. Voor extra bescherming trok ik een maillot aan. Wist ik veel dat ik hier begon aan een spelletje 'verberg het horloge' dat vierendertig maanden zou gaan duren.

Mijn eenheid gaf zich over, waarna we gedwongen werden tot de inmiddels beruchte Bataanse dodenmars. Ik wikkelde het bandje om het horloge heen en duwde het in het kleine horlogezakje van mijn broek. Op een dag toen we met een detachement in Noord-Luzon aan het werk waren stond ik in de laadbak van een vrachtwagen die werd bewaakt door een van onze altijd aanwezige Japanse soldaten. Zijn blik bevond zich precies op de goede hoogte om de bult in mijn broekzakje te zien. Hij stak een gehandschoende hand uit en raakte het plekje aan. Ik versteende en hield mijn adem in, bang als ik was mijn nu dierbare bezit te verliezen. Tot mijn verrassing was de bewaker niet nieuwsgierig genoeg om te vragen wat er in mijn zak zat en weer was het horloge een poosje veilig. Later wist ik een nieuw zeemleer op de kop te tikken, waar ik het horloge in wikkelde om het vervolgens in de zak van mijn overhemd te stoppen. Hoe nat ik ook werd, het horloge bleef droog.

Het detachement duurde een dag of zeventig. Daarna volgde er nog een dodenmars en ging het richting gevangenkamp Cabanatuan, waar ik tweeëneenhalf jaar bleef. Daar verwijderde ik het bandje van het horloge en wikkelde de kast in medisch gaas en tape. Zodoende werd het een klein en eenvoudig te verstoppen pakketje. Toen het kamp werd ontzet gingen het horloge en ik eindelijk naar huis. Toen ik over de drempel stapte hoorde ik dat mijn moeder was overleden. Nu werd haar horloge, dat mijn overleving al symboliseerde, ook een herinnering aan haar leven.

Ik heb het horloge in zijn oorspronkelijke kast laten zetten en er een ketting aan laten maken die identiek is aan het origineel. Opnieuw was mijn moeders horloge een verfijnd dameshorloge in een medaillon. Ik gaf het aan mijn vrouw. Later kwam ik erachter dat mijn broer de oorspronkelijke horlogeketting nog bezat. Toen hij hoorde dat ik het horloge had laten restaureren, gaf hij mij de ketting. Nu, vierentachtig jaar nadat mijn moeder het had gekocht, draagt mijn dochter het horloge. Hij doet het nog steeds.

Raymond Barry, Saginaw, Michigan

Manuscript gevonden op een zolder

Halverwege de jaren zeventig accepteerde ik een baan bij de Des Moines *Register*. Toen ik mijn vader liet weten dat ik naar Des Moines zou gaan verhuizen, vertelde hij me over de enige keer dat hij daar was geweest. Het was in de jaren dertig, vertelde hij, toen hij de zakelijke leiding had van de *Southwest Review*, het literaire tijdschrift van de Southern Methodist University in Dallas. Zijn vriend Lon Tinkle, die later een bekend Texaans auteur is geworden, was redacteur van het blad. Lon gaf ook Engels aan de SMU en een studente met een zwaar misvormde rug volgde zijn colleges. Het was crisistijd en de jonge vrouw stamde uit een gezin dat te arm was om de operatie te financieren die het probleem zou verhelpen.

Haar moeder, die in Galveston een pension dreef, was op een dag de zolder aan het uitmesten toen ze een stoffig oud manuscript tegenkwam. Er stond bovenaan gekrabbeld: 'Door O. Henry.' Het was een mooi verhaal en dus stuurde ze het naar haar dochter op de SMU die het op haar beurt aan Lon liet zien. Lon had het verhaal nooit eerder gelezen, maar het klónk als O. Henry, het had een O. Henryplot en hij wist dat William Sydney Porter, alias O. Henry, rond die tijd in Houston had gewoond. Dus was het heel goed mogelijk dat de beroemde schrijver er naar het strand was geweest en in het pension van Galveston had gelogeerd, daar een verhaal had geschreven en het manuscript per ongeluk had achtergelaten. Lon toonde mijn vader het manuscript en die nam contact op met een O. Henrydeskundige aan de Columbia Universiteit in New York. De deskundige wilde het graag eens zien, dus nam mijn vader de trein om het te brengen.

De deskundige stelde vast dat het een authentiek O. Henryverhaal was en mijn vader besloot het te verkopen. Ten slotte belandde hij in Des Moines bij Gardner Cowles, een topredacteur bij de Des Moines *Register*. Cowles vond het een schitterend verhaal en kocht het meteen. Mijn vader bracht de opbrengst naar de jonge vrouw in Lon Tinkles collegegroep. Het was net genoeg om de operatie te bekostigen die ze zo hard nodig had – en voorzover wij weten, nog lang en gelukkig te leven.

Mijn vader heeft me nooit verteld waar het O. Henryverhaal over ging. Maar ik betwijfel of het beter was dan zijn eigen verhaal: een verhaal over O. Henry dat zelf een O. Henryverhaal was.

Marcus Rosenbaum, Washington, DC

Kerstmis in gezinsverband

Mijn vader heeft me dit verhaal verteld. Het gebeurde begin jaren twintig in Seattle, voordat ik was geboren. Hij was de oudste van zes broers en een zus, die niet allemaal meer thuis woonden.

Het familiekapitaal had een stevige klap opgelopen. Mijn vaders zaak was ingestort, banen waren er vrijwel niet en het land bevond zich bijna in een crisis. We hadden dat jaar wel een kerstboom, maar geen cadeautjes. We konden ze stomweg niet bekostigen. Op kerstavond gingen we erg ongelukkig naar bed.

Tot ieders stomme verbazing lag er de volgende ochtend toen we wakker werden een berg cadeautjes onder de boom. We probeerden ons aan het ontbijt te beheersen, maar die maaltijd was in een mum van tijd verzwolgen.

Daarna begon de pret. Mijn moeder mocht eerst. We kropen vol verwachting om haar heen en toen ze haar cadeautje openmaakte zagen we dat ze een oude shawl had gekregen die ze een paar maanden daarvoor was 'kwijtgeraakt'. Mijn vader kreeg een oude bijl met een kapotte steel. Mijn zus kreeg haar oude slippers. Een van de jongens kreeg een verfomfaaide en opgelapte broek. Ik kreeg een muts, dezelfde waarvan ik dacht dat ik hem in november in een restaurant had laten liggen.

Elk oud afdankertje vormde een complete verrassing. Binnen de kortste keren lachten we zo hard dat we de lintjes van het volgende pakje nauwelijks los konden krijgen. Maar waar kwam deze edelmoedigheid vandaan? Het was mijn broer Morris. Een paar maanden lang had hij stiekem oude spullen verstopt waarvan hij wist dat we ze niet zouden missen. Vervolgens had hij op kerstavond, nadat we allemaal naar bed waren gegaan, stilletjes alle cadeautjes ingepakt en ze onder de boom gelegd.

Ik herinner me die kerst als een van de mooiste ooit.

Don Graves, Anchorage, Alaska

Mijn schommelstoel

In de zomer van 1944 was ik acht. Ik was een actief kind en banjerde graag rond in de bosrijke omgeving van ons huis in het noorden van New Jersey. Tijdens een van die avonturen stuitte ik op een oud bouwperceel. Het huis was ingestort en vergaan, maar tekenen van de vroegere bebouwing lagen nog verspreid op de grond. Ik raapte wat stukken en brokken op en kwam tot de ontdekking dat ik de meeste onderdelen van een kleine schommelstoel in handen hield, allemaal van stug hout van esdoorn en vruchtbomen. Het zag ernaar uit dat het vele winters in het bos had overleefd.

Ik nam de stukken mee naar mijn moeder thuis (mijn vader bevond zich overzee, bij de marine op de Stille Oceaan). Mijn moeder hield van antiek en was met name dol op koloniaal Amerikaans meubilair. Ze bracht de brokstukken naar een bevriende restaurateur in de buurt van Trenton. Hij reconstrueerde de stoel en verving een paar ontbrekende spijlen.

De stoel bleek een heerlijk voorbeeld van een kinderschommelstoel uit de koloniale tijd. Ik hield hem mijn hele jeugd op mijn kamer. Op zeker moment haalde ik wat kleine vogelplaatjes uit een doos cornflakes en plakte die op de rugleuning. De gerestaureerde stoel was het eerste meubel dat werkelijk van mij was. Nadat ik was afgestudeerd nam ik hem mee naar de westkust. Hij heeft talloze verhuizingen overleefd, van appartement naar huurwoningen naar de huizen die ik uiteindelijk voor mijn gezin bouwde. In 1977 ging de stoel verloren tijdens een verhuizing van een huurwoning naar mijn huidige onderkomen op een eiland in Puget Sound. Kennelijk is de stoel van een vrachtwagen gevallen die meubels van de andere kant van het eiland haalde. Het verlies viel me zwaar. Van tijd tot tijd herinnerde ik me de stoel en nam mezelf kwalijk dat ik tijdens de verhuizing niet voorzichtiger was geweest.

Tien jaar later reed ik over de hoofdweg van het eiland (het eiland is ongeveer dertig kilometer lang) en zag ik net zo'n kinderschommelstoel op de veranda voor een plaatselijk antiekwinkeltje staan. Het was de mijne niet, maar deed me er wel aan denken. Ik stopte om de eigenaresse, een vriendin van me, te vragen hoeveel zij voor die stoel op de veranda wilde hebben. In de loop van het gesprek vertelde ik over mijn verloren gegane stoel en beschreef die tot in de puntjes. Ze keek me heel vreemd aan en zei toen: 'Dat klinkt als een stoel die ik onlangs aan een handelaar uit Californië heb verkocht. Trouwens, die staat nog boven in de opslagkamer. Hij moet morgen naar die handelaar worden verstuurd.' Ik vertelde haar dat er een plaatje van een eend op de rugleuning van mijn stoel zat. De winkelierster ging boven naar de stoel kijken. Het plaatje zat precies waar het zitten moest en meer bewijs had ze niet nodig. Moet ik nog uitleggen dat ik de stoel terugkreeg? Hij staat nu in een speciale kamer vol andere voorwerpen uit mijn jeugd. Het is mijn 'Rosebud.'

Dick Bain, Vashon Island, Washington

De eenwieler

Doordat ik hard had gewerkt aan mijn reputatie als pianist-pianorestaurateur, raakte ik in 1978 overladen met werk en verloor de liefde van mijn prachtige, sinds lang toegewijde vriendin. Behalve door een indrukwekkende werkachterstand werd ik in beslag genomen door een enorme lading ongerestaureerde instrumenten die ik had gekocht en ik gaf haar niet de aandacht waar ze recht op had. In een alles-of-nietspoging om mijn verloofde te laten merken dat ze meer voor me betekende dan de piano's, zette ik ze te koop in een advertentie in een krantje voor verzamelaars. Ik verkocht ze allemaal aan de eerste die belde – een man die aan de andere kant van het land woonde.

Het mocht niet baten. Mijn levensgezellin verliet me en op voorstel van de koper verhuisde ik naar Tacoma om hem bij de restauratie van de piano's te assisteren.

Ik hield niet van de westkust. Die verschilde te zeer van de oostkust en de eerste tijd zat ik zonder geliefde. Ik stopte met werken voor de koper. Vervolgens kreeg mijn truck kuren en raakte mijn geld op. Ik wilde zo dolgraag vertrekken dat ik met de truck die ik nauwelijks aan de praat kreeg naar het vliegveld reed, hem daar achterliet en naar de ticketbalie liep. Mijn broer woonde in de buurt van Chicago. Ik vroeg hoeveel het kostte om daarheen te vliegen, graaide toen in mijn zak en haalde er alle overgebleven contanten uit. Dat was, tot op de laatste cent, het bedrag dat het ticket kostte.

Na mislukte pogingen om het met mijn verloofde bij te leggen en na een paar jaar waarin ik het land per spoor en op de duim ontdekte, in kloosters en zo verbleef, belandde ik weer aan de westkust. En weer was ik platzak.

Toen barstte Mount St. Helen's uit. Ik bevond me op dat moment in de bibliotheek van de universiteit van Washington waar we allemaal naar buiten renden om vanaf de stoep de eruptie aan de horizon gade te slaan. Het was heel onheilspellend en maakte veel mensen flink zenuwachtig.

De dag erop reed een overspannen man bij de markt op Pike Street een druk trottoir op waarbij vier mensen omkwamen. Ik zag het allemaal gebeuren, met die vier lijken en allerlei onbeweeglijke lichamen her en der op de stoep. Ik ging ter plaatse op de stoep zitten en zwoer de stad te verlaten.

Diezelfde avond, op datzelfde kruispunt, schreeuwde ik met gespreide armen naar de hemel: God wat haat ik de westkust! Als ik een eenwieler bezat, reed ik er helemaal op naar Connecticut!

Vervolgens liep ik weg en kroop op het haventerrein in mijn slaapzak.

De volgende ochtend lag er, op hetzelfde kruispunt – maar aan de overkant van de straat en op het trottoir – een eenwieler.

Ik steel normaliter niet, maar gezien de omstandigheden vond ik het gepast om mijn dankbaarheid te tonen. Dus stapte ik erop, richtte het ding heuvelafwaarts, zei 'Bedankt' en reed weg.

Na nog geen honderd meter bloedden mijn enkels al zo van het gebeuk tegen de as dat ik ermee moest ophouden. Ik begon me ook bezwaard te voelen dat ik het ding had weggenomen, dus legde ik de eenwieler terug waar ik hem had gevonden. Daar bleef hij drie dagen liggen, op een van de drukste kruispunten van de stad, totdat hij eindelijk verdween.

Ik sprong in plaats daarvan op de trein.

Gordon Lee Stelter, Bogart, Georgia

De streepjespen

Het was een jaar na het einde van de Tweede Wereldoorlog en ik maakte deel uit van het bezettingsleger in Okinawa. De afgelopen maanden waren er op het terrein van onze basis diverse inbraken gepleegd. Er waren ramen geforceerd, er waren spullen uit mijn schuurtje verdwenen – maar vreemd genoeg had de dief niets anders meegenomen dan wat snoepgoed en kleinigheidjes, niks van waarde. Bij één gelegenheid had ik opgedroogde moddersporen op de grond en op een houten tafel aangetroffen. Ze waren heel klein en leken van een kind te zijn. Het was algemeen bekend dat kleine groepjes zwerfkinderen het eiland afstroopten, die leefden van wat ze te pakken kregen en alles pikten wat niet nagelvast zat.

Maar vervolgens verdween mijn waardevolle Waterman-vulpen. En dat ging te ver.

Op een ochtend plukten we een man van het gevangenisterrein. Hij had corvee. Ik had hem al diverse keren eerder gezien. Hij was zwijgzaam, knap, stond rechtop en luisterde oplettend. Toen ik naar hem keek besefte ik dat hij welke rang hij ook had bekleed in het Japanse leger (waarschijnlijk die van officier), zijn taken goed had uitgevoerd. En nu, opeens, zat mijn Waterman-pen in de zak van deze respectabele Japanse man.

Ik kon me niet voorstellen dat hij stal. Ik had doorgaans een goede kijk op mensen, en deze man maakte een betrouwbare indruk op me. Maar ditmaal moest ik de plank hebben misgeslagen. Hij had per slot van rekening mijn pen en hij had dagenlang in onze buurt gewerkt. Ik besloot op mijn wantrouwen af te gaan en mijn medeleven met hem te negeren. Ik wees op de pen en stak mijn hand uit.

Hij deinsde, verrast, terug.

Ik tikte ertegen en vroeg hem nogmaals, met handen en voeten, mij het ding te geven. Hij schudde zijn hoofd. Hij scheen een tikje angstig – en ook volstrekt oprecht. Maar ik liet niet over me lopen. Ik trok een kwaad gezicht en hield voet bij stuk.

Uiteindelijk gaf hij hem aan me, maar met een intens treurige en teleurgestelde blik. Wat kan een gevange anders als de vertegenwoordiger van het winnende leger hem iets opdraagt? Er waren al straffen uitgedeeld vanwege ongehoorzaamheid en hij zal zijn buik vol hebben gehad van dat soort dingen.

Hij kwam de volgende ochtend niet terug en ik heb hem nooit meer gezien.

Drie weken later vond ik mijn pen in mijn kamer. De wreedheid die ik had begaan vervulde me met afgrijzen. Ik kende de kwelling van het slachtofferschap – van het ten onrechte tegen een hogere rang moeten afleggen, van vertrouwen in koelen bloede vermoord zien worden. Ik vroeg me af hoe ik zo'n fout had kunnen begaan. Beide pennen waren groen met gouden strepen, maar bij de ene liepen de strepen horizontaal en bij de andere verticaal. Om het nog erger te maken, besefte ik hoeveel moeilijker het voor die man geweest moest zijn dan voor mij om zo'n kostbaar Amerikaans voorwerp op de kop te tikken.

Nu, vijftig jaar later, heb ik geen van beide pennen meer. Maar ik wilde dat ik die man kon achterhalen om hem mijn excuses te kunnen aanbieden.

Robert M. Rock, Santa Rosa, Californië

De pop

Zeven jaar heb ik in L.A. gewoond, waar ik een baan had die ik niet zo leuk vond. Na een poosje begon ik mezelf er niet zo aardig door te voelen. Het kwam zover dat ik alleen maar naar kantoor ging vanwege de airconditioning en de gratis koffie. Maar nadat ik de koffie eraan had gegeven leek het überhaupt nogal nutteloos om te gaan. Ongeveer een jaar lang zat ik voortdurend mijn eigen waarde uit te rekenen; elke morgen telde ik de dagen af totdat ik genoeg geld zou hebben om weg te gaan, te verhuizen naar North Carolina en daar in het bos te gaan wonen.

Afgelopen voorjaar kreeg ik een hoestje. Ik begon in mei te kuchen en bleef kuchen tot en met juli. Voor het augustus werd hadden al mijn collega's me allerlei dokters en medicijnen aangeraden, maar ik wist wat me mankeerde. Het werk zat als een strop op mijn nek; ik stikte in dit verkeerde leven. Na vier maanden zo hard te hebben gehoest dat ik bang was dat ik mijn ribben zou breken of mijn ingewanden zou uitkotsen, gaf ik het ten slotte op. Op de Dag van de Arbeid reed ik dwars door het land om te doen wat ik had gezegd dat ik zou doen. Iedereen vond het gek dat ik in het bos wilde gaan wonen. Eerlijk gezegd had ik zelf ook twijfels al geloofde ik dat het een goede beslissing was.

Op een avond in de eerste maand nadat ik L.A. had verlaten werd ik een beetje kierewiet. Ik had gekookt maar kon om een of andere reden niet eten. Ik kon niet stil zitten. Ik merkte weer iets van die oude angsten en neerslachtigheid van het werk en voelde me opgesloten. Ik wilde buiten de zonsondergang gaan bekijken. Ik kreeg het zo te pakken dat ik mijn eten op het fornuis liet staan en wegreed zonder te weten waarheen.

Na een poosje belandde ik bij de French Broad River, luisterend naar een verhaal op NPR over een gebeurtenis in L.A. Iets over computers en het millenniumprobleem. Mijn gedachten gingen uit naar mijn vriend en vroegere collega Marcus, die met computers werkt. Ik besefte dat ik hem niet meer had gesproken sinds mijn verhuizing, maar nu maakte ik me opeens zorgen: Marcus had problemen en ik zwoer zo snel mogelijk contact met hem op te nemen.

In de tussentijd werd ik door iets afgeleid. Er is zo'n park waar ik weleens ga zitten om het rivierwater voorbij te zien stromen, maar daar stopte ik niet. In plaats daarvan ging ik naar een oud postkantoor vlak bij de rivier. Dat is zo'n schitterende plek dat ik vaak heb overwogen het diploma voor postdirecteur te halen. Hoewel er een postkantoor dichterbij is, maak ik altijd de omweg om daar bij de schutting naar het voortstromende water te kunnen kijken. Ik bedoel, meestal sta ik daar alleen maar te kijken. Maar die dag was dat niet genoeg; ik moest dichterbij zien te komen.

Het was drie maanden lang droog gebleven, waardoor het water in de rivier lager stond dan ik ooit had gezien. Ik ging de rotsen op, terwijl ik nog steeds aan mijn vriend dacht. Ik herinnerde me dat Marcus niet kon zwemmen en dat hij nooit zoiets aan zou durven – over de rotsen over een rivier lopen. Ik probeerde Marcus uit mijn hoofd te zetten omdat ik me zo slecht op mijn gemak voelde. Ik probeerde me een prachtige zeemeermin voor te stellen die op koude nachten op de warmte in mijn hutje af zou komen en een fles wijn met me zou delen; maar haar beeld vervaagde en Marcus bleef maar opduiken. Het lukte me niet hem uit mijn hoofd te zetten.

Marcus is een gedrongen zwarte man, zeer intelligent en zo logisch ingesteld dat het vaak onlogisch wordt. Hij kan gevoelig en vrijgevig zijn en toch stoot hij vaak mensen bruut af. Toen ik hem ooit vroeg of hij me zou komen opzoeken als ik zou verhuizen, speelde Marcus 'Strange Fruit' van Billie Holiday. Hij zei dat het lied over blanken ging die in het zuiden zwarten lynchten. Ik legde Marcus uit dat ze dat soort dingen niet deden op de plek waar ik woonde. Hij grijnsde de grijns van ongelovig man.

Ik miste Marcus daar op die rotsen. Maar ik maakte me vooral zorgen. Hij dronk soms te veel en reed te hard. Hij is zo iemand die zo de pest heeft aan zijn werk dat hij eraan verslaafd raakt om zijn verdriet te maskeren. Hij is zich zo met computers gaan identificeren dat hij er eigenlijk eentje is geworden. Soms lijkt het of Marcus de schulden der wereld aan een FireWire om zijn nek draagt. En toch, ondanks dit alles, bleef een beeld van Marcus' gezicht me op die rotsen maar steeds voor de geest komen: het beeld van hoe hij tegen zijn tranen vocht op de dag dat ik het parkeerterrein af reed en L.A. verliet.

Ik zat een halfuur lang op mijn hurken op een rots midden in de rivier me af te vragen wat ik met mijn leven aan moest. Ik zat al krap bij kas. Ik was eenzaam in de bergen en vroeg me af (zoals Marcus had voorspeld) of ik me had vergist, of ik gek zou worden in mijn eentje. Ik wist niet waarom ik hier was. Ik voelde me verdwaald. Ik wist niet eens waarom ik hier naar de rivier was gekomen. Ik wist eigenlijk niets anders dan dat ik mijn vriend miste en dat ik bezorgd was of het wel goed met hem ging. Ten slotte ging ik weer naar huis want ik geloofde dat ik niks voor hem kon doen omdat hij zover weg was.

En toen gebeurde het...

Dicht bij de oever zag ik onder water iets klem zitten tussen twee rotsen. Ik liep erheen en toen ik mijn hand ernaar uitstak trof ik een pop aan die in de modder vastzat. Ik haalde hem boven en zag dat de pop een klein zwart mannetje was – gedrongen en met een hoed op. Hij had zijn armen wijd, alsof hij zich overgaf. Eerst moest ik glimlachen omdat de gelijkenis met Marcus zo griezelig was. Ik heb misschien zelfs hardop gelachen omdat ze zoveel op elkaar leken.

Maar toen ik de pop eenmaal in handen had, versteende ik. Opeens werd ik overspoeld door een angst die me tijdelijk gek maakte. Iemand had een strop om de nek van de pop geslagen; ze hadden hem op ophanging voorbereid en hem toen in de rivier gegooid om te verdrinken. Nu wist ik wat me hierheen had getrokken, waarom ik de hele dag aan Marcus had lopen denken. Ik wist zeker dat hij in de problemen zat. En het was mijn taak hem te helpen. Dus haalde ik het kleine koordje eraf, waste de pop in de rivier en nam hem vervolgens mee naar huis.

Ik wist dat ik mijn vriend vijfduizend kilometer verderop had geholpen, maar ik heb Marcus nooit gebeld om hem te vertellen wat er was gebeurd. Hij is als computergenie bij MIT veel te logisch (cynisch?) om waarde te hechten aan voodoo, synchroniciteit of de geheimen der schepping.

Maar op dezelfde dag waarop ik die pop uit de rivier redde, kreeg ik een kort e-mailtje van Marcus. Op de computerklok kon ik aflezen dat hij hem precies had geschreven toen ik bij de rivier was. Hij was aan het werk, midden in de chaotische voorbereidingen op de millenniumwisseling. Het was een woest kolkende schimprede over vrouwen en werk waarin hij openhartig was over iets wat hij al zijn hele leven wilde doen. Hij zei dat hij zijn huis zou verkopen en naar Frankrijk zou verhuizen of misschien een wereldreis zou maken. Hij sloot af met: 'Maar er gebeurt vandaag iets vreemds en prachtigs met me. Ik voel me lichter. Ik heb plots inzicht gekregen en besef nu dat ik niet langer hun bezit ben. Ik ben hier nog, maar ik ben niet meer van hen. Voor het allereerst voel ik me vrij.'

Ik heb Marcus dit verhaal nooit verteld. De pop uit de rivier woont nu bij mij, in een kamer waar helemaal geen computers of andere elektronische apparaten staan. Hij zit op een plank waarvandaan hij vrij zicht heeft op het raam, de bomen en het licht. De pop lijkt erg tevreden met dit leven.

Robert McGee, Asheville, North Carolina

De videoband

Ik werk in een bibliotheek waar ik videobanden inkoop voor de filmcollectie. In de loop der jaren heb ik duizenden banden bekeken. Na een poosje wordt dat pure routine. Maar afgelopen week duwde ik er een band in en begon de film te bekijken. Een moeder zit met haar kinderen in de auto. De kinderen vragen waar ze heen gaan. De moeder antwoordt: 'We gaan naar Santa Rosa.' In gedachten steek ik mijn duim op. Per slot van rekening is Santa Rosa mijn geboorteplaats. Ik kijk een poosje, controleer geluid- en beeldkwaliteit. Ik wip de band eruit en steek deel II erin. Het is avond. Er rent een meisje over straat. Ze nadert een huis, rent de trap op, over de veranda en klimt door een slaapkamerraam naar binnen. Ik zit op het puntje van mijn stoel. Onmogelijk. Dat is mijn veranda en dat raam is van mijn slaapkamer. Twee meisjes zijn met elkaar in gesprek, maar ik versta ze niet. Ik heb het te druk met het bekijken van die kamer. Raam rechts, geen kasten – daar is het huis te oud voor. Een kamer van vier meter twintig hoog, zo moeilijk om daar geschikte gordijnen voor te vinden. Ik zet de band stil; het duizelt me. Dit is de slaapkamer van mijn ouderlijk huis. In die kamer slaap ik met mijn oma, aan de andere kant van de kamer in een klein ijzeren bed. Ik wip de band eruit en steek de eerste band er weer in. Moeder rijdt met de kinderen. Nu komen ze in een buurt met diverse etnische groepen. Latijns-Amerikaanse kinderen spelen buiten, een Vietnamese vrouw leest de krant, zwarte mannen in bende-outfit staan in een steegje te kletsen. De auto slaat de bocht om. Ik buig voorover. Hier ben ik ook geweest. Ik heb in deze straat gefietst op mijn blauwe fiets van Sears met het schapenwollen zadel en de zomerse wind in mijn gezicht. De auto stopt bij een huis. De moeder stapt uit en loopt de veranda op. Er komt een vrouw aan de deur. Door het scherm zie ik langs de boog naar de eetkamer de peperkoek liggen. Ze staan in de keuken te praten. Alles is precies hetzelfde. De keukentafel onder het raam, het grote wit emaillen fornuis, de losse kast naast het aanrecht. Er komt een man uit een andere kamer, mijn slaapkamer. Hij heeft een handdoek over zijn schouder. Hij komt uit de enige badkamer die het huis telt. Hoog op de deur van mijn slaapkamer zit een ovale knop. Ik weet nog hoe ik op mijn tenen moest staan. Ik strek me naar voren alsof ik zo meer kan zien. Ik kan de zijdeur naar de veranda onderscheiden, waar ik zandtaartjes bakte voor mijn hond. Ik weet dat daar vlak achter een trappetje naar de achtertuin voert waar ik de dode vogel heb begraven die ik had gevonden, de appelboom met de schommel en mijn opa's tuin. Ik zet de band stil. Opeens vallen vijfendertig jaar en duizenden kilometers weg. Op een bepaalde manier ben ik veranderd. Ik voel de zon op mijn huid, zie de kop van mijn hond en hoor de vogeltjes fluiten. In een wereld waar het leven soms saai en vol sleur is, en ook vaak vol wreedheid, ben ik totaal verbluft.

Marie Johnson, Fairbanks, Alaska

Een cadeau van goud

Het was kort na de kerst in de winter van 1937. De crisis was nog niet voorbij, maar ik was goed geluimd. Eind januari zou ik de basisschool verlaten. Ik was net twaalf – jonger dan al mijn klasgenoten en veel kleiner. Mijn moeder trok me nog steeds korte broeken aan en als het buiten koud begon te worden droeg ik een wollen kniebroek en kniekousen. Mijn meeste klasgenoten droegen geen korte broeken meer, maar hoewel ze ouder en langer waren dan ik droegen ook zij nog kniebroeken. Alleen een van de grotere jongens van veertien had al een lange broek aan.

Niettemin werden alle jongens bij het plechtige afscheid in dezelfde kleding verwacht. Ze moesten een wit overhemd aan, een marineblauwe gebreide stropdas en een donkerblauwe serge broek. Toen ik een paar van die jongens in kniebroeken vroeg wat ze zouden doen, zeiden ze dat ze die dag een lange broek zouden dragen.

Ik wachtte tot een week voor het afscheid voordat ik het aan mijn moeder vroeg. Het leek me goed het nieuws zo voorzichtig mogelijk te brengen.

Ik weet nog dat het op een koude maandagmiddag gebeurde. Ik was glibberend over de gladde straten en oversteekplaatsen thuisgekomen. Er liepen diepe voren en sporen door de dikke lagen gesmolten en opnieuw bevroren sneeuw. Binnen was het behaaglijk warm. Ik hing mijn dikke jas in de garderobekast in de gang, en rook de hele tijd de prikkelende geur van in boter gebakken vis. Ik liep naar de keuken voor een glas melk, een van de weinige luxedingen die we in huis hadden.

'Jeetje, mam,' zei ik, 'dat ruikt lekker. Ik ben dol op vis.'

'Begin er nou niet om te soebatten,' zei ze, 'net als anders. Denk eraan, als je nu iets krijgt, gaat dat tijdens het avondmaal van jouw deel af.'

Dat was een spelletje dat we altijd speelden, altijd met dezelfde afloop. Ik zou haar net zo lang lastigvallen totdat ze me verzekerde dat ik haar horendol maakte. Dan gaf ze toe en gaf me een flink stuk. En zonder uitzondering kreeg ik aan tafel ook mijn complete deel.

Ditmaal zette ik het spel niet voort.

'Mam,' zei ik, 'over dat afscheid...'

'Ja?' reageerde ze, terwijl ze de koekenpan over het fornuis schoof.

'Ik krijg de eerste prijs,' zei ik.

Nog steeds aan het fornuis werkend keek ze naar me om en glimlachte breed. 'Dat is fantastisch, schat. Papa en ik zullen er allebei zijn en we zullen naast onze schoenen lopen van trots.'

Aan mijn gezichtsuitdrukking moet ze hebben gezien dat er iets niet in orde was. Ze wendde zich weer naar het fornuis en zei: 'En dus?'

'Dus heb ik een lange broek nodig,' zei ik.

Het verwachte antwoord kwam snel.

'Schatje, we hebben nu geen geld voor een nieuwe broek,' zei ze heel rustig. 'Dat weet je best.'

'Oké,' barstte ik los. 'Dan ga ik niet naar het afscheid. En ik loop van huis weg!'

Ik wachtte af. Mijn moeder schudde de pan een beetje en draaide toen een voor een de stukken vis om. Het was heel stil op het gespetter na van de smeltende boter in de pan.

Ze draaide zich in mijn richting. In haar uitgestoken hand hield ze de pollepel waarop een gouden stukje gesauteerde vis lag te wiebelen.

'Hier,' zei ze. 'Snijd een van die broodjes die op tafel liggen en maak een lekker broodje vis voor jezelf. En als ik jou was, dan zou ik even geduld hebben met het pakken van mijn koffer. Dat broekenprobleem lossen we wel op.'

Mijn moeder keek toe hoe ik een broodje vis bereidde. Ze bleef kijken hoe ik het opat, duidelijk in haar sas met de kreuntjes van genot die iedere hap vergezelden. 'Daar blijf je wel voor thuis,' zei ze.

Toen mijn moeder de zondag erop zei: 'Ga je mee winkelen,' wist ik dat ze het probleem had opgelost.

Halverwege de ochtend pakten we ons in tegen de bittere koude die boven de stad hing en namen de trolleybus die over Westchester Avenue ging. We stapten op Southern Boulevard uit, de beste winkelstraat in de East Bronx. Onze kledingwinkel was maar een paar straten verderop. We betrokken mijn broeken mijn leven lang al bij meneer Zenger. Ik vond meneer Zenger aardig en genoot er altijd van als hij zei: 'Geloof me nou, jochie. Ik geef je de beste en in die broek loop je er poepsjiek bij.'

Maar eerst liepen we een eindje over de boulevard en hielden stil bij een zaak die me nog nooit was opgevallen.

Mijn moeder zei: 'Wacht even.'

Ze deed de deur open en ging een winkel binnen die een beetje op een bank leek. Ik las het bord boven de deur: Spaar- en leenbank.

Ze kwam een minuut of tien later naar buiten en we gingen naar de broekenwinkel. Daar paste meneer Zenger me een broek aan die absoluut de beste honderd procent zuiver wollen serge broek was die er in de hele wereld was te krijgen.

Meneer Zenger nam mijn maten op voor de binnennaad en zoomde hem toen om waar we bijstonden. Hij kostte drieëneenhalve dollar inclusief vermaken.

De nieuwe broek werd in bruin papier ingepakt dat met een touwtje werd dichtgebonden. Ik hield het pakje stevig onder mijn arm terwijl mijn moeder meneer Zenger betaalde. Ik zag haar een kleine bruine envelop uit haar tasje halen, de dichtgelikte flap openscheuren en de inhoud eruit halen. Er zaten vier splinternieuwe eendollarbiljetten in. Ze vouwde ze voorzichtig open en gaf ze aan meneer Zenger. Hij sloeg de prijs aan en gaf mijn moeder vijftig cent wisselgeld.

Naast mijn moeder in de trolley, aan het raam, zat ik het grootste deel van de rit naar buiten te kijken. Ongeveer halverwege ratelden we over de brug over de rivier de Bronx waar weinig te zien viel, en terwijl ik wat zat te draaien om voor me uit te kunnen kijken, keek ik even omlaag naar de handen van mijn moeder die op haar handtasje op haar schoot lagen. Toen zag ik dat de platte gouden trouwring was verdwenen die altijd aan de ringvinger van haar linkerhand had gezeten.

John Keith, San Jose, Californië

Familie

Weggeregend

De laatste keer dat ik het Tigerstadion bezocht (dat toen nog Briggsstadion heette) was ik acht. Mijn vader kwam thuis uit zijn werk en zei dat hij me meenam naar honkbal. Hij was fan en we waren al een paar keer eerder naar een wedstrijd geweest, maar dit werd mijn eerste avondwedstrijd.

We waren vroeg genoeg om gratis op Michigan Avenue te kunnen parkeren. Tijdens de tweede inning begon het te regenen en de regen sloeg om in een stortbui. Nog geen twintig minuten later werd er door de luidspreker meegedeeld dat de wedstrijd werd afgelast.

We stonden ongeveer een uur onder de tribune te wachten tot het zou ophouden met regenen. Toen ze ophielden met het verkopen van bier zei mijn vader dat we naar de auto zouden sprinten.

We hadden een zwarte sedan uit 1948, en het portier aan de chauffeurskant was stuk; je kreeg het alleen vanbinnen uit open. Hijgend en druipnat kwamen we bij het passagiersportier aan. Terwijl mijn vader naar de sleutels zocht vielen ze uit zijn hand in de goot. Toen hij voorover bukte om ze uit het snelstromende water te pakken, tikte de handgreep zijn bruine fedora van zijn hoofd. Ik haalde de hoed halverwege het volgende huizenblok in en rende vervolgens terug naar de auto.

Mijn vader zat al achter het stuur. Ik dook erin, belandde op de passagiersstoel en gaf hem plichtsgetrouw de hoed aan – die nu een verzopen vod was. Hij keek er een tel naar en zette hem toen op. Er golfde water uit, dat op zijn schouders en schoot spetterde en vervolgens op het stuur en dashboard. Hij slaakte een luide kreet. Ik was bang omdat ik dacht dat hij schreeuwde van woede. Toen ik besefte dat hij zat te lachen, deed ik mee en een tijdlang zaten we samen in de auto te gieren. Ik had hem nog nooit eerder zo horen lachen – en daarna ook niet. Het was een rauwe opwelling ergens diep vanuit zijn binnenste, een kracht die hij altijd had weten te bezweren.

Toen ik jaren later met hem over die avond sprak en over zijn lachbui hield hij stug vol dat het nooit had plaatsgevonden.

Stan Benkoski, Sunnyvale, Californië

Afstand

Een week nadat het lijk van mijn moeder was gecremeerd, leende mijn vader een Econoline-busje van iemand en stouwde ons erin. We zaten op goedkope beukenhouten bankjes achterin bier te drinken en morsten als hij te hard door de bocht ging. Hij bracht ons naar een plek genaamd West Meadow Beach op de noordelijke landtong van Long Island. De bungalow was ons uit medelijden uitgeleend. Mijn moeder was pas vermoord en mijn vader was achtergebleven met zes tienerkinderen.

We waren een ruig en winderig strand gewend. Ons zomerhuis stond aan de Atlantische Oceaan, in Neponsit, een klein plaatsje in Queens en daar waren we dol op. Maar die plek was nu besmet met de dood. Mijn moeder was op een avond eind juni in haar slaapkamer gewurgd. Al hadden we het gewild, we hadden er niet kunnen blijven. Er bleven mensen langsrijden en wijzen en de politie had er met zijn koffiebekertjes en vingerafdrukpoeder een bende van gemaakt.

De bungalow van de vreemde stond op Long Island Sound. Er waren geen golven, er lagen geen kiezelstenen op het strand en er dreven kalmpjes deinend heel beschaafde dingen voorbij. Ik was achttien. Sarah, de jongste, was twaalf. Gaby, de oudste, was twintig. Blaise was zestien, Mark was veertien en Heather was dertien. Mijn vader was eenenvijftig. Hij kon ons geen troost bieden, dus bood hij ons afstand.

Voor West Meadow Beach waren we redelijk gelukkige, drugs rokende Amerikaanse jongelui. We deelden elkaars hasj, maar hielden onze lievelingskleren voor onszelf; we haatten elkaars muziek maar hielden van elkaars vrienden. Dat veranderde op slag toen we in dat huis belandden, verbonden door cynisme, neerslachtigheid en alcohol.

Alles in die bungalow was koud en klam. Er heerste een onbekend soort vrolijkheid, met speeltjes en bloemetjeskussens verlicht door heldere, kale peertjes en stormlampen. We waren allemaal gevoelig voor licht doordat we in een donker huis waren opgegroeid en doordat de huizen van onze grootmoeders donker waren. We zaten met de lichten uit naar onze gloeiende peuken te kijken. Mijn vader had zat drank meegenomen, alle soorten sterkedrank die je kunt verzinnen, en ook diverse pakjes sigaretten, maar nauwelijks eten. Zo stelden we de traditie in van een dronken gezinsverband.

Het drinken hielp niet, maar het gaf ons iets te doen, iets wat leek op verbetering. Niemand had veel te zeggen. Dus zaten we op de rieten meubels van de vreemde en dronken echte sterkedranken: gin en tonic, wodka met druivensap, rum met wat dan ook. Ergens buiten hoorden we gelukkige buren. Het was bijna onafhankelijkheidsdag, dus werd er gefeest.

De dag erna installeerden we onzelf breeduit in strandstoelen achter het strand tussen de duinen en het gras met ons lange haar, onze lange benen en verstookten daar onze Marlboro's in de zon. Voor buitenstaanders zullen we er verveeld hebben uitgezien, maar we waren feitelijk in diepe gedachten verzonken. In diepe gedachten. The Sound was net een groot, saai zwembad. We begonnen meteen te drinken, want dat leek ons verstandig. Er ging niemand zwemmen.

We hadden een kano die ergens onderweg van het busje af was gevallen, wat de vent die achter ons reed bijna het leven had gekost. Dat was een van de hoogtepunten van de reis geweest. Na een paar glazen namen Heather en Sarah en pa de kano mee naar de zandbank en pa trok ze voort, tegen de wind optornend als een reusachtige grijze Goliath. Het water bezorgde zijn grijze borsthaar een sjofele aanblik en zijn wijde korte broek plakte aan zijn magere billen. Hij sleepte de kano met een vertrokken gezicht voort, alsof het een boetedoening was. De meiden zaten in de kano, zwijgzaam hun whisky-soda vast te houden en naar mijn vaders rug te kijken.

Zo gingen we die hete zonnige dagen en lange vreemde avonden voort. Op de vierde dag kwam mijn nicht eens kijken hoe het met ons ging en ze bleef een paar dagen van de zon genieten. Ze was luidruchtig en praatgraag en stoorde ons als een televisie die aan is blijven staan maar waar niemand naar wil kijken. Ze zei dat ze vond dat mijn vader de kleine meisjes niet moest laten drinken. Daar lachten we om en vervolgens werden we heel stil en er begonnen er een paar te huilen. Een dag later vertrok ze.

Dat gebeurde in 1980, twintig jaar geleden. Ik kan het nauwelijks geloven omdat ik weet dat we daar allemaal nog zijn, wiegend en drijvend en de tijd dodend in de hoop dat alles beter zal worden.

Lucy Hayden, Ancram, New York

Banden

Mijn vader had twee zussen, Layna, kinderarts, en Rose, fotografe. Ze woonden in Berlijn en deelden daar een appartement. Omdat ze joods waren ontvluchtten ze Duitsland zodra Hitler in 1933 de macht greep en ze wisten ten slotte naar de Verenigde Staten te ontkomen. Ze vestigden zich in New York, waar ze opnieuw een appartement deelden.

Nadat de tweede zus was overleden kreeg ik in 1980 een telefoontje van de advocaat die haar nalatenschap beheerde. De advocaat vertelde me dat hij zijn zaken graag snel wilde afhandelen en dat het appartement ontruimd moest worden. Tussen de resterende prullaria bevonden zich ongeveer honderd Duitse boeken. Volgens hem hadden de meeste vluchtelingen uit Hitler-Duitsland die zich in New York hadden gevestigd hun Duitse boeken meegenomen. De markt was verzadigd, de boeken waren waardeloos en je kon ze aan de straatstenen niet kwijt. Hij raadde me aan ze weg te gooien. Dat voorstel kwetste mijn gevoelens en deed me denken aan de boekverbrandingen van de nazi's. Ik smeekte hem om een paar dagen respijt waarin ik een andere oplossing wilde vinden.

Ik woon in Bloomington Indiana, de thuisbasis van de Indiana University. Ik dacht ervoor de boeken aan de vakgroep Duits te schenken. Daar, zo redeneerde ik, zouden ze Duitse boeken niet waardeloos achten, en de voorzitter aanvaardde mijn gift aan de vakgroepbibliotheek in dankbaarheid.

De boeken kwamen aan, en terwijl ze nog in de dozen zaten, slaakte een van de docenten Duits die in de verzameling neusde, een kreet van verbazing. Hij was op de titelpagina van diverse banden op de naam van de eigenaresse gestuit, Layna Grebsaile. Hij vertelde de voorzitter dat hij in zijn jeugd in Berlijn iemand had gekend die zo heette, en nu wilde hij weten hoe die boeken in Bloomington waren terechtgekomen. De voorzitter gaf hem mijn naam. Toen we elkaar ontmoetten konden we vaststellen dat ik inderdaad de nicht was van de Layna die hij had gekend. Daarna vertelde hij me iets uit de familieoverlevering dat ik nog nooit had gehoord.

De docent was in Berlijn opgegroeid. Hij was nog heel jong geweest toen zijn moeder was overleden en zijn vader, die besloot te hertrouwen, kreeg verkering met Layna, de oudste van de twee zussen. De verkering liep op niets uit, maar de toekomstige docent, die toen nog een tiener was, ontwikkelde een vriendschapsband met Layna en ze bleven bevriend ook nadat zijn vader en Layna uit elkaar waren gegaan.

De jonge man was ook joods, en ook hij ontvluchtte Duitsland. Zijn odyssee bracht hem naar Bloomington, waar hij eerst studeerde en later faculteitslid werd van de Indiana University. Hij trouwde, stichtte een gezin, maar in de loop der jaren bleven Layna en hij hun vriendschap onderhouden en wisselden brieven met elkaar uit tot haar dood in 1957.

Nadat Rose in 1980 was overleden vond een kist vol brieven, documenten en memorabilia zijn weg naar mijn souterrain. Op druilerige avonden, als ik me nostalgisch voel, doe ik die kist open en blader door die schatten. Op een avond vond ik een ansichtkaart van de docent aan Layna. Die heb ik hem cadeau gedaan.

Miriam Rosenzweig, Bloomington, Indiana

De woensdag voor kerst

Het gebeurde een jaar of wat geleden op de woensdag voor kerst. Onze koorrepetitie in de kerk was net afgelopen. De versiering hing al – kerststukjes aan de pilaren waardoor de hele kerk naar dennennaalden rook. In het schip stond een grote kunstboom. Dat was de afleverplek voor de actie Pakjes Voor Peuters en eronder lag dan ook een kleine berg cadeautjes.

Het was bijna middernacht, en ik stond met een vriend op het parkeerterrein. De andere koorleden waren al naar huis. We hadden de lampen in de kerk uit gedaan en de voordeuren vergrendeld, maar de zij-ingang van de kapel bleef altijd van het slot.

Terwijl mijn vriend en ik stonden te praten reed er een jeep met vierwielaandrijving langzaam het parkeerterrein op. Toen de chauffeur ons zag, keerde hij en reed weg. Dat was vreemd en ik maakte me er zorgen over. Kerken worden weleens moedwillig vernield. De deur van Gods huis staat altijd open, en een enkele keer strompelt er weleens een dronkelap binnen om zijn roes uit te slapen – of misschien om wijn te drinken en het gouden altaarservies te stelen. Maar de vreemde gewaarwording van een luxe terreinwagen die taxerend langsreed – dat zette me aan het denken.

Mijn vriend en ik zeiden er niets over. Nadat het gesprek was afgelopen stapten we in onze auto's, maar ik ging niet naar huis. Ik reed een blokje om en keerde terug naar de kerk. Toen ik terugkwam stond de jeep bij de kapeldeur geparkeerd en waren de lampen in de kerk aan. Ik bleef een poosje in mijn auto zitten, en voelde me behoorlijk zenuwachtig. Vervolgens stond ik op en liep de kerk binnen.

Ik verwachtte elk moment een kogel door mijn hoofd te zullen krijgen terwijl ik door de hal van de kerk liep, de lampen aanknipte en veel kabaal maakte zodat ze wisten dat ik eraan kwam. Ik wilde niet met schichtige, geschrokken insluipers te maken krijgen. Halverwege de trap hoorde ik mezelf op een behoorlijke volume 'King of the Road' zingen (vraag me niet waarom).

De trap maakte een bocht en ik kwam in het schip uit. Daar, bij het altaar, zag ik een man en vrouw die ik van gezicht kende als leden van onze parochie. Vanaf mijn plek in het koor zie ik iedereen. De vrouw zat altijd rechts in de middelste rij, zeven banken van voren. Ze had een krachtige pure sopraan. Ik had ooit een praatje met haar gemaakt en toen gevraagd of ze lid van het koor wilde worden, maar daar was ze te verlegen voor. Meestal kwam ze alleen naar de kerk, maar de man had ik ook een paar keer gezien en ik wist dat hij haar echtgenoot was.

Ze hadden grote witte plastic tassen vast die vol zaten met nieuw speelgoed. Ze hadden voor minstens vijfhonderd dollar aan speelgoed in die tassen. Ze stapelden speelgoed onder die kunstboom op voor de actie Pakjes Voor Peuters.

De vrouw gaf een beschaamde halve glimlach ten beste en legde een vinger op haar lippen. 'Alstublieft,' zei ze, 'vertelt u het aan niemand.'

Ik knikte zwijgend en vertrok.

Die vrouw en haar man waren achter in de veertig. Ik wist maar weinig van ze. Ze hadden geen kinderen. Ze hadden nooit kinderen gehad. Ging niet. Onvruchtbaar.

Een clou ontbreekt: dit is gewoon iets wat gebeurde. Maar toen ik in mijn auto stapte en naar huis reed, was ik tot tranen toe geroerd en het duurde een hele tijd voordat het overging.

Jack Fear, ergens in Massachusetts

Hoe mijn vader zijn baan kwijtraakte

Op zijn zestigste, slechts enkele jaren voor zijn pensioen, verloor mijn vader zijn baan. Het merendeel van zijn werkzame leven was hij manager geweest van een kleine drukkerijafdeling in een rubberfabriek in Connecticut. Het bedrijf was lang eigendom geweest van B.F. Goodrich maar was onlangs verkocht aan een excentrieke zakenman uit het Midwesten die erom bekendstond dat hij het ene moment uit de Schrift citeerde en het volgende liep te vloeken. Het verbaasde niemand dat het bedrijf al snel verliesgevend werd. Gelukkig lukte het mijn vader de regelmatige ontslaggolven te ontlopen, en omdat de directie altijd formulieren en briefpapier nodig heeft, verwachtte hij dat zijn geluk nog wel iets zou worden verlengd.

Maar 1 maart 1975 verschenen er 's avonds drie gewapende mannen bij de fabriek. Zij overmeesterden de nachtwaker en een conciërge en lieten hen geblinddoekt en gebonden in een houtopslag een kilometer of wat verderop achter. De insluipers hadden explosieven geplaatst en tegen middernacht lag de fabriek plat dankzij een explosie die de trottoirs liet trillen en ramen aan weerszijden van de rivier de Housatonic liet springen. Er vielen geen dodelijke slachtoffers, maar de volgende morgen waren bijna duizend werknemers hun baan kwijt. In tegenstelling tot de beweringen van de overvallers dat ze deel uitmaakten van een radicale linkse organisatie, bleek uit een onderzoek van de FBI dat de eigenaar van het bedrijf en zijn even merkwaardige adviseur, iemand die zichzelf uitgaf voor paragnost, verantwoordelijk waren voor de overval. Het stel had gehoopt hun financiële teloorgang te keren door het verzekeringsgeld voor de vernietigde gebouwen op te strijken. Hoewel het onderzoek vlot verliep, verliep de rechtzaak die volgde traag, en mijn vaders pensioen zou jarenlang bevroren blijven.

Ik was nog op de universiteit toen hij me belde om het schokkende nieuws mee te delen. De hele gemeenschap was verbijsterd;

het werkloosheidspercentage in deze streek behoorde tot de hoogste van de staat. De meeste mensen woonden al hun hele leven in de Housatonicvallei. Waar moesten die mensen werk vinden? Mijn vader kon de gedachte dat hij zijn hand moest ophouden niet verdragen; het was in tegenspraak met zijn geloof in de manier waarop een eerlijk man de kost verdient. Als hij als tiener tijdens de crisisjaren een baantje had gevonden als slotengraver, dan zou hij godbetert nu toch ook werk vinden.

Mijn vader had goed voor zichzelf gezorgd en zag er nog steeds uit alsof hij voor in de veertig was. Zijn roetzwarte haar, dik en golvend als dat van Fred MacMurray in *Double Indemnity*, vertoonde nauwelijks een spatje grijs, en het dagelijkse regime van sit-ups had zijn buik plat gehouden. Niemand kon toch zeker zijn chronologische leeftijd tegen hem gebruiken? Hij doorzocht wraakzuchtig de vacatures in de krant, overwoog alles, van nachtwaker – mijn moeder verwierp die optie – tot verschepingsklerk. Naar drukkers was weinig vraag.

Uiteindelijk, na maanden van afwijzingen en slechte vooruitzichten, hoorde hij van een vacature voor manager van een reprodienst op een universiteit in de buurt. Het sloot perfect aan op zijn vaardigheden. Het salaris was lager dan bij zijn vorige baan, maar het gaf hem de kans de technische kennis te benutten die hij in de loop der jaren had opgedaan. Hij kon niet wachten met solliciteren.

Het klikte met de jonge personeelsfunctionaris die zijn sollicitatiebrief duidelijk geïnteresseerd en enthousiast doorlas. Mijn vader vond hem een aardige vent en zag ernaar uit weer in een academische omgeving terecht te komen. Hij had er altijd spijt van gehad dat hij zijn middelbare school niet had afgemaakt, dus dan was werken op een campus op de hemel na het beste wat hem kon overkomen.

Na wat vriendelijk gekletst leunde de personeelsfunctionaris achterover, sloeg met zijn handen op tafel en zei: 'Nou, volgens mij hebben we onze drukker gevonden.' Hij vroeg mijn vader wanneer hij kon beginnen. Hoewel er officieel nog een bureaucratische goedkeuringsronde nodig was, liet hij mijn vader weten dat hij veruit de meest gekwalificeerde sollicitant was en dat hij zijn officiële aanstellingsbrief binnen enkele dagen kon verwachten.

Ze schudden elkaar de hand, maar toen mijn vader de deur uitliep riep de jongeman hem terug. 'Eén ding nog,' zei hij glimlachend,' u hebt uw leeftijd niet ingevuld op het sollicitatieformulier.' Dat was niet voor niks. Nadat hij al zo vaak bruusk was afgewezen vanwege zijn leeftijd, had mijn vader geleerd het onontkoombare voor te zijn door die regel blanco te laten. Maar ditmaal was alles anders. Hij was de beste man voor de baan. Hij was zo goed als aangenomen. Waarom zou hij nu niet eerlijk zijn?

'Ik ben zestig,' zei mijn vader, ietwat trots. De glimlach van de jongeman verdween. 'Zestig?' herhaalde hij. Hij liet zijn hoofd zakken; er trokken rimpels in zijn voorhoofd. Het was net of iemand het licht uit had gedaan. 'Zo,' zei hij, en hij klonk opeens vlak en onpersoonlijk, 'tja, we krijgen nog een paar sollicitanten op gesprek, dus ik kan nog niets beloven. U hoort nog van ons. Prettige dag verder.'

Er kwam geen telefoontje en geen brief. Mijn vader verloor de moed, elke hoop dat zijn laatste arbeidzame jaren werkelijk van waarde zouden zijn. In wanhoop nam hij, al had hij nog zes maanden uitkering te goed, een baan aan als arbeider in een verffabriek. Een bond was er niet. Het werk was lichamelijk afmattend, de pauzes waren minimaal en hij moest zijn twaalfuurtje onder het werk opeten, telkens als het even kon een hapje uit een broodje dat hij in zijn achterzak had zitten. Te midden van recente immigranten uit Oost-Europa en Midden-Amerika, mensen die zo gretig waren naar een fijn bestaan in de Verenigde Staten dat ze alle arbeidsomstandigheden zonder klagen zouden accepteren, was mijn vader bijna de enige in de fabriek die Engels sprak. Hij was tevens de oudste.

Ik bezocht mijn ouders dat jaar met Thanksgiving, nog geen twee maanden nadat mijn vader met zijn nieuwe baan was begonnen. Toen hij op me af kwam om me net als anders te omhelzen, zag ik dat zijn handen bevlekt waren met onuitwisbare verf en dat zijn haar helemaal grijs was geworden.

Fred Muratori, Dryden, New York

Danny Kowalski

In 1952 gaf mijn vader zijn baan bij Ford op om met ons naar Idaho te verhuizen en daar zijn eigen bedrijf te beginnen. In plaats daarvan kreeg hij polio en lag zes maanden in een ijzeren long. Na een behandeling van drie jaar verhuisden we naar New York waar mijn vader uiteindelijk verkoper werd, ditmaal bij het Engelse autobedrijf Jaguar.

Een van de voordelen van de nieuwe baan was dat hij een auto van de zaak kreeg. Het was een Jaguar Mark ix in twee tinten grijs, het laatste elegante model met ronde vormen. Hij zag eruit als iets wat in de garage van een filmster thuishoorde.

Ik werd toegelaten tot St. John the Evangelist, een parochieschool aan de East Side met een speelplein van asfalt dat door een hoog metalen hek van de straat was gescheiden.

Mijn vader zette me elke ochtend bij school af voordat hij in zijn Jaguar naar zijn werk ging. Als zoon van een hoefsmid uit Parsons, Kansas was hij trots op zijn auto en vond dat ik er trots op moest zijn dat ik daarin naar school werd gebracht. Hij hield van de bekleding van echt leer en de kleine bobbelige walnotenhouten tafeltjes aan de achterkant van de voorstoelen waaraan ik mijn huiswerk kon afmaken.

Maar ik schaamde me voor de auto. Na jaren van ziekte en schulden hadden we waarschijnlijk niet meer geld dan de andere Ierse, Italiaanse en Poolse arbeiderskinderen van school. Maar wij hadden een Jaguar en dus hadden we evengoed Rockefellers kunnen zijn.

De auto stond tussen mij en de andere kinderen in, maar vooral tussen mij en Danny Kowalski. Danny was wat ze in die tijd een boefje noemden. Hij was tenger en had een bos blond haar die hij met vet en lak tot een spuuglok van vloedgolfformaat boetseerde. Hij droeg glanzende puntlaarsjes die we 'Portoricaanse hekkenklimmers' noemden, hij had altijd zijn kraag opstaan en hij had permanent een geroutineerde snauw voor in zijn mond. Men zei dat hij een stiletto had, misschien zelfs een zelfgemaakt pistool.

Elke ochtend stond Danny Kowalski op dezelfde plek bij het schoolhek te wachten en zag me uit de tweekleurige Jaguar stappen en het schoolplein oplopen. Hij zei nooit iets, staarde me alleen maar met harde, kwade ogen aan. Ik besefte dat hij die auto haatte en mij haatte en dat hij me er op een dag voor in elkaar zou slaan.

Twee maanden later overleed mijn vader. Uiteraard raakten we de auto kwijt en kort daarop moest ik bij mijn oma in New Jersey gaan wonen. Mevrouw Ritchfield, een oude buurvrouw, bood de dag na de begrafenis aan me naar school te brengen.

Toen we die ochtend het schoolplein naderden, zag ik Danny aan het hek hangen, op dezelfde plek als anders, de kraag van zijn jack omhoog, zijn haar perfect gekapt, zijn laarzen pas bijgepunt. Maar toen ik hem ditmaal in het bijzijn van deze zwakke, oude vrouw passeerde, zonder elitaire Engelse auto, had ik het gevoel dat er een muur tussen ons was neergehaald. Nu leek ik meer op Danny, meer op zijn vrienden. We waren eindelijk gelijken.

Opgelucht betrad ik het schoolplein. En die ochtend sloeg Danny Kowalski me in elkaar.

Charlie Peters, Santa Monica, Californië

Wraak

Mijn oma was een vrouw met een ijzeren wil, de gevreesde matriarch van onze New Yorkse familie in de jaren vijftig.

Toen ik vijf jaar was, nodigde ze wat vrienden en kennissen uit voor een feestje in haar appartement in de Bronx. Onder de gasten bevond zich een patser uit de buurt die succesvol was in de zakenwereld. Zijn vrouw was trots op hun sociale status en liet dat aan alle aanwezigen blijken. Ze hadden een verwend dochtertje dat ongeveer even oud was als ik, en dat gewend was haar zin te krijgen.

Oma trok veel met de patser en zijn gezin op. Ze beschouwde hen als de belangrijkste leden van de kringen waarin ze verkeerde en deed erg haar best om hun gunst te winnen.

Op een bepaald moment tijdens het feest ging ik naar het toilet en deed de deur achter me dicht. Een minuut of twee later deed het kleine meisje de badkamerdeur open en trad met een groots gebaar binnen. Ik zat nog steeds.

'Weet je niet dat kleine meisjes niet in het toilet mogen als een klein jongetje er zit!?' riep ik.

De verrassing van mijn aanwezigheid en de verontwaardiging die ik haar had bezorgd, verbijsterden het meisje. Vervolgens begon ze te huilen. Ze deed gehaast de deur dicht, rende naar de keuken en beklaagde zich in tranen bij haar ouders en mijn oma.

De meeste feestvierders hadden mijn luide opmerking gehoord en vermaakten zich er erg om. Maar oma niet.

Ze wachtte me op toen ik het toilet verliet. Ik kreeg de langste en scherpste schrobbering van mijn jonge leven. Oma riep dat ik onbeleefd en grof was en dat ik dat lieve kleine meisje beledigd had. De gasten keken toe en krompen in volledig stilzwijgen ineen. Mijn oma had zo'n krachtige persoonlijkheid dat niemand het voor me op durfde te nemen.

Toen haar donderpreek ten einde was en ik mijn gang weer kon gaan, ging het feest verder, maar de sfeer was veel matter.

Twintig minuten later veranderde dat compleet. Oma liep langs de badkamer en zag water onder de deur door stromen.

Ze slaakte twee kreten – eentje van verbazing en eentje van woede. Ze wierp de badkamerdeur open en zag dat het fonteintje en de badkuip allebei dichtgestopt zaten en dat de kranen helemaal openstonden. Iedereen wist wie de boosdoener was. De gasten vormden haastig een beschermende muur om me heen, maar oma was zo woedend dat ze me niettemin bijna te pakken kreeg door met haar armen te zwaaien alsof ze over de menigte heen wilde zwemmen.

Een paar sterke mannen voerden haar ten slotte af, hoewel ze nog een hele poos bleef sputteren en stoom afblazen.

Mijn opa nam me bij de hand en trok me op een stoel bij het raam op schoot. Hij was een vriendelijke, zachtaardige man, een en al wijsheid en geduld. Hij verhief zijn stem zelden, ruziede nooit met zijn vrouw en ging nooit tegen haar wensen in.

Hij keek me erg nieuwsgierig maar absoluut niet boos of geschokt aan. 'Vertel me nou eens,' vroeg hij, 'waarom je dat hebt gedaan?'

'Nou, ze ging voor niks tegen me tekeer,' sprak ik ernstig. 'En nu heeft ze wat om over tekeer te gaan.'

Opa zei niet meteen iets terug. Hij zat me een poosje glimlachend aan te kijken.

'Eric,' zei hij ten slotte, 'jij bent mijn wraak.'

Eric Brotman, Nevada City, Californië

Put your little foot

Ik had er een hekel aan dat mijn moeder een strik in mijn haar maakte. Mijn blonde haar was te dun en we wisten allebei dat hij lang voor het einde van de avond af zou glijden. Ik hield niet van strikken en jurken en droeg ze alleen onder dwang.

Deze avond was anders. Ik ging naar een boerenbal. Ik begon te wiegen op de denkbeeldige muziek die ik in mijn hoofd hoorde. Ik besloot dat ik het zou overleven door te doen of ik nicht Emma was.

'Sta stil. Ik moet die sjerp op je jurk nog recht zien te krijgen. Ik verwacht van je dat je je vanavond gedraagt en vergeet niet dat je broer en jij 'Put Your Little Foot' gaan dansen. Ik wil dat iedereen kan zien hoe goed jullie allebei hebben leren dansen.'

'Ach, mama, ik snap niet waarom ik met Raymond moet dansen. Hij wil helemaal niet dat ze hem met zijn kleine zusje zien dansen. Trouwens, alle neven en nichten zullen het zien en ons ermee pesten.'

Dagenlang had mama ons 'Put Your Little Foot' laten oefenen. Ik vond het een eenvoudig dansje waar je weinig verstand voor nodig had, laat staan veel oefening. Ik begreep niet waarom mama er zo'n drukte om maakte. Je hoefde alleen maar zij aan zij te staan en op de muziek van links naar rechts te bewegen. Je kruiste je rechtervoet voor je enkel langs en zette hem neer – daarna deed je het andersom. Raymond en ik snapten het vanaf het begin en je kon bij deze dans alleen in de problemen komen als je elkaar probeerde te schoppen of pootje te haken.

Ik wist dat onze neven en nichten, die nooit door hun ouders tot presentaties werden gedwongen, ons zouden uitlachen. Maar mama had het duidelijk gesteld. De prijs die wij moesten betalen voor laat opblijven, kijken naar wat de grote mensen deden en een laat diner was 'Put Your Little Foot'. Mijn broer en ik sloegen de handen ineen en beloofden dat we mama niet in verlegenheid zouden brengen. We spraken ook af ons te verenigen, als ze ons zouden uitlachen, om de volgende dag onze neven en nichten in elkaar te slaan.

Het was een groot boerenbal. De gasten kwamen van de boerderijen en de dorpen uit de buurt. Alle logeerkamers en de knechtenbarak waren bezet. Er was al lang geen boerenbal meer geweest. In 1942 was de benzine op de bon en veel mannen vochten in de oorlog. Maar dit jaar waren er heel wat mannen met verlof thuis en vonden mijn oom en tante dat iedereen behoefte had aan een feest – de soldaten, de cowboys, de familie en zelfs de kinderen. Het was een groot gezellig eetfestijn.

De eerste gasten kwamen al aan en ik hoorde de begroetingen. 'Howdy! Fijn dat jelui d'r zijn. 'n Beste avond voor een boer'nbal.' De fiedelaar stond zijn fiedel te stemmen en een paar dames veegden de dansvloer voor de laatste keer. Ik zag mijn nicht Emma de schuur inlopen en ik rende haar achterna.

'Emma, Emma, wacht even.'

Ze draaide zich om en pakte mijn hand. 'Niet rennen, Anna Bess. Dan word je zweterig en bederf je je mooie jurk.' Daarna boog ze zich voorover en fluisterde me in: 'Trouwens, je moeder zal het niet leuk vinden als die strik uit je haar valt.'

Ik hield van nicht Emma. Ze wist me altijd aan het lachen te maken en ik vond haar de mooiste, volmaaktste persoon van de hele wereld. Ze kneep in mijn hand terwijl we de schuur inliepen.

'Ga naar je vrienden, Anna Bess. Ik ga Betty Sue opzoeken.' Ik keek smachtend naar de jongvolwassenen, maar wist dat ik bij de kinderen moest gaan zitten. Toch deed ik net of ik Emma was toen ik naar de kinderen in de hoek liep.

De muziek begon. De dansers sprongen op en de dans was volop gaande. Mijn moeder, die weduwe was, stond bij elke dans op de vloer. Ik had mama nog nooit zien dansen, en ze deed het prachtig. Ze had steeds een partner en maakte bij de quadrilles geen enkele fout. De 'Texas Star' was mijn liefste dans. Ik deed net of ik alle pasjes danste. Ik tikte de maat met mijn voeten en kon nauwelijks stil blijven zitten. Ik was 'Put Your Little Foot' helemaal vergeten totdat ik de muziek hoorde. Ik dook zo diep mogelijk weg, hopend dat mama me niet kon zien en mijn broer me niet kon vinden. Ik hoorde voetstappen dichterbij komen, maar hield mijn hoofd omlaag. Ik wilde niet naar het meesmuilende gezicht van mijn broer opkijken.

Een zware stem zei: 'Anna Bess, heb je zin om te dansen?' Ik tilde traag mijn hoofd op, hopend dat het lint nog in mijn haar zat, en zag de heer Hillary Bedford, een van de beste vrienden van mijn opa. Hij had zijn beste kleren aan en zijn grijze haar sprankelde in het licht. Hij boog, pakte me bij de hand en leidde me naar de dansvloer. Vervolgens glimlachte hij, legde zijn arm om mijn schouder en we begonnen te dansen.

Het langzame walstempo was perfect. Hij was elegant. Ik wist niet dat dansen zo aanvoelde. Het was net als schaatsen – gladjes en gemakkelijk. Hij leidde me zachtaardig en draaide me rond totdat ik besefte dat hij de geweldigste danser ter wereld was. Iedereen hield op met dansen om naar ons te kijken. Meneer Bedford was een van de belangrijkste mannen in onze gemeenschap en hij danste met mij.

Al snel dansten alle kleine meisjes met hun vaders of ooms of opa's. Meneer Bedford en ik zwierden langs mijn broer, die met een van onze nichten danste. Mama danste met mijn opa. Groter en groter werd de kring totdat iedereen op de dansvloer stond, met meneer Bedford en mij in het midden. Toen de muziek ophield, klapte en juichte iedereen. De mensen vielen elkaar om de hals. Een bijzonder moment lang maakten we allemaal deel uit van dezelfde familie. Ik was te midden van zoveel liefde zo gelukkig. Ik voelde me geen kind. Ik voelde me een volwassene die kon dansen.

Anna Thorson, Sarasota, Florida

Amerikaanse odyssee

Alles om ons heen raakte in de zomer van 1930 in verval. Toen weigerde mijn vader een loonsverlaging en verloor ten slotte zijn baan. Hij zocht heel lang naar iets anders, maar vond geen werk, ook niet voor een lager loon dan wat hij al had geweigerd. Uiteindelijk ging hij met zijn tijdschrift *Argosy* op een stoel zitten en begon mijn moeder te zeuren en zaniken. Op het laatst raakten we ons huis kwijt.

Ik kan me een droom herinneren waarin ik sieraden voor hen vind, maar toen ik mijn hand in mijn zak stak, trof ik alleen een gat aan. Ik werd huilend wakker. Ik was zes.

Een oom schreef uit Texas dat hij had gehoord over een restaurant in Kansas dat een goudmijntje moest zijn. Mijn ouders verkochten alles wat ze hadden en kochten een oude autobus en wat canvas jerrycans. We verlieten Californië voor de onbekende vlakten van Kansas.

Kansas was even arm als Californië, alleen kouder. De boeren wisten hun oogst niet te verkopen en gingen al helemaal niet uit eten.

Mijn ouwelui zagen dat de boeren tenminste te eten hadden. Ze besloten ook boer te worden. Land was goedkoper in Arkansas, dus gingen we daarheen. Maar wat wist mijn vader van het boerenleven? Mijn moeder, mijn twee broertjes en ik namen onze intrek in een huisje op een lapje grond en mijn vader ging aan het werk voor een dame buiten het stadje. We zagen hem zelden.

Mijn moeder zei later dat ze dacht dat hij meer bij die dame in bed deed dan op haar landerijen.

Mijn moeder verruilde haar Californische jurken voor een emmer rietsuikerstroop en wat bloem. Die hele winter aten we pannenkoeken van bloem en water met rietsuikerstroop. Mijn moeder stond steeds met tranen in haar ogen als haar mooie jurken voorbijkwamen op het bankje van het rijtuig van onze buren

Toen het weer lente werd pakte mijn moeder een koffer met

voor ons allemaal een verschoning. Ze nam mijn kleinste broertje onder haar arm en de koffer in haar andere hand. Daarna zei ze tegen mijn broertje van vier en mij dat we bij haar in de buurt moesten blijven en zo begonnen we terug te lopen naar Californië. Over wat er onderweg allemaal gebeurde tijdens die reis zou je een dik boek kunnen schrijven. Ik herinner me heel veel.

Op een keer, toen ik in Oklahoma flauwviel, waadde mijn moeder door de gifsumak om een doekje voor me in een stroompje te dopen. Tegen de tijd dat we in Texas aankwamen, waren haar benen zo opgezwollen dat we in Dallas moesten wachten tot ze weer kon lopen.

Een andere keer dropte een man ons in de woestijn omdat mijn moeder zijn aanbod met betrekking tot de overnachting weigerde. De zon ging onder en er kwamen geen auto's langs. We waren kilometers verwijderd van stadjes, van huizen. Hij had een goede plek uitgezocht voor zijn wraak. We werden gered door een telefoonman die ons naar een motel bracht en onze overnachting betaalde.

Weer een andere keer verbleven we een poosje in een huisje nabij een kamp voor Mexicaanse landarbeiders. Zoveel vriendelijkheid had ik nog nooit meegemaakt. Ze woonden in zelfgebouwde tentjes, opgetrokken uit wat ze maar hadden kunnen vinden. Altijd glimlachte iedereen, gaf je een klopje op je hoofd, verse warme tortilla's en op betaaldag een handjevol muntjes.

Eindelijk: Los Angeles. De zus van mijn moeder had in Lincoln Park met ons afgesproken en zou ons laten zien waar onze grootmoeder nu woonde. We wachtten de hele dag. Als een van ons zei dat hij honger had, wees mijn moeder naar de eendjes op het meer of maakte een wandelingetje met ons om een zeldzame bloem te laten zien.

Toen het donker werd vroeg een oude man die brood aan de eendjes had gevoerd mijn moeder wanneer ze ons naar huis zou brengen.

Ze vertelde hem dat ze met haar gezin vele kilometers had afgelegd en dat met Gods hulp en die van een paar erg aardige mensen 'er wel een oplossing zou komen'.

Hij zei dat hij aannam dat het nu zijn beurt was. Hij pakte zijn portemonnee en trok er twee van die grote oude dollarbiljetten uit en gaf die aan haar. Dat was voldoende. Van de ene dollar betaalde ze een kamer in het Lincolnmotel. Voor de andere kocht ze een blik bonen met spek en een brood, en er bleef genoeg zakgeld over voor een buskaartje als tante Grace ooit kwam opdagen. Ik had alles geleerd wat ik ooit moest weten over liefdadigheid, geloof, vertrouwen en liefde.

Het was 1931 en ik was zeven jaar.

Jane Adams, Prescott, Arizona

Een bordje doperwten

Mijn grootvader overleed toen ik een kind was en mijn grootmoeder logeerde vanaf die tijd ongeveer zes maanden per jaar bij ons. Ze woonde in een kamer die tevens dienstdeed als kantoor voor mijn vader en die we 'de achterkamer' noemde. Ze droeg een krachtig aroma met zich mee. Ik weet niet wat voor parfum ze gebruikte, maar het was van het soort dubbelloopse, plaatstalen, overmeesterende, slachtoffers bewusteloos makende elandendoder. Het zat in een enorme verstuiver die ze geregeld en onbekommerd gebruikte. Het was nog enige tijd na het betreden van haar kamer vrijwel onmogelijk om adem te halen. Als ze vertrok om zes maanden bij mijn tante Lillian te gaan wonen, gooiden mijn moeder en zusters alle ramen open, haalden het bed af en brachten alle gordijnen en tapijten naar buiten. Daarna waren ze enkele dagen bezig met het wassen en luchten van spullen, driftig trachtend die doordringende geur kwijt te raken.

En op een dag vond het beruchte doperwtincident met mijn grootmoeder plaats. Het gebeurde in het Biltmore Hotel, dat in mijn achtjarige geest zo ongeveer de sjiekste plek in heel Providence was om te gaan eten. Mijn grootmoeder, mijn moeder en ik lunchten na een ochtend winkelen. Ik bestelde gewichtig een Salisbury-steak, in de aangename wetenschap dat achter die dure naam een ouderwetse hamburger met jus schuilging. Toen die werd geserveerd, was er een bordje doperwten bij.

Ik houd niet van doperwten. Ik hield toen ook niet van doperwten. Ik heb altijd een hekel gehad aan doperwten. Het is mij een volslagen raadsel waarom iemand op vrijwillige basis doperwten zou eten. Ik at ze thuis niet. Ik at ze niet in restaurants. En ik was allerminst van plan ze toen te gaan eten.

'Eet je doperwten op,' zei mijn grootmoeder.

'Moeder,' zei mijn moeder op waarschuwende toon. 'Hij houdt niet van doperwten. Laat hem met rust.'

Mijn grootmoeder antwoordde niet, maar er blonk iets in haar

oog en haar kaakspieren verstrakten op een manier die aangaf dat ze zich niet zou laten dwarsbomen. Ze boog zich naar mij toe, keek me in de ogen en sprak de rampzalige woorden die mijn leven zouden veranderen:
'Je krijgt vijf dollar van me als je die doperwten opeet.'
Ik had absoluut geen notie van het ophanden zijnde noodlot dat als een reusachtige sloopkogel mijn kant op slingerde. Ik wist alleen maar dat vijf dollar een *enorm*, bijna *onvoorstelbaar* geldbedrag was, en hoe vreselijk doperwten ook waren, slechts één bordje van die dingen stond tussen mij en die vijf dollar in. Ik begon de verhipte dingen door mijn strot te duwen.

Mijn moeder was lijkbleek geworden. Mijn grootmoeder had het zelfvoldane uiterlijk van iemand die net een onovertrefbare troefkaart op tafel heeft gelegd. 'Ik kan doen wat ik wil, Ellen, en je houdt me niet tegen.' Mijn moeder wierp een blik in de richting van haar moeder. Ze wierp een blik op mij. Niemand kan blikken werpen zoals mijn moeder dat kan. Als er een Olympische discipline blikkenwerpen bestond zou zij ongetwijfeld de gouden medaille winnen.

Ik bleef natuurlijk doperwten door mijn strot duwen. Ik werd zenuwachtig van die blikken, en kokhalsde bij iedere doperwt, maar het magische beeld van die vijf dollar zweefde voor mijn ogen en ten slotte slikte ik ze tot en met de allerlaatste weg. Mijn grootmoeder overhandigde me de vijf dollar met een zwierig gebaar. Mijn moeder bleef zwijgend blikken werpen. En zo eindigde dit voorval. Dat dacht ik tenminste.

Een paar weken later vertrok mijn grootmoeder naar tante Lillian. Die avond serveerde mijn moeder voor het avondeten twee van mijn lievelingsgerechten: gehaktbrood en aardappelpuree. En daarbij een grote, dampende schaal doperwten. Ze bood me doperwten aan, en ik wees die in het allerlaatste ogenblik van mijn jeugdige onschuld af. Mijn moeder keek me kil aan terwijl ze een enorme berg doperwten op mijn bord laadde. Daarna kwamen de woorden die me nog jarenlang zouden achtervolgen.

'Je at ze voor geld,' zei ze. 'Je kunt ze uit liefde eten.'
O wanhoop! O verschrikking! Nu, te laat, brak bij mij het besef door dat ik mezelf onbezonnen had verbannen naar een hel waar-

uit ontsnappen onmogelijk was.

    'Je at ze voor geld. Je kunt ze uit liefde eten.'

    Wat kon ik daar in vredesnaam tegen inbrengen? Niets. At ik de doperwten op? Reken maar. Ik at ze toen en iedere volgende keer dat ze op het menu stonden. De vijf dollars waren snel op. Mijn grootmoeder overleed enkele jaren later. Maar de nalatenschap van die doperwten leefde voort, en leeft nog steeds voort. Als ik mijn mondhoek maar optrek wanneer ze op tafel worden gezet (ik heb per slot van rekening nog steeds een hekel aan die kleine rotdingen), herhaalt mijn moeder wederom die gevreesde woorden: 'Je at ze voor geld. Je kunt ze uit liefde eten.'

Rick Beyer, Lexington, Massachusetts

Moeders kladblok

In mijn tienertijd had ik een slaapkamer op de tweede verdieping van ons tweehonderd jaar oude huis onder een overhangende dakrand. Ik sliep in een ijzeren lits-jumeaux bij het raam en naast het bed stond een tafeltje voor een lamp en boeken. 's Zomers kraakten de brede grenen vloerplanken in de rest van het huis onophoudelijk van het familiebezoek dat af en aan liep en er stond altijd wel iemand te koken. Mijn moeder, een alleenstaande vrouw die lange dagen maakte in het ziekenhuis, deed vaak een dutje in mijn kamer om aan de drukte te ontsnappen. Het was voor mij geen verrassing om haar kladblok op mijn tafeltje aan te treffen.

In de zomer van mijn achttiende levensjaar begon ik voor het eerst van mijn leven te laat thuis te komen. Ik verkeerde tegen die tijd al jaren in de verwarring van de adolescentie, maar toen pas bezorgde ik mijn moeder concrete problemen. Vanuit mijn vakantiewerk ging ik stappen en trok tot veel te laat op met 'verkeerde' vrienden. Ik wist dat mijn moeder erdoor van streek raakte, maar ik wist ook dat ze bang was dingen recht in mijn gezicht te zeggen. Als we elkaar tegenkwamen, meestal om halfzeven 's ochtends in de keuken, bestond haar 'boze oudergedrag' uit kille blikken en het slaan met kastdeurtjes.

Toen ik op een nacht thuiskwam in het donkere huis, sloop ik mijn kamer in, deed het lampje naast mijn bed aan en zag het kladblok van mijn moeder liggen. In de grote ronde letters van mijn moeder stonden er keurig twee woorden: 'wash guild' (wasschuld).

Ik wendde me snel van de bladzij af en trok mijn pyjama aan. Wat probeerde mijn moeder me duidelijk te maken? Wasschuld. Voordat mijn moeder weekenddiensten ging draaien, hadden we nooit godsdienstiger gedaan dan een paar bezoekjes aan de Eenheidskerk van Baltimore suggereerden. De toon van deze boodschap was te baptistisch voor mijn moeder, maar de cryptische abstractie, vond ik, was net iets voor haar. De meeste moeders zouden zwaaiend met een pollepel hun tienerdochters op vrijersvoeten voorhouden: 'Voor tienen thuis of anders krijg je huisarrest!' Mijn moeder zou liever het puntje van haar tong afbijten dan met mij aan de keukentafel te gaan zitten om een avondklok in te stellen.

Ik liet het kladblok liggen waar het lag en repte er met geen woord over. Ik dacht kennelijk dat ik geen reactie verschuldigd was als ik het niet aanraakte.

Mijn moeder ging de volgende ochtend zo vroeg naar haar werk dat ik haar niet meer zag, maar de woorden bleven me bij. Wasschuld. Op de fiets naar mijn baantje bleef ik het herhalen: wasschuld, wasschuld. Waar sloeg het op? Wat probeerde mijn moeder me duidelijk te maken? Waarom kon ze niet gewoon tegen me tekeergaan? Toen ik die avond thuiskwam, lag het papiertje met die keurige letters er nog steeds. En ik beroerde het wederom niet. Toen ik mijn moeder in de keuken tegenkwam, bleef ze zwijgen. Met het gevoel dat ze me aanstaarde, keek ik in de koelkast, beducht voor haar nieuwsgierige blikken. Ze moest wel naar een reactie hengelen, een blijk van verandering in mij. Haar blik richtte zich niet op mijn gezicht, maar ontliep het evenmin. Had ze spijt van de dolk die ze in mijn hart had gestoken en deed ze daarom alsof het allemaal niet was gebeurd? Waarom haalde ze dan niet dat kladblok weg? Had ze net als ik het gevoel dat als ze het weghaalde ze het daarmee erkende, terwijl als ze het liet liggen we allebei konden voorwenden dat het nooit was geschreven? Aha. Ving ik nu een onderzoekende blik op? Probeerde ze een glimp van mijn gezicht te zien? Onderzocht ze mijn houding in de hoop een blijk van verandering te zien? Nee. Ze was alleen merkwaardig geconcentreerd de maaltijd aan het bereiden, merkwaardig normaal.

De volgende ochtend bekeek ik die bladzij terwijl ik me aankleedde. Wasschuld. Ik verplaatste het nog altijd niet. Weer spookte dat woord de hele dag door mijn hoofd. Weer zei mijn moeder die avond in de keuken niets.

Zo ging het ongeveer een week lang. Het kladblok bleef liggen. Mijn moeder zei er nooit iets over. Ik droeg het woord overal met me mee. Elke nacht kwam ik erbij terug. Soms kreeg ik het gevoel dat er een krassende papegaai in mijn kamer hees herhaalde: 'Waaaasschuld!' Soms kreeg ik het gevoel dat een monnik met een kap op zwijgend naast mijn bed stond met dat kladblok in zijn hand.

Een week lang zwolg ik in dat woord. Het beïnvloedde mijn gedrag niet per se, hoewel mijn verkering uiteindelijk wel uitging, maar ik droeg het als een boetekleed. Toen, op een heerlijke, wonderlijke dag, ongetwijfeld stralend en zonnig, kwam ik thuis, ging naar mijn kamer, keek naar het kladblok, en las: 'wash quilt' (sprei wassen).

Heather Atwood, Rockport, Massachusetts

Dubbele smart

'Ik blijf me maar zorgen maken over Martha,' zei mijn moeder toen we in de gang van het ziekenhuis zaten te wachten totdat mijn vader door de arts zou worden onderzocht. 'We hebben haar op het pleintje laten spelen en niet gezegd waar we heen gingen. Ik hoop dat ze nu niet ergens zit te huilen.'

Ik veegde de tranen weg die over mijn wangen stroomden. 'Maar ik ben Martha. Ik zit hier vlak naast je,' probeerde ik haar gerust te stellen.

'Nee, jij niet,' reageerde mijn moeder. 'Mijn kleine Martha.'

We werden bevangen door oude en nieuwe verlatingsangst terwijl we aan vaders plotse invaliditeit probeerden te wennen.

Het telefoontje was de vorige avond gekomen. Mijn vader was gevallen en had zijn heup gebroken; een operatie om het heupgewricht te vervangen stond voor de volgende ochtend ingeroosterd. 's Nachts was er een vriendin bij mijn moeder blijven slapen. 'Ik kom zo snel mogelijk – met de eerste ochtendvlucht,' had ik beloofd.

Mijn vader en moeder, achtenvijftig jaar getrouwd, waren nooit eerder in een ernstige noodsituatie terechtgekomen, hoewel mijn moeder de afgelopen maanden wel steeds meer in de war raakte. 'En leeft uw moeder nog?' had ze bij mijn laatste bezoek vriendelijk gevraagd aan de jonge vrouw die ze nog nooit had gezien. Nu de dagelijkse gang van zaken verstoord was en de vrijwel voortdurende aanwezigheid van mijn vader was onderbroken, werd haar desoriëntatie nog erger.

'Toch maak ik me zorgen over Martha,' zei mijn moeder nogmaals toen we weer thuis waren en aan tafel plaatsnamen voor de lunch. 'Ik ga kijken waar ze is.'

'Maar ik ben Martha,' probeerde ik nogmaals. 'Kleine Martha is groot geworden en dat ben ik.'

'Dat is belachelijk,' zei mijn moeder. Ze trok de voordeur open, liep naar buiten en stond gespannen uit te kijken naar het kleine meisje waarvan ze zeker wist dat ze het vanochtend nog had gezien. Niemand. Vervolgens naar de achterdeur en door de achtertuin naar de straat erachter. 'Ik ga maar eens aan die mensen vragen of die haar misschien gezien hebben.' Mijn moeder werd steeds wanhopiger en zou zich zo in het verkeer storten en de drukke straat oversteken.

'Laten we naar huis gaan en de kerk bellen,' smeekte ik. 'Misschien is daar iemand die kan helpen.'

Op de terugweg zei mijn moeder: 'Het is niks voor Martha om zo zonder iets te zeggen weg te lopen. Had ze maar een briefje achtergelaten.'

Een briefje! Ik zag een manier om mijn moeders bezorgdheid in te dammen en schreef zodra we in huis waren een briefje dat ik zo neerlegde dat het snel gevonden kon worden. 'Mama,' stond erop, 'ik ga een paar dagen bij Mary Ann logeren. Maak je geen zorgen, alsjeblieft. Alles gaat goed. Martha.'

'Kijk,' zei ik, 'hier ligt een briefje. Wat staat erop?' Mijn moeder las het langzaam hardop voor en kalmeerde onmiddellijk.

'Gelukkig,' zei ze. 'Ze is in orde. Ze is bij Mary Ann.' Nu de spanning was afgenomen, gingen we zitten, voltooiden de lunch en brachten de rest van de middag rustig samen door.

Die avond vertelde mijn moeder in het ziekenhuis aan mijn vader dat Martha een paar dagen bij Mary Ann was gaan logeren, maar dat ze zich nog steeds zorgen om haar maakte. Mijn vader zei: 'Ga nou niet nog een Martha zoeken. We hebben er al een en dat is wel genoeg.'

De dag erop hield Martha's afwezigheid mijn moeder nog steeds bezig. 'Wat is er toch met haar aan de hand?' vroeg ze zich af. 'Ze gaat nooit zomaar weg zonder mij daar eerst in te kennen. Trouwens, ik wil dat ze meegaat naar het ziekenhuis om bij papa op bezoek te gaan.'

Ik verzekerde mijn moeder dat haar dochter heus wel snel zou komen. 'Trouwens,' zei ik, 'Martha is een slim meisje. Die kan wel voor zichzelf zorgen.'

'Ze heeft een schone jurk nodig om zondag naar de kerk te gaan,' zei mijn moeder.

'Het is pas donderdag,' antwoordde ik. 'Tijd zat.'

'Waar heb je geleerd zo handig in een vreemde keuken te werken?' vroeg mijn moeder toen ik die avond eten kookte. 'Aardig van je om hier bij me te komen logeren. Heb je ook een gezin?' Nu ik als metgezel en niet als dochter was aanvaard, nam ik genoegen met een vriendschappelijke omgang met mijn moeder.

Op vrijdagmorgen gingen we naar de kapper, de chiropractor en de supermarkt. Ik hoorde Lynne, de kapster, tegen mijn moeder zeggen: 'Wat aardig dat uw dochter bij u logeert.'

'Dat is mijn dochter niet,' nam mijn moeder haar in vertrouwen, 'Ze heet wel net zo, maar het is niet mijn dochter.' Lynne wierp snel een blik naar mij om te zien of ze een van ons verkeerd had begrepen en ik glimlachte treurig terug.

Op weg naar huis zei mijn moeder: 'Lynne dacht dat je mijn dochter bent.'

'Dat vindt u toch hopelijk niet erg?' vroeg ik.

'Nee,' zei ze.

Pas toen mijn broer die zaterdag kwam werd ik als gezinslid herkend. 'Bob slaapt hier en dan kun jij in je oude kamer slapen,' zei mijn moeder die avond. Een fijn gevoel om weer erkend te worden.

'Weet je,' zei mijn vader de volgende dag, 'Martha is er de hele tijd geweest. Je maakte je zorgen om niks.'

'Maar er lag een briefje!' jammerde mijn moeder.

'Ik heb dat briefje geschreven,' legde ik uit. 'Ik heb het geschreven om je te kalmeren toen je zo bang was,' en even flakkerde het begrip op in mijn moeders gaandeweg uitdovende blik.

Martha Russell Hsu, Ithaca, New York

Duizend dollar

Ik kwam in Los Angeles met het idee dat ik het zou gaan maken in de wereld van het amusement. Ik begon als actrice en daalde gaandeweg de ladder af. Ik geloofde echt dat ik de gelukkige zou zijn die rijk en beroemd huiswaarts zou keren en eindelijk haar vaders oogappeltje zou worden. Ik mislukte jammerlijk. Een van mijn plannetjes leverde me een baan op als receptioniste bij een agentschap voor aanstaande acteurs en schrijvers. Ik was van plan me op te werken tot agente en mijn scripts te laten verkopen door de literair agent voor wie ik werkte. Ik kon van dat baantje nauwelijks rondkomen.

Mijn eerste jaar bij de zaak leefde ik van mijn creditcards. Ik rekende erop dat ik nooit meer geldzorgen zou hebben zodra mijn script was verkocht. Het tweede jaar bij het agentschap was erger. Mijn creditcards bereikten hun limiet. Ik moest elke maand knokken om de huur en de verzekering en de aflossing van de auto te betalen. Ik raakte steeds verder achter met betalingen. De tactiek van de ene maand betalen en de volgende niet leverde niet het gewenste evenwicht. Tot overmaat van ramp kreeg ik te horen dat ik binnen een maand moest verhuizen. Het eenvoudige receptionistenbaantje werd allengs zwaarder dan ze me hadden verteld. Avondenlang probeerde ik de enorme ladingen werk af te krijgen waarmee ik was belast: foto's en cv's regelen, dossiers op orde houden, brieven schrijven en leerde niets over wat het betekent om agent te zijn. Mijn weekends waren ingericht rond de samenwerking met mijn schrijfpartner. Een privé-leven bezat ik niet. Maar ik hoopte nog altijd op dat script. De literair agent vond het spits en leuk, en ik geloofde dat als het eenmaal was verkocht het al dit geworstel zou compenseren. Het zou een succes worden.

Geldgebrek was thuis altijd de kern van ons bestaan geweest. Elke dag scheen uit te lopen op ruzie over de kosten van eten, beugels, schoolspullen, reisjes, kamp, padvindersuniformen. Aan het eind van mijn tienertijd gingen de ruzies over de oude auto die ermee ophield, studiekosten, de ritjes die ik met de auto naar Los Angeles maakte en telefoonrekeningen. Al sloeg mijn vader me niet meer toen ik ouder werd, de kwaaie blikken bleven. Die deden bijna even zeer als de klappen waarmee hij vroeger de orde handhaafde. Mijn vader was platzak en met een gehandicapte vrouw naar dit land gekomen. Mijn moeder was een last en hij had de Amerikaanse regering beloofd dat hij die zijn hele leven zou dragen. Hij had zelfs een contract getekend om dat te garanderen.

Ik zat steeds wanhopiger om geld verlegen. Ik kon voor contanten beslist geen beroep doen op mijn vader. Hij had nooit ook maar een van mijn keuzes goedgekeurd. Andere familieleden om me tot te wenden bezat ik niet. Mijn vrienden uit Los Angeles hadden me allemaal in de steek gelaten, ofwel voor een enkeltje naar huis ofwel omdat ze niet bij zo'n hopeloos persoon in de buurt wilden verkeren. Ik overwoog om uit het gebouw te springen waarin ik werkte. Ik begon te mijmeren over het beroven van banken en bejaarden. In mijn hoofd wist ik hoeveel ik nodig had. Tienduizend dollar zou perfect zijn, en één duizend zou me de kans geven om het gat te dichten. Er bestaan gratis kranten die het moeten hebben van de duistere kant van de stadsbewoners. Advertenties voor prostituees en advertenties waarin modellen en actrices worden gevraagd voor de pornowereld. Ik belde achter een advertentie aan die een beloning van duizend dollar in het vooruitzicht stelde.

Ik werd teruggebeld door een man. Hij was achteloos maar zakelijk. Hij begon me de standaardvragen te stellen over mijn lengte en gewicht en stelde toen gedetailleerder, persoonlijker vragen, zoals aan welke seksuele handelingen ik wel en niet wenste deel te nemen. Het kwam allemaal erg bizar over. Ik was toen zesentwintig. Ik had mijn bruine haar blond geverfd en bleef slank en beheerst door continu sigaretten te roken. In die tijd geloofde ik in God, maar niet in het kwaad. Aan de telefoon werd ik zenuwachtig. Dit was iets wat ik niet wilde doen. De man zal de aarzeling in mijn stem hebben gehoord. Even later begon hij te vertellen hoe ik tot wel tienduizend dollar per week kon verdienen. Met die tienduizend dollar kon ik al mijn rekeningen betalen, de auto afbetalen, had ik weer lucht. Ik moest die middag in een motel in de buurt auditie doen voor de hoofdrol in een pornofilm.

De man had me verteld dat de ster uit de film knap was. De ster bleek klein te zijn, met een donkere huid, lang krullend haar en een gewoon gezicht, allesbehalve knap. Ik gaf hem een hand en schudde die voordat ik de motelkamer betrad.

Hij zei dat ik mijn kleren uit moest doen en ik deed wat me werd gevraagd. Hij legde me uit wat hij wilde dat er zou gebeuren en dat ik zo luid mogelijk moest kreunen en ik volgde zijn aanwijzingen op. Ik weet nog dat ik opkeek en aan het plafond een grote spiegel zag hangen. Ik vond dat ik er prachtig uitzag. Ik had mezelf eigenlijk nog nooit naakt bekeken. Ergens tussen de spiegel en de zoveelste seksuele handeling moest ik overgeven. Ik verontschuldigde me om naar de badkamer te gaan. Toen ik terugkwam, voltooiden we de scène. Hij bonkte op de muur en zei: 'We zijn hier klaar.' Buiten zei hij dat hij 'wel contact zou opnemen'.

Toen ik thuiskwam nam ik een warm bad en spoelde de man van mijn lijf. Ik huilde, maar ik moest snel tot mezelf komen voor het volgende sollicitatiegesprek. Daarbij kwam ik niet verder dan praten. Ik kon geen pornofilm doen. Ik kon niet verdragen wat ik net had gedaan. Ik ging uit eten met de man van het tweede gesprek die heel aardig bleek te zijn, al was hij dan pornoregisseur. Hij maakte me duidelijk dat ik bedonderd was. Later die avond ging ik met hem naar bed. Wie was ik per slot van rekening om te weigeren?

Op een of andere manier wist ik de maand zonder die duizend dollar door te komen. Ik verhuisde naar een huis met een vrouwelijke medebewoonster. Ik gaf de vriendjes eraan. Elke avond at ik de chocolaatjes die mijn nieuwe huisgenote op de salontafel klaarlegde op en braakte ze weer uit. Ik knipte mijn haar af en verfde het donkerbruin. Verder ging mijn leven gewoon door. Ik dacht nooit over het voorval na. Het was gebeurd. Het was voorbij. Het had slechter af kunnen lopen.

De maand erop ging ik vanwege een verjaardag naar mijn ouders. Mijn moeder, die de liefde van mijn vader miste, had er altijd plezier aan beleefd om mijn vader en mij tegen elkaar uit te spelen. Ze vertelde me dat ze een maand daarvoor onverwacht geld had ontvangen. Het bedroeg ongeveer duizend dollar. Mijn moeder had mijn vader gevraagd het mij te geven, maar hij had geweigerd. Ik stortte in. Ik rende de tuin in, ging in het gras zitten en huilde. Huilde gedachteloos en onbedaarlijk. Mijn ouders stonden bij de hordeur van de keuken. Ze bleven roepen dat ik binnen moest komen, maar ik kon me niet verroeren en zij kwamen niet naar mij toe. Ten slotte stond ik op en reed zonder afscheid te nemen naar huis.

I. Z., Los Angeles, Californië

Vrijaf

De afgelopen vijftien jaar heb ik opgesloten gezeten in een kooi van twee zeventig bij twee tien bestaande uit massief stalen tralies, ingeklemd tussen muren die ik met mijn vingertoppen kan aanraken als ik mijn armen strek. Rechts van me staat mijn bed. De matras is zo plat als een pannenkoek, en ernaast staat een keramisch toilet waar een houten plaat op ligt om de stank tegen te houden.

Ik lag in bed, ik sliep bijna, toen de deur van mijn cel knarste. Het was altijd een welkome opluchting als hij openging. Ik sprong op, stapte de galerij op en riep naar de functionaris die dertig meter verderop in het kamertje zat.

'De kapelaan wil je spreken. Kleed je aan,' zei hij. Ik veterde mijn laarzen, greep mijn jack en haastte me naar buiten. Een oproep van een geestelijke betekende meestal slecht nieuws. Toen ik de brits van mijn buurman voorbijschoot, hoorde ik hem vragen: 'Alles in orde, Joe?'

'Ik hoop het,' zei ik. 'Ik denk dat ik een noodtelefoontje ga maken.'

Terwijl ik me over het besneeuwde binnenplein haastte, dromden groepjes gevangenen samen tegen de ijzige wind. Zwarten, blanken en Latino's gehuld in veelkleurige capuchons, mutsen, handschoenen en wanten. Ik kende er enkelen, maar het waren grotendeels niet meer dan gezichten in een enorme zee van eenzame onbeduidendheid. Enkelen liepen eindeloos rondjes, anderen staarden naar een van de vier tv's. De meesten verloren zich in zelfverzonnen afleiding, probeerden uit alle macht de tijd te doden op de enige manier die ze wisten te bedenken.

Bij het metalen hek naar de begeleidingseenheid duwde ik mijn pasje in het kleine gleufje van het houten hok van de bewaker. De functionaris onderzocht het zoals een achterdochtige caissière een vervalst biljet van vijftig dollar bestudeert. Vervolgens, me wegwuivend als een vreemdeling bij een grenspost, zei hij: 'Loop maar door.' Opgelucht sprintte ik naar het gebouw. Eindelijk zou ik mijn oma te spreken krijgen, een taaie tachtigjarige dame die je binnen een minuut de huid vol schold als je haar kwaad maakte.

We hadden elkaar enkele weken niet gesproken, omdat mijn vader, die er net een straf van tien jaar op had zitten, de driewegverbinding bij opoes huis had afgesloten, wat een van de voorwaarden van zijn invrijheidstelling was. Toen ik mijn vader sprak, zei hij: 'Je oma ligt in het ziekenhuis, maar ze zal over drie dagen wel terug zijn.'

Hoewel haar gezondheid verslechterde, had ik zo'n achteruitgang nooit verwacht. Ik herinnerde me ons laatste gesprek, toen ze had gehuild en geklaagd over haar opgezwollen benen.

'Opoe, je moet proberen te lopen, je benen strekken en wat beweging zien te krijgen,' had ik gesmeekt.

'Doe ik ook. Je begrijpt het niet. Mijn benen zijn niet goed meer. Vorige week ben ik naar de bank geweest en van de stoep gevallen.'

Ik probeerde de pijn te verzachten door over de goede oude tijd te praten, toen we in 98th Street woonden en opa nog leefde. Ik stelde me voor dat ik in de keuken stond en haar de oven zag openen om naar de goudbruine Siciliaanse broden te kijken die ze voor opa en mij bakte. In die tijd was een van mijn lievelingsmaaltijden een warm rond zelfgebakken brood gevuld met kip en weggespoeld met een groot glas melk. Wat een heerlijke tijd was dat geweest, ik was er net zo aan gehecht als mijn oma, en nu zat ik hier.

Maar zelfs als we het over de gelukkige tijden hadden, huilde ze bitter. Haar grootste angst was dat ze in een bejaardentehuis terecht zou komen.

'Ik wil in mijn eigen huis sterven. Ik wil niet tussen vreemden wonen.'

'Opoe, ik beloof je dat niemand je in een tehuis zal stoppen. Maak je geen zorgen, als ik vrij ben zal ik voor je zorgen.'

'Heb je met de advocaat gepraat?'

'Ja, ze doen flink hun best.'

'Ik hoop dat je in godsnaam eerder vrij bent dan ik ga.'

'Jawel, opoe, zorg nou maar goed voor jezelf.' Hoewel ik haar gerust kon stellen, bleef mijn schuldgevoel als een jammerlijke mislukking door mijn hoofd spoken.

Nu ik het kantoortje van de kapelaan bereikte, zei een functionaris tegen me: 'De imam wil je spreken.' De imam? dacht ik bij mezelf. Randazzo, mijn raadsman, zou wel iets met hem hebben geregeld om mijn oma te bellen. In het kleine kamertje waren vier moslims druk bezig kleine flesjes met geurige olie te vullen. Het kamertje rook naar jasmijn, muskus en kokosnoot, indringend en overheersend als de geur van kapperszaken in de jaren zestig. Imam Khaliffa zat aan de telefoon. Hij nam de hoorn bij zijn oor vandaan en legde een hand op het mondstuk. Met zachte stem vroeg hij de mannen de kamer te verlaten.

Terwijl ze me in ganzenpas voorbijliepen, praatte hij verder in de telefoon en keek ik rusteloos de kamer rond. Hoewel zijn bureau vol lag met flessen en papieren viel mijn blik op een bepaald document dat hier niet thuis leek te horen. Ik zag mijn naam er in vette letters op geschreven boven die van mijn grootmoeder. Het was een zakelijke brief van begrafenisonderneming Francisco.

De imam hing op en ik vroeg: 'Wat is er aan de hand?'

'Je broer Buddy heeft gebeld. Hij moet je spreken.'

Twee dagen later werd ik om zes uur 's morgens gewekt door een jonge functionaris die luisterde naar de naam Rizzo. Hij was mager, had kort, zwart haar en een stem die even troostrijk kalm was als die van een priester in een biechtstoel. Misschien wist hij ook wat het betekende om een geliefde kwijt te raken. Ik was dankbaar.

Toen we het plein overstaken was het winderig en donker en goot het pijpenstelen. In het hoofdgebouw kwam er een forse Ier op me af met blond haar en blozende wangen, die zei: 'Gecondoleerd met je grootmoeder.' Ik trok de reiskleren aan die ik van de gevangenis had gekregen, een spijkerbroek, een wit overhemd en een bruin jack. Ik had mijn eigen sportschoenen aan. Ik bekeek mezelf in de spiegel en walgde van mijn uiterlijk.

Ten slotte kropen we in een speciaal uitgerust busje met een scheidingwand van dik plexiglas die me op afstand hield van de functionarissen die op hun heupen in zwartleren holsters .38 kaliberpistolen droegen. Mijn benen zaten aan elkaar geketend met een hondenriem van dertig centimeter, die strak om beide enkels zat. Ik had ook een buikgordel om waar mijn handboeien met een extra slot aan zaten verbonden. Om te kunnen eten moest ik me vooroverbuigen en mijn hals uitrekken zodat ik in een boterham kon pikken die ik vasthield.

Ik was in geen vijftien jaar buiten de stenen muren van de gevangenis geweest. We passeerden bergen en bomen en boerderijen met zwartbonte koeien die ontspannen graasden. Ik kreeg het gevoel dat ik deel uitmaakte van een surrealistische driedimensionale foto. Al snel bereikten we een dal dat volhing met dikke mist. Die omhulde ons zoals rook in een bos na een smeulende bosbrand. Opeens dook er een hert op uit de mist. Het sprong op de snelweg, vlak voor de pick-uptruck die voor ons reed. De chauffeur kon niet uitwijken. Ik rekte mijn nek uit en schoof naar het puntje van mijn bank.

'Zag je dat?' vroeg cipier Warren.

Ik tuurde uit het zijraampje, door parels van regendruppels die over het glas liepen en zag het hert gestrekt in de berm van de weg liggen. Toen ik me uitrekte sneden de schakels en boeien diep in mijn vlees. De tong van het hert bengelde uit haar zachte, bontkaak; haar bek stond een eindje open en ze blies nerveus hijgend stoomwolkjes uit.

'*Ze leeft nog!*' riep ik.

'Ja, maar het ziet er niet goed uit,' zei cipier Warren. Ik wilde dat ze het bos weer in rende. In plaats daarvan lag ze bewegingloos, zo stil als de mist die in het dal hing, zo stijf als de bomen.

Tegen de middag maakten de bomen plaats voor flatgebouwen en stenen bedrijfsgebouwen met een heel scala aan bolvormige, veelkleurige, stralende letters. Voor een deel zaten die gebouwen dichtgetimmerd. Uiteindelijk verlieten we Lexington Avenue, passeerden de brugpijlers van Manhattan, staken Brooklyn Bridge over en belandden op Atlantic Avenue. De stad kwam me dromerig bekend voor.

Ik stelde me voor hoe het vroeger was geweest, toen ik mijn arm op de leuning van mijn zwarte Ninety Eight Oldsmobile uit 1983 liet rusten. Ik luisterde naar muziek, terwijl er een dikke joint in de asbak lag te roken. Ik inhaleerde de rook van de zoete, plakkerige wiet, de doordringende geur wapperde in rookspiralen door een scheur in het schuifdak. Ooit had ik het helemaal voor elkaar gehad.

Op Atlantic Avenue waren rijen winkels en bodega's en liepen overal mensen. Er liepen prachtige vrouwen voorbij in strakke broeken, op plateauzolen en met leren jasjes aan, zwaaiend met boodschappentassen. Ze heupwiegden op het verleidelijke ritme dat in de barrio met de hoofdletter K van kapsones wordt aangegeven. Er waren meubelzaken met meubels buiten, een dakloze zwarte man liep te bedelen en een geamputeerde in een rolstoel stak gehaast over.

Toen we voor de deur van de begrafenisondernemer stopten, zei cipier Warren: 'Wacht even. Ik moet eerst poolshoogte nemen.'

Twee minuten later verscheen hij weer en knikte naar zijn partner. Daarna klom ik geholpen door Rizzo voorzichtig uit het busje. 'Wacht,' zei Rizzo, terwijl hij me tegenhield. 'Laten we eerst die handboeien en buikgordel afdoen.'

Hij stak een sleutel in het extra slot en met een snelle, geoefende draaibeweging klikte hij hem open. Hij stak een hand achter mijn rug, wikkelde de keten af en verwijderde vervolgens de handboeien. Ik rekte me uit en wreef over mijn polsen. Die waren opgezwollen en rood en vertoonden diepe moeten. Gevolgd door Rizzo hinkte ik de hal in, kleine, gelijkmatige pasjes makend om niet over de ketting te struikelen waarmee mijn enkels nog steeds waren verbonden.

Mijn broer Buddy verscheen. Hij was lang en breed en ging onberispelijk gekleed in een fraai zwart pak. Ik zag dat hij schrok en blij was mij te zien. We schudden elkaar de hand en kusten elkaar. Daarna drentelde mijn oom, van wie ik vijftien jaar niets had gehoord, naar binnen. Hij zag er veel ouder uit, leek kleiner geworden, en was zo rond als een bierton. Hij wachtte even, nam me in zich op zoals ik hem ook aanstaarde. Vijftien jaar is een lange tijd.

'Joey,' zei hij met zijn opvallende Siciliaanse tongval.

Ik sloeg mijn armen om hem heen. 'Goed om u weer eens te zien, oom Charlie.'

'Ik ben al grootvader,' zei hij terwijl hij trots een foto uit zijn portemonnee haalde. 'Je neef Joey en zijn vrouw hebben een zoon. Hij heet Cologero.'

Ik pakte de foto aan, keek ernaar en vroeg me af waar de tijd was gebleven. Ik herinnerde me nog hoe neef Joey als tiener in een voetbalshirtje hun huis in College Point uitrende om te gaan rugbyen. Nu was hij vader. Ik gaf de foto terug aan mijn oom en zei: 'Gefeliciteerd.'

Ik stapte de condoleancezaal in en liep op mijn zussen Gracie en Maria af. Ze gingen allebei in zwart gehuld. We omhelsden en zoenden elkaar en ze huilden allebei op mijn schouder. Ik was al snel omringd door andere familieleden, onder wie mijn vader, die ik al tien jaar niet had gezien. Zijn haar was spierwit geworden en zo dun als konijnenbont.

'Je hebt het gehaald,' zei hij.

We omhelsden elkaar. 'Ja, pap, de bewaking heeft me laten gaan.'

Vanwege de bepalingen had ik mijn vader tijdens zijn afwezigheid niet gesproken. Daar stond ik hem dan in me op te nemen, te zoeken naar de man die ik tien jaar geleden voor het laatst had gezien tijdens het bezoekuur. Ik besefte dat ik hem nooit meer terug zou vinden.

Het was rustig en stil in de zaal. Tegen de ene muur stonden stoelen, tegen de andere een bank. Er stonden tafels met lampen en andere met kristallen kommen met pepermuntjes. Achter in de zaal lag mijn grootmoeder, levenloos, omringd door een hele reeks kleurrijke bloemstukken. Toen ik dichterbij kwam rook ik de vertrouwde geur van versgeplukte rozen. Ik legde mijn hand op de rand van de bronzen kist en staarde naar haar gezicht. Ze was magerder dan de vorige keer dat ik haar had gezien, vijf jaar geleden. Haar huid was bleek en bedekt met een dikke laag make-up waardoor ze er onnatuurlijk uitzag. Ze had een glimlach die meer op een geforceerde grijns leek. Om haar pols droeg ze de gouden armband die ze altijd bij bijzondere gelegenheden om had. Het was een zwaar ding versierd met verschillende medaillons die onder het lopen rinkelden als bellen. Nu hingen de bedeltjes – grote, massief gouden harten en met diamanten bezette medaillons, waarin data en liefdevolle opmerkingen stonden gegraveerd – stijfjes aan haar versteende pols. Ze droeg een prachtige roze japon van zijde en kant die tot haar enkels reikte. Aan haar voeten droeg ze roze schoentjes, met de tint van schelpen.

Al die tijd had ik rekening gehouden met deze dag. Ik had alleen nooit gedacht dat het zo verrekte snel zou gebeuren. Nu had ik alleen nog herinneringen over. Flarden van ons leven, souvenirs lagen op het deksel van haar kist uitgestrooid. Er was een foto bij uit 1984, van mijn grootmoeder, het jaar dat ik wegging, aan de haven bij ons oude huis in Howard Beach. Boten met vlaggen, sommige met stuurhutten zo groot als ons huis, dreven op het kalme water, wachtend op het moment dat ze de trossen los konden gooien. Ze draagt een korte broek en sportschoenen en heeft een enorme grijns op haar gezicht. En daar, naast haar, staan de rozenstruiken die ze heeft opgekweekt, schitterend volop in bloei.

Bij ons thuis bewaarde grootmoeder meestal grote schalen warm eten in de oven. Er stonden altijd pannen met kippenpoten en pasta of vlees en aardappels klaar voor als er visite bleef eten. Op zondag kookte opoe altijd een enorme maaltijd, grote pastelkleurige kommen vol pasta, gehaktsaus, knoflook en versgeplukte basilicum. Daarna gaven we schalen door waarop de gehaktballen, worst en lappen vlees dertig centimeter hoog lagen opgestapeld. Tussen grote happen eten en slokken rode wijn met 7Up door veegde ik de saus van mijn lippen. Mijn grootvader had een servet in zijn overhemd geduwd en een pen in zijn zak; hij raspte omstandig een homp verse ricotta over zijn macaroni. Zijn arm maakte ronde, draaiende bewegingen. Als hij klaar was, pakte ik de kaas van hem aan en deed hem na.

Als ik vroeger thuiskwam van school in een huis dat geurde naar de saus die op het fornuis stond te pruttelen, pakte ik altijd een stuk griesmeelbrood, scheurde er een stuk af en doopte dat in de zoete rode massa. Al snel hoorde ik mijn grootmoeder dan roepen: 'Wegwezen jij!' Ze zei het niet gemeen, ze zei het trots, verheugd dat ik haar kookkunst zo waardeerde.

Met een knikje gaf cipier Warren aan dat het tijd was om op te stappen. Iedereen schoot op me af om afscheid te nemen. Mijn oom en ik pakten elkaar nog een keer vast en hij zei: 'Jij was alles voor je grootmoeder, ze hield zielsveel van je.' Vervolgens omhelsde mijn vader me en barstte in een wilde, schokkende snotterpartij uit. We stonden elkaar daar te omklemmen als passagiers in een neerstortend vliegtuig. Op dat ogenblik, terwijl mijn vaders tranen over mijn schouders stroomden, had ik het gevoel dat ik zijn vader was en hij mijn zoon, en dat hij in mijn troostende armen de veiligheid ontdekte die ik ooit bij hem had gezocht.

Ik liep naar het busje en stak mijn handen naar cipier Rizzo uit zodat hij de handboeien weer om mijn polsen kon slaan. In plaats daarvan zei hij: 'We doen ze later wel om, als we hebben gegeten.' Dat verraste me. Ik sprong in het busje, draaide het raampje dicht en staarde voor het laatst naar buiten in de hoop dit moment te bevriezen omdat het eeuwig als beeld in mijn hoofd moest blijven hangen. Ik zag mijn oom een hand in zijn jaszak steken, er een sigaar uithalen, die opsteken en korte, snelle trekjes nemen. Terwijl we wegreden, zwaaide ik naar hem en vroeg me af of mijn blik verdriet uitdrukte.

Joe Miceli, Auburn, New York

Herdenking

Ik was toen een meisje van elf dat in Brooklyn woonde. Mijn vader was die zomer onverwacht overleden en opeens was het leven voor mijn moeder, mijn twee broers en mij erg zwaar. Mijn achttienjarige broer zat nu al een jaar in dienst. Mijn andere broer, van dertien, bracht na schooltijd boodschappen rond om wat broodnodig extra geld te verdienen. Mama had nadat papa was overleden ook een poosje gewerkt, maar moest ermee ophouden toen haar gezondheid achteruitging.

Papa had van kerst altijd veel omhaal gemaakt. Zo lang als ik me kon herinneren was de kerstboom het middelpunt van onze festiviteiten geweest, samen met de kerststal en de kerstman. Er was een klein Kewpie-popje met een roodfluwelen rand eromheen dat papa altijd in zijn eigen kleine doosje bewaarde. Ieder jaar als we met kerst de boom gingen versieren, maakte hij er een plechtigheid van om die pop uit het doosje te halen, hem voor mijn neus te houden en te zeggen: 'Maria, deze pop is even oud als jij.' Daarna hing hij de kleine Kewpie in de boom.

Papa had dat poppetje gekocht in mijn geboortejaar, en onbedoeld was het bij ons thuis een bescheiden traditie geworden om die Kewpie als eerste in de boom te hangen, voor de overige versieringen.

Maar deze kerst zouden we geen boom krijgen.

Mijn moeder was een erg praktische vrouw, en zij besloot dat de boom een vorm van luxe was waar we wel buiten konden. Ik bedacht toen, met verzwegen, maar felle verbolgenheid, dat het voor haar toch nooit zoveel had betekend als voor papa. En als het mijn broer al wat kon schelen, liet hij daar niets van blijken.

We hadden die avond een bezoekje aan de kerk gebracht en liepen zwijgend naar huis. Het was een prachtige, heldere winteravond, maar al wat ik zag waren de ramen waardoor ik kerstverlichting zag branden. De feestelijke gloed verergerde mijn verbittering nog doordat ik me in die huizen complete, gelukkige gezinnen voorstelde die samen lachten, cadeaus aan elkaar gaven, aan welvoorziene tafels zaten te praten en grappen maakten. Kerstmis betekende die avond voor mij niets meer dan dat. En ik besefte dat we straks, als we eindelijk thuiskwamen, alleen donkere ramen zouden zien, en dat we, eenmaal binnen, samen zouden zijn, en ten slotte alleen, elk verdiept in de bijna tastbare leegte die ons was gaan overheersen.

Toen we langs het huis van mijn vriendinnetje liepen, enkele huizen van het onze, zag ik dat er bij haar in de woonkamer nog licht brandde. Ik vroeg mijn moeder of ik daar even mocht aanwippen, een kort bezoekje maar, alvorens naar huis te gaan. Ze keurde het goed.

Ik ging die avond echter helemaal niet naar het huis van mijn vriendin.

In plaats daarvan wachtte ik tot mijn moeder en broer achter onze voordeur waren verdwenen en draaide me toen instinctief om en ging naar de winkel van mijn vader, ongeveer vijf straten verderop. Het was een klein kruideniertje op de hoek van 45th Street en 11th Avenue. Om een of andere reden wilde ik voor die winkel staan die zoveel voor hem had betekend, ook al stond hij nu leeg en te huur. Het was alsof dat me dichter bij hem zou brengen.

Er waren niet veel mensen op straat. Het was erg donker, maar voor het eerst zag ik hoe mooi de nacht was, zo koud en helder, met zo'n enorme sterrenhemel. De bomen voor de ramen, nog steeds verlicht, leken minder effect op me te hebben dan eerder die avond. Misschien kwam het door de spanning om voor het eerst 's nachts alleen buiten te zijn, of wellicht het gevoel dat ik dichter bij papa kwam, dat zo'n vreemde uitwerking op me had. Wat het ook was, het scheen mijn verbolgenheid en verdriet te verminderen.

Toen ik eindelijk dicht bij de winkel kwam, viel me op dat de stoepen in de buurt vol enorme, merkwaardig gevormde gedaantes stonden. Ik stopte pardoes. Mijn verbeelding begon me in haar greep te krijgen, en bijna draaide ik me om en keerde terug naar huis. Maar iets maakte dat ik doorliep. Toen ik dichterbij kwam, besefte ik dat die gedaantes helemaal geen monsters waren, maar overgebleven kerstbomen van de winkel naast die van mijn vader. Het waren de onverkochte bomen die stonden te wachten op de vuilnisman of wie dat soort dingen ook maar wegsleepte.

Ik weet nog hoe ik opeens op die bult bomen afrende en in het donker de beste eruit probeerde te halen. Ik meen me nog te herinneren dat de boom die ik uitkoos enorm was, misschien wel drie, drieëneenhalve meter lang, maar zo lang kan hij niet zijn geweest. Hoe dan ook, ik pakte mijn boom, blij dat ik mijn dikke wollen wanten aanhad, en begon half dragend half slepend mijn schat naar huis te brengen.

Mijn hoofd zal vol Kerstmis. Ik wist dat papa daar ook ergens tussen zat. Ik weet niet of ik hem ooit dichterbij me heb gevoeld dan die avond. Het was net of hij zich in de sterren boven me bevond, in ieder verlicht raam, in de boom die ik meesleepte. Ik weet niet meer of ik onderweg iemand ben tegengekomen. Vast wel, en in dat geval moet het er vreemd uit hebben gezien: een klein kind dat zachtjes kerstliedjes voor zich uit zong en een boom meesleepte die twee keer zo groot was als zijzelf. Maar ik weet dat het me niets kon schelen wat anderen dachten.

Toen ik thuiskwam, belde ik aan en bereidde me erop voor dat ik die boom desnoods met veel argumenten binnen zou moeten zien te krijgen. Mijn broer deed open en zijn verbaasde blik paste goed bij zijn verraste: 'Waar heb je dié vandaan?' We haalden de boom binnen en hij wist er een plekje voor te vinden, en we begonnen hem op te tuigen. Mijn moeder kwam binnen en zag wat we deden, maar zei niets. Ze nam er geen deel aan, maar probeerde ons evenmin tegen te houden. En hoewel ze wist dat ik toch niet naar het huis van mijn vriendin was gegaan, repte ze er nooit met een woord over.

Toen mijn broer en ik klaar waren, deden we een stap naar achteren en bekeken de boom. In onze ogen was het volmaakt, zonder enige tekortkoming. Ik was zo opgewonden dat ik de hele nacht wel had kunnen doorgaan met versieren, maar mijn moeder vond het te laat, bijna middernacht, en zei dat we allemaal naar bed moesten.

Kerstmis was bijna voorbij. Ik wist zeker dat ze niet goedkeurde wat ik had gedaan, en ik begon me zelfs schuldig te voelen toen ik me plotseling realiseerde wat voor verdriet die boom haar misschien had berokkend, en dat begon mijn blijdschap aan te tasten.

Ik bereidde me voor op de nacht, heen en weer geslingerd tussen opwinding en triestigheid. Ik ging nog een keer naar de boom kijken voordat het geen kerst meer zou zijn.

Mijn moeder stond er nog voor, met een bekend doosje in handen. Ik weet niet of ze me op de drempel heeft zien staan. Had ze gehuild?

Haar handen schenen te trillen toen ze het doosje opendeed. Ze hield het versiersel voor zich in de lucht, en keek niet naar mij maar naar de boom.

'Maria,' zei ze bijna fluisterend, haar stem vreemd verdraaid, een beetje gek, '...deze pop is even oud als jij.'

En toen hing ze Kewpie in de boom.

Mary Grace Dembeck, Westport, Connecticut

Slapstick

Van twee kusten

In de jaren tachtig werkte ik in een ondergrondse levensmiddelenfabriek in Washington D.C. Toen ik daar op een avond rozijnen in een zakje stond te doen, merkte ik dat er een vrouw naar me stond te staren. Op het laatst kwam ze op me af en vroeg: 'Michelle? Michelle Golden?' 'Nee,' zei ik, 'ik ben Michelle niet, maar bedoelt u Michelle Golden uit Madison, Wisconsin?' En zij bevestigde dat, precies diegene bedoelde ze. Ik zei haar dat ik Michelle kende en dat ik al vaak voor haar was versleten. Een paar jaar later verhuisde ik naar de westkust. Toen ik op een zaterdagmorgen door het centrum van San Francisco liep kwam er een vrouw op me af. Ze bleef stilstaan, keek me van top tot teen aan en vroeg: 'Michelle? Michelle Golden?' 'Nee,' zei ik. 'Maar hoe groot is nou de kans dat je twee keer in je leven aan twee verschillende kusten dezelfde vergissing begaat?'

Beth Kivel, Durham, North Carolina

Man versus jas

De eerste en enige keer dat we elkaar ontmoetten was in een deftige bar op een koude novemberavond. Ik had gereageerd op haar contactadvertentie: '... zoekt kennismaking met zelfverzekerde man, midden dertig tot begin veertig, die van sfeervolle muziek houdt en 's avonds graag een wijntje drinkt... etc.' Haar toon eenvoudig en melodieus en dat trok me aan.

Ze was een lange, slanke brunette van midden dertig. Ze was onderhoudend en maakte goed oogcontact tijdens ons gesprek. Ze was zowel mooi als slim, en ik vond haar meteen aardig. Ik wilde beslist nog eens met haar uit. Beter nog, ik voelde van haar kant geen bezwaren om mij nogmaals te ontmoeten. Als ik de rest van de avond maar zonder misstappen of ongelukjes doorkwam.

Toen we op het punt stonden te vertrekken trok zij als eerste haar zware winterjas aan. Ze trok haar sjaal recht en stak haar lange elegante vingers in haar autohandschoenen. Zodra ze klaar was bleef ze geduldig op mij staan wachten.

Ik pakte mijn parka van de leuning van de barkruk en terwijl ik de kraag stevig in mijn linkerhand nam, stak ik mijn rechter in de rechtermouw. Met de jas half aan en half uit, stak ik mijn linkerarm naar achteren om de linkermouw te grijpen. Maar op een of andere manier miste ik mijn doel. Ik probeerde het nogmaals en wederom tastte ik mis. Vastberadener dan ooit deed ik extra mijn best.

Ik verloor me volkomen in mijn handelingen en merkte daardoor niet dat mijn lichaam tegen de klok in begon te draaien. Terwijl mijn lichaam wegdraaide, draaide de jas mee: de mouw bleef op dezelfde afstand van mijn uithalende hand. Het zweet brak mij uit.

Het was net of de mouwen de afgelopen uren naar elkaar toe waren gegroeid. Ik kreunde en steunde terwijl ik de zaak, of beter gezegd, de mouw in de hand probeerde te krijgen. Hoe kon ik weten dat ik mijn eigen ondergang bewerkstelligde? Door al dat gedraai raakten mijn benen in de knoop.

    Niemand kan overeind blijven als hij staat te draaien en grijpen naar een slingerende mouw. Ik begon mijn evenwicht te verliezen. Langzamerhand belandde ik op de vloer. Daar, als een hoopje op de grond met mijn jas over me heen, keek ik op naar mijn metgezellin. We zeiden geen van beiden iets. Ze had nog nooit een man gezien die door zijn eigen jas naar de grond werd gewerkt.

Mel Singer, Denver, Colorado

Lol

De zomer voor mijn laatste jaar op de universiteit huurde ik met vriendinnen een huisje aan de kust van Jersey. Op een dinsdagavond om ongeveer halftien liep ik het huis uit naar het strand. Er was niemand, dus trok ik mijn kleren uit, legde ze op een hoopje en dook de branding in. Ik zwom een minuut of twintig en liet me toen op een golf weer aanspoelen.

Toen ik uit het water kwam waren mijn kleren weg. Terwijl ik me stond af te vragen wat ik nu moest doen, hoorde ik stemmen. Het was een groepje mensen dat een strandwandeling maakte – en ze liepen mijn kant op. Ik besloot het erop te wagen en rende terug naar het huisje, dat een meter of vijftig, zestig verderop stond. Ik zag de deur open staan, of althans licht uit het halletje naar buiten vallen. Maar terwijl ik dichterbij kwam zag ik op het allerlaatste moment dat er een hor hing. Ik rende er dwars doorheen.

Daar sta ik midden in een woonkamer. Er zit een vader met twee kinderen TV te kijken en ik sta poedelnaakt midden in de kamer. Ik draaide me om en sprintte door de kapotte hordeur het strand weer op. Ik sloeg rechtsaf en bleef rennen en vond uiteindelijk het bultje kleren. Ik wist niet dat er onderstroom was. Ik was er ongeveer vierhonderd meter door weggedreven.

De volgende morgen ging ik op het strand zoeken naar het huis met de kapotte hordeur. Ik vind het huis en terwijl ik erheen loop om aan de restanten van de deur te kloppen, zie ik in het huisje de vader mijn kant oplopen. Ik begin te stotteren en weet uiteindelijk uit te brengen: 'Weet u, het spijt me echt wat er is gebeurd, en ik wil u de schade aan de hordeur graag vergoeden.'

De vader valt me in de rede, werpt theatraal zijn handen omhoog en zegt – 'Liefje, van jou kan ik niks aannemen. We hadden de hele week nog niet zo'n lol gehad.'

Nancy Wilson, Collingswood, New Jersey

De taart

Ik was veertien en mijn broer zestien toen we met onze ouders naar het afstuderen van mijn neef gingen. Het huis uitgaan naar een familiebijeenkomst ging altijd gepaard met spanning en ruzie. Mijn vader had er de pest aan als hij ergens heen moest. Als hij er eenmaal was vond hij het best, maar hij had een hekel aan weggaan en de voorbereiding erop. Hij had het grootste deel van de ochtend tegen mijn broer en mij lopen schreeuwen omdat we tieners waren en meesmuilden en morden als tieners. Mijn vader was een ordefreak die, als hij in de verleiding kwam, ons met de vuist te lijf ging. Niet dat we er bang voor waren, maar je moest heel zorgvuldig inschatten hoe ver je bij hem kon gaan en zorgen dat je klaar was om de gevolgen te accepteren.

Mijn broer en ik maakten dikwijls ruzie met elkaar: gemene knokpartijen met stoten onder de gordel waar de kinderen uit de buurt zo beducht voor waren dat ze ons niet lastigvielen, ook al vochten we zelden met anderen. Alsof vechten een intieme aangelegenheid was, voorbehouden aan de mensen die je dierbaar zijn.

Het feest vond plaats in Guttenberg, New Jersey. We kwamen uit de Bronx en mijn broer en ik stonden tegen de muur tussen de keuken en de woonkamer te wachten tot de taart zou worden aangesneden opdat het voorbij zou zijn en wij naar huis konden om ons in onze kamers te vervelen. We leunden tegen de muur als twee natte papieren servetjes die waren ingedroogd en nu op een uitstulping in de stuclaag leken. Er waren daar ook jonge kinderen. Die renden gillend en lachend bij het vooruitzicht op ijs en taart de kamers in en uit. Wij waren dat soort opwinding ontgroeid, mijn broer en ik. Wij waren stoer. Vervolgens schoot een van de jongens, met tanden in diverse wisselstadia, op de afstudeertaart af en hield zijn hoofd boven de professioneel vormgegeven glazuurlaag. 'Kijk mij nou! Kijk mij nou!' schreeuwde hij. Ik zag hoe mijn broer zijn tanden op elkaar zette en zijn vuist balde. Ik wist waar hij aan dacht en met een zwijgzaam knikje daagde ik hem uit dat ongelijkmatige gebit in de taart te duwen. Hij glimlachte met opeengeperste kaken en schudde zijn hoofd. We wisten beiden wat de gevolgen zouden zijn.

Het schel klinkende joch wist het ook. Hij stoof op mijn broer af en daagde hem uit het te doen. Vervolgens stoof hij weer op de taart af en daagde hem nogmaals uit. Mijn broer leunde op zijn andere been en maakte zich los van de muur, klaar om de beweging te maken waarnaar ik zo enorm verlangde, en terwijl hij zo miniem van houding veranderde, kwam mijn vader uit de kamer de keuken in lopen om een drankje te pakken. Hij was nog steeds in gesprek met iemand in de kamer waar hij net uit kwam lopen en sprak luid vanwege de sigaar die hij eeuwig tussen de lippen had. De jongen zag mijn broer stokstijf tegen de muur staan en daagde hem verder uit: 'Ik sta boven de tahaart. Ik sta boven de tahaart...' Mijn vader liep weer naar de kamer en doorzag de hele situatie met een snelle blik. Hij zag wat mijn broer van plan was en begreep met wie hij dat van plan was. Mijn vader deed een snelle stap. Met dezelfde hand waarin hij zijn brandende sigaar vasthield, duwde hij het gezicht van de jongen diep in het groene glazuur van de taart, waardoor zijn getreiter halverwege een gil smoorde. Vervolgens liep mijn vader, na zijn gang nauwelijks merkbaar te hebben onderbroken de kamer weer in om zijn gesprek te vervolgen.

Mijn vader en ik hebben onze meningsverschillen gehad, maar hiervoor zal ik hem altijd gedenken.

Om die reden zal ik altijd van hem blijven houden.

Gerard Byrne, Ringwood, New Jersey

Hoe je vrienden maakt en invloed kunt uitoefenen

Om in Fort Lauderdale woningbouw te kunnen plegen moeten de plannen worden goedgekeurd door de gemeentelijke dienst Bouwbeheer en een architect uit de commissie voor hotels en restaurants. Rick Reiley was die architect en ik had eens 's ochtends vroeg een afspraak met hem. Omdat ik te laat dreigde te komen reed ik over de rechterrijstrook een stuk of tien auto's voorbij die voor het rode stoplicht stonden, in de hoop sneller op te kunnen trekken zodra het licht op groen sprong. De voorzienigheid bepaalde echter dat er voor aan de rij een politieauto stond en een bord: 'Alleen voor rechtsaf.'

Ik sloeg rechtsaf en verdwaalde hopeloos in een wirwar van eenrichtingstraatjes en grachten. Ik houd er niet van om te laat te komen en was zo bezig de weg naar het centrum terug te vinden dat ik geen oog had voor het verkeer. Op dat moment voelde ik een harde dreun. Ik stopte en zag een grote hond, zo te zien dood, achter mijn auto liggen. Ik rende naar een huis waar een jonge vrouw in tenniskleren opendeed. 'Ik heb een hond doodgereden en moet de politie bellen,' zei ik. 'Mag ik hier even bellen?' vroeg ik.

Ze keek naar buiten en zei: 'Dat is mijn hond.'

Nadat ik alle instanties had gebeld en de vrouw had gekalmeerd, vroeg ze of ik een kop koffie wilde. Ik zei ja en nam plaats in de keuken. Op tafel lag een boek van Dale Carnegie, dus vroeg ik haar wie de cursus volgde. Ik was regiobeheerder van Dale Carnegie en kende iedereen die zich inschreef. 'Mijn man,' zei ze en toen ik vroeg hoe hij heette, antwoordde ze: 'Rick Reiley.'

Nee hè, dacht ik. Ik heb goedkeuring van die man nodig en ik heb net zijn hond doodgereden.

Ik legde mevrouw Reiley uit dat ik een afspraak had met haar man en vroeg of ze hem alsjeblieft wilde bellen om uit te leggen waarom ik te laat kwam. Ik stapte weer in mijn auto en kwam vijf minuten later bij het stadhuis aan. Toen ik naar Ricks kantoor liep zag ik hem fronsend door de hal lopen. Toen hij bij me was omhelsde hij me en zei hardop: 'Je hebt ons een enorme dienst bewezen, Jerry. Onze hond was oud en blind en had kanker en mijn vrouw en ik konden geen van beiden de moed opbrengen om hem te laten inslapen. Heel erg bedankt voor wat je hebt gedaan.'

Jerry Yellin, Fairfield, Iowa

Je vader heeft hooikoorts

Mijn vader is geobsedeerd door zijn neus, is diens slaaf. Diep van binnen gelooft hij dat God de neus als een kantoorgrap heeft geschapen en hem helemaal over het hoofd heeft gezien in de haast om de schepping voor de zondag af te krijgen, Zijn vrije dag. Mijn vader en God hebben veel met elkaar gemeen: God draagt het lot van de wereld op zijn schouders, pa heeft hooikoorts. Volgens pa staan ze ongeveer quitte. 'Hij wil geen hooikoorts. Neem dat maar van me aan.' Er gaat geen ogenblik voorbij dat ons huishouden niet in beslag wordt genomen door pa's neus. Er is geen ontkomen aan. Het is alsof er een kwaadaardig creatuur bij ons inwoont. De kleinste afleiding die we bedenken – een eindje rijden naar de Dairy Queen, een spelletje monopoly na het avondeten – stuit altijd op een veto van pa's neus. En wat we wel op touw weten te zetten terwijl Ouwe Taaie sluimert, wordt zonder uitzondering afgebroken als hij ontwaakt, als een kwade wesp die aan mijn vaders gezicht vastzit. We korten de picknick in of lopen de bioscoop uit en keren huiswaarts om daar pa, die op zoek is naar zijn neusspray, achterna te lopen, als vijf spoken die door de kamers patrouilleren terwijl pa ze voorgaat in de litanie: 'Mijn neus, mijn neus, mijn neus,' alsof die het doel van onze speurtocht is. Als er iemand naar binnen gluurt is hij gek als hij de politie niet belt.

Hij staat bij de wastafel in de badkamer, beide neusgaten ongezond verstopt. Zijn arsenaal staat voor hem uitgestald: neusspray, neusdruppels, neusdopjes, neuszalf, Vicks VapoRub, kamferolie, olijfolie, motorolie, 3-in-1, Liquid Plumr, Drano, springhoedjes. Hij heeft combinaties ontwikkeld waar goedkeuring van de EPA voor nodig is, industriële vergunningen en een evacuatie van de buurt voor nodig zijn. Ik sta in de deuropening toe te kijken terwijl hij zijn slangenolies toebereidt, ze aanbrengt en dan wacht op het wonder, volstrekt bewegingloos, alsof hij luistert naar hoefgetrappel in de verte, de cavalerie, die hem snel van zijn neus komt bevrijden. Maar nooit klinkt de bugel, nooit verschijnt het leger.

'Mijn neus.'

Soms is het een verklaring van overgave. Op de bank liggend, met zijn zakdoek op zijn buik, handig, weet je, kreunt hij: 'Mijn neus.' Op andere momenten is het een oorlogsverklaring, met name als hij iets tracht te ondernemen waar concentratie voor nodig is, zoals het repareren van de grasmaaier. Hij hurkt naast het apparaat, peutert aan een schroef ter grootte van een vlo, zijn ogen tranend, gezicht paars aangelopen en gezwollen. Plotseling, met niet meer waarschuwing vooraf dan bij een invasie van ruimtewezens, slingert hij zijn schroevendraaier door de tuin en springt op, graaft in zijn kontzak naar zijn zakdoek alsof er een schorpioen in zijn kont bijt. Hij snuit. Hij richt zijn blikken op de hemel. Hij brult: 'Mijn neus!'

Ik ben zes. Pa probeert de ketting om mijn fiets te leggen. Ik ben toch al zo'n lastpak die dat ding er maar steeds laat aflopen. Pa gromt. Ik zie een doorzichtige druppel uit zijn neusgat lopen en eraan blijven hangen als een versiering bij een aboriginal. Zwijgend neem ik een beetje afstand. Hij snuift, haalt zijn mouw erlangs, snuift nogmaals, uit een vloek aan het adres van de schepper van zo'n onmogelijk ontworpen apparaat als de menselijke neus. Hij knippert razendsnel met zijn wimpers, rukt voor de vorm nog een paar keer aan de ketting. En dan is de neus hem de baas. Pa gromt als een gewonde grizzly, tilt de fiets tot boven zijn hoofd en smijt hem op de oprit. Daar verschijnt de schorpioen. Hij snuit zijn neus. Vogels vliegen op, kleine zoogdieren dringen hun jongen dieper het hol in, in het hele dorp kijken mensen op hun horloge en vragen zich af waarom de lunchsirene al om 10:25 uur afgaat. Het geschetter kaatst tegen de watertoren om zijn gekwelde kreet te begeleiden. 'MIJN NEUS!!!'

Mijn moeder praat erover met de dokter. Ze begrijpt hem verkeerd en vertelt het aan iedereen: 'Jerry heeft een beschadigd tussenschot.' Ze neemt foldertjes mee naar huis en stopt die in zijn broodtrommeltje. Alsof hij eraan herinnerd zou moeten worden.

In de zomer dat ik negen word zijn we op vakantie in Florida. Ma wil naar de Cypress Gardens. Pa stribbelt tegen. 'En mijn hooikoorts dan?' Ma doet haar tasje open: er zit genoeg Contac en Triaminic in om er een zitzak mee te vullen. Gedachten aan overtreding van de transportregels en dat we bij de grens worden aangehouden dringen zich op. Ik zie ons al met ons vijven wijdbeens aan de kant van de snelweg staan, het verkeer passeert stapvoets, de inhoud van ma's tasje ligt op de grond uitgespreid, fotografen rond de buit.

We gaan naar de Cypress Gardens. Voordat we de auto hebben geparkeerd is pa een heel eind op weg om in de Eregalerij van de Hooikoorts te worden opgenomen.

'Mijn neus.'

Ma sleurt de medicijnen tevoorschijn. 'Hier, neem dit.' Ze heeft zelfs van die opvouwbare plastic bekertjes en een thermosfles vol sinaasappelsap. Ze wil echt naar de Cypress Gardens. 'Dat helpt toch niet,' zegt pa terwijl hij het niettemin inneemt. Het helpt niet.

Ik herinner me die dag als een dag van woede en schaamte. Pa's neus was volledig de baas over onze route. Ma en de kinderen wilden de skishow zien; pa's neus wilde naar huis. Wij wilden lunchen op de picknickplek bij de treurwilgen; pa's neus maakte een scène en vroeg of we nou helemaal gek waren geworden.

Ik loop met schaamtevol gebogen hoofd de kronkelpaden af als pa op de beheerders begint te schelden. 'Vooruit maar. Vermoord ons maar allemaal! Jullie hebben vast nog nooit een verstuiver hoeven te gebruiken!' Hij spreekt volmaakte vreemden aan en vraagt ze of ze een zakmes bij zich hebben. 'Mijn neus!' jammert hij tot afschuw van de vreemden. 'Haal mijn neus van mijn gezicht! Sloop hem er maar af. Ik ga eraan kapot. Maak een einde aan mijn lijden.'

Tony Powell, Murray, Kentucky

Lee Ann en Holly Ann

Toen ik in de eindexamenklas van de middelbare school zat werd ik uitgekozen voor een koor van mensen uit de hele staat dat naar een nationale conventie van muziekdocenten ging. Er waren enkele honderden leerlingen, dus kregen we allemaal een vaste plek. De drie optredens vonden op drie verschillende locaties plaats. Bij twee van die optredens zat ik op een bepaalde stoel en bij het derde zat ik een rij en een stoel verder naar voren. Ik raakte erdoor in de war en ging zodoende naar de plek waar ik tijdens de vorige twee repetities had gezeten, veronderstellend dat die derde plek een vergissing was. Halverwege de eerste repetitiedag hoorde ik iemand roepen: 'Heflebower!' Ik draaide me om en zag geen bekenden, maar een jonge blonde vrouw reageerde op de kreet. Plotseling drong het tot me door dat me iets overkwam wat me nog nooit was gebeurd: nog een Heffelbower. Zij heette Lee Ann Heflebower en ik Holly Ann Heffelbower. Geen wonder dat de plaatsbewijzen verwisseld waren. We maakten kennis met elkaar, wisselden plichtsgetrouw eenmaal kerstkaarten uit en verloren elkaar uit het oog.

Zeven of acht jaar later woonde ik nog steeds in dezelfde plaats, in een flat die Hulst heette. Op Valentijnsdag kwam ik even thuis om de post te bekijken voordat ik naar de begrafenis van een van de koorleden zou gaan. Ik stak mijn sleutel in het slot van de brievenbus en die paste niet. Ik keek naar de brievenbus en las 'Heflebower', dus probeerde ik de sleutel nog een keer. Ik kreeg hem niet omgedraaid. Ik keek nog eens naar de brievenbus en daar stond nog steeds 'Heflebower' op. Maar op die er links naast ook: 'Heffelbower'. Ik stak mijn sleutel in de andere, pakte de post en haastte me naar de begrafenis. Toen ik thuiskwam ontdekte ik dat Lee Ann tegenover me op dezelfde verdieping was komen wonen. Ze was net uit Ohio teruggekeerd naar Lincoln en had de enige woning gehuurd waarin ze een kat mocht houden. Ditmaal werden we dikke vriendinnen en ten slotte huisgenoten. Twee jaar geleden heb ik op haar bruiloft gezongen.

Holly A. Heffelbower, Lincoln, Nebraska

Waarom ik tegen bont ben

De ogen van mijn oom Morris hadden de glasblauwe kleur van Windex. Hij droeg pinkringen en fedora's en kasjmieren overjassen waar je een moord voor zou doen. Hij rook naar rum en Cubaanse sigaren, een combinatie die ik als zevenjarige zelfs bedwelmend vond. Hij kon fantastisch vertellen.

In zijn jeugd was hij weggelopen naar Toronto en probeerde een poosje onder de naam Murray als beroepsworstelaar aan de bak te komen. Daar leerde hij tante Faye en tante Rae kennen. Oom Morris kon geen nee zeggen tegen vrouwen en probeerde het zelden. Dus trouwde hij met beiden.

Tante Rae was zo onaangenaam dat zelfs haar eigen kinderen haar irritant vonden. Ze had een dochter van Morris die sprekend leek op Whitey Ford en vanaf de dag van haar geboorte geen woord tegen hen beiden wilde uitbrengen.

Met tante Faye had hij een tweeling, twee jongens genaamd Erwin en Sherwin. Men zei dat de ene briljant was en de andere 'achterlijk', maar wij konden ze nooit uit elkaar houden. Omdat het ons was verboden het regelrecht te vragen, zaten mijn broer en ik urenlang subtiele tests te ontwikkelen die hun ware aard moesten onthullen, maar nooit met werkelijk resultaat.

De twee vrouwen woonden in aparte flats aan verschillende kanten van de stad. Ze waren van elkaars bestaan op de hoogte en ongetwijfeld ten gevolge van de charmes van oom Morris besloten beiden genoegen te nemen met deze regeling. Oom Morris besteedde er veel tijd en geld aan om Faye en Rae tevreden te houden. Dat was geen eenvoudige opgave.

Hij hoefde niet in tweevoud sieraden, moderne apparaten of kamerbrede tapijten te kopen. Maar meer dan wat ook wilden beide vrouwen in die koude Canadese woonwijken een bontmantel. Oom Morris kon zich er slechts eentje permitteren. Zodoende was hij een groot deel van zijn tijd kwijt aan het heen en weer brengen van de mantel naar beide uiteinden van Toronto opdat Faye en Rae er beiden gebruik van konden maken.

Vooral 's winters was het een hele opgave. De pels zag als bontmantel meer van de wereld dan hij als nerts had gedaan. Dat begon zijn tol te eisen van oom Morris. Neem de druk van die mantel en een levenslang dieet van pastrami en rode prik en een hartaanval is zo goed als onontkoombaar.

In het korte tijdsbestek waarin oom Morris grijpend naar zijn borst van tafel opstond en daadwerkelijk op de grond belandde, verdween de mantel. De familie was onmiddellijk en onherstelbaar verdeeld. Een enorme gordiaanse knoop dreef de familieleden in twee kampen uiteen. De ene helft dacht dat Faye de mantel had, de andere helft dacht Rae.

Er werd gelogen. De waarheid werd gesproken. De leugens en de waarheid waren even kwetsend. Er werd geschreeuwd. Er werd gehuild. Er werden snuisterijtjes gepikt. De mantel was voorgoed verdwenen.

Jaren later hielp ik mijn moeder de berging in het souterrain op te ruimen. 'Wat is dit?' vroeg ik, terwijl ik iets onder uit de kast tevoorschijn trok dat leek op een door motten aangevreten berenpak. Ik hoorde een dodelijke stilte en ademde de onmiskenbare geuren in van mottenballen en Shalimar. Ik keek mijn moeder aan. Er was een opvallend gebrek aan oogcontact. 'O, God.' Ik snakte naar adem. 'Dit is de mantel van Faye en Rae! Jij hebt hem gestolen! Jij!'

Mijn moeder van een meter vijfenveertig schoot met verrassend veel kracht en geweld op me af en drukte me tegen de muur. Ze greep me bij mijn overhemd en siste: 'Je mag het nooit vertellen.'

'Pas op, pas op,' jammerde ik, 'als je mij vermoordt heb je alleen mijn broer nog over.'

Even praktisch als anders liet ze me los en richtte zich op het probleem. 'Wat moeten we nu doen?' vroeg ze. Ik wist het niet. Als ze het opbiechtte zouden ze haar vermoorden.

Ik pakte de mantel. Hij was enorm en loodzwaar – Faye en Rae waren grote vrouwen geweest. Ik paste hem, draaide me om en keek in de spiegel. Precies op dat moment kwam mijn dreumes van twee de kamer inlopen. Hij wierp één blik op me en gilde en gilde en gilde totdat ik hem uittrok.

Freddie Levin, Chicago, Illinois

Vliegveldverhaal

Mijn vrienden Lee en Joyce woonden in Noord Shrewsbury, Vermont, ongeveer vier uur met de auto vanaf vliegveld Logan in Boston. In de jaren zeventig overleed een oom van Joyce in Chicago. Zij besloot naar Logan te rijden en naar de begrafenis te vliegen.

Ze reeds oostwaarts door de Groene Bergen en sloeg toen per ongeluk links- in plaats van rechtsaf en reed een halfuur de verkeerde kant op voordat ze haar vergissing ontdekte. Een beetje paniekerig omdat ze nu te laat zou komen, keerde ze en haastte zich terug door Vermont, vervolgens door een hoek van New Hampshire en was toen nog maar ongeveer een halfuur rijden verwijderd van Logan. Ze zag een groot bord voor een afslag naar het vliegveld en sloeg af. Ze bleef de borden richting vliegveld volgen en kwam ten slotte aan op een groot grasveld waar een paar hangars stonden. Ze had de borden gevolgd die naar het plaatselijke vliegveldje leiden van Manchester, New Hampshire.

Nu moest ze zich echt haasten om het vliegtuig nog te halen. Ze racete de snelweg weer op, zuidwaarts naar Logan, rende het parkeerterrein af en smeekte de passagiers aan de balie haar voor te laten gaan omdat haar vliegtuig op het punt stond te vertrekken. Bij de tweede grondsteward lieten ze haar voor. Ze vertelde hem dat ze de eerstvolgende vlucht naar Chicago moest hebben, trok haar chequeboek te voorschijn – en kwam erachter dat er geen cheques meer in zaten.

De enige creditcard die ze bezat van was een tankstation.

Ze had niet meer geld bij zich dan een biljet van één dollar. Ze kon met geen mogelijkheid een ticket kopen.

Ontroostbaar en op het punt om in huilen uit te barsten besloot ze die laatste dollar te gebruiken om naar de familie te bellen om te vertellen dat ze de begrafenis niet zou halen. Terwijl de tranen in haar ogen opwelden zag ze een apparaat waar ze kleingeld uit kon halen voor de muntjestelefoon. Ze stopte haar dollar erin – en er rolden twee loten uit voor de staatsloterij van Massachusetts. Ze had de dollar in het verkeerde apparaat gestopt. Terwijl de tranen over haar wangen rolden, klopte een voorbijganger haar op de schouder en zei: 'Maakt u zich geen zorgen, dame. Dat is de beste koop die u ooit hebt gedaan.'

Nu wilde Joyce niets anders meer dan alleen zijn, zodat ze rustig kon huilen. Ze ging naar het damestoilet.

Het waren allemaal betaalhokjes.

Het kan me niet schelen, zei ze bij zichzelf. Ik schaam me nergens meer voor. Ik wil alleen zijn en dan huilen. Ze liet zich op haar knieën zakken en kroop onder de metalen deur door.

Halverwege hoorde ze een vrouwenstem zeggen: 'Sorry, liefje. Deze is bezet.'

Randy Welch, Denver, Colorado

De restauratiewagen

Toen ik een jongmaatje was, net uit het opleidingskamp, kreeg ik toestemming voor twee weken verlof. Ik besloot naar Miami te gaan om mijn vader en zussen op te zoeken en stapte in Norfolk, Virginia in de trein. Na een paar uur begon ik honger te krijgen, dus stond ik op en liep de trein door op zoek naar de restauratiewagen. Het was er, zo ontdekte ik, een levendige toestand, duidelijk het enige dat er te beleven viel. Ik werkte een sandwich met ham en kaas weg, dronk minstens twee flesjes Coke en bleef er toen nog een uur of twee hangen, en probeerde stoer te lijken terwijl ik wat tijdschriften doorbladerde. Dat was mijn eerste bezoek. De volgende dag ging ik terug, ditmaal uitgerust met een pocketboek dat iemand me als leesvoer had meegegeven. *God's Little Acre*, weet ik nog. Dit keer was de restauratiewagen vrijwel leeg en kon ik kiezen waar ik wilde zitten. Ik besloot op een van de twee ronde bankjes achter in de wagon te gaan zitten. Ze waren beide voorzien van tafels met formicabladen en met lekkere vinylen kussens. Ik legde mijn boek op tafel, liep naar de toonbank en bestelde een grote kop koffie en een koffiebroodje en keerde vervolgens terug naar het bankje. Zo weggekropen genoot ik van mijn koffiebroodje en begon te lezen.

Achter het bankje hing een roestvrijstalen verwarmingsradiator met allemaal ronde gaten erin. Na elke teug koffie zette ik het kartonnen bekertje terug op tafel en slingerde mijn rechterarm over de rugleuning van het bankje met de houding van een man van de wereld. Mijn vingers begonnen op de radiator te tikken. En vervolgens duwde ik ze eens in de gaten en haalde ze er weer uit. Ik liet mijn vingers een poosje in de gaten zitten en concentreerde me op mijn lectuur. Vervolgens trok ik, klaar voor nog een slok koffie, mijn rechterarm omhoog en, ongelooflijk, mijn vingers kwamen niet meer los. Ze zaten in de gaten vast.

Dit is belachelijk, dacht ik bij mezelf. Het zal toch niet waar zijn. Ik probeerde mijn vingers uit de gaten te halen en bleef het proberen, maar het lukte niet. De wagon liep vol met mensen die pas waren ingestapt. Op zeker moment vroeg een groepje van vier mensen of ik het bankje nog nodig had, want ze hadden een tafel nodig om te kunnen kaarten. Ik stelde ze van mijn hachelijke situatie op de hoogte. Ze waren verbijsterd, maar erg begripvol. Daarna werden er pogingen ondernomen om mijn hand te bevrijden. Eerst een blok ijs ertegenaan, daarna koude zalf, daarna de praatjes: 'Blijf kalm, houd je rustig, diep ademhalen!' Nada! Vervolgens verscheen er een heel contingent treinmensen. Een ervan sjouwde een canvastas vol gereedschap met zich mee. Ze begonnen het bankje te ontmantelen waardoor de radiator al snel bloot kwam te liggen. Daarna schroefden ze die los en toen zat ik daar midden in de restauratiewagen in mijn inmiddels gekreukte uniform aan een stuk roestvrijstaal van een meter tachtig vast. Zelfs toen gaven mijn vingers geen krimp. Ze waren inmiddels zichtbaar opgezwollen.

Uiteindelijk hield de trein halt en werd ik er met radiator en al uitgehaald en naar een eerstehulppost van een ziekenhuis gebracht. Een verbaasde coassistent deed zijn best om te redden wat er te redden viel, maar tevergeefs. Ik belandde vervolgens in de kelder van het ziekenhuis waar een onderhoudsmonteur heel voorzichtig de radiator van mijn hand af zaagde. Intens opgelucht bedankte ik hem uit het diepst van mijn hart.

De volgende dag was ik in Miami, niet eens erg afgepeigerd.

John Flannelly, Florence, Massachusetts

Pret in de Bronx

Al stond altijd buiten, zijn golftrui aan, wilde altijd golfen. Dus ik ga naar hem toe en begin een praatje. Hij zei: 'Heb je zin om te golfen?' Ik zei: 'Niet echt. Wat dacht je van een potje poolen bij jou in de kelder?'

Zo gezegd zo gedaan. We gingen de trap af en begonnen te spelen op die grote tafel die de halve kelder beslaat, maar naast de pooltafel stond een houten paal waar de verdiepingen erboven op steunden. Elke keer als ik zo'n lange poolkeu wilde gebruiken, stootte die tegen die houten paal.

Ik zei tegen Al: 'Ik kan die stoot niet maken door die paal.' Al zei: 'Dan zagen we die keu toch af.' Ik zei: 'Dat is een goed idee', en zo gezegd zo gedaan.

Toen kreeg ik een beter idee. Ik zei: 'Al, misschien moeten we die paal weghalen en er een stalen paal voor in de plaats zetten.' Hij zei: 'Dat is een geweldig idee.'

Dus stapten Al en de kinderen en ik in mijn stationcar en reden naar de hoek van 138th Street en Morris Avenue om een stalen paal van zes meter zestig te kopen voor zijn huis. Die paal was zo lang dat hij uit de stationcar stak. Hij bleef over de straat ratelen, op en neer springen en vonken en roken. Na een tijdje riepen de kinderen: 'Hé, pap, kijk! Die paal staat in de fik!'

Al en ik keken om en we moesten inderdaad stoppen en dat ding afkoelen. Toen we eenmaal terug waren, legden we die paal op de oprit. Vervolgens vroegen we ons af hoe we die grote paal ooit in dat huis moeten krijgen.

Ik zei dat we een gat van zestig centimeter in de betonnen muur moesten maken. Dan konden we de paal onder het plafond van de kelder door schuiven.

Dus hakten we een gat. Ik zei tegen Al dat we eerst de rest van het huis met dommekrachten en houten steunberen moesten stutten voor we die stalen paal neerzetten. We moesten zorgen dat het huis niet instortte voordat we die houten paal weghaalden.

We werkten door tot middernacht. Toen waren we moe en uitgeput, dus ging ik naar huis. De volgende morgen om een uur of zes belde Al aan. 'Help!' zei hij. 'Volgens mij zit er iets fout. Er loopt water over de trap en de kinderen gillen dat ze de deuren van de badkamer en slaapkamers niet open krijgen.'

Ik rende naar de overkant en daar staat Al met zijn golfclubs en golftrui voor zijn huis tegen zijn kinderen te schreeuwen: 'Draai die kraan uit! Niet doortrekken! Je moeder staat beneden op tafel met haar handen de lamp en het plafond omhoog te houden!'

En inderdaad, toen ik naar binnen liep zag ik dat ook allemaal. Arlene stond daar op die tafel te proberen het plafond en de lamp op hun plek te houden. Al rende naar boven en maakte de deuren open om de kinderen eruit te laten. Ik rende de kelder in en sloot de hoofdkraan af. Toen ik me omdraaide zag ik eekhoorntjes naar binnen duiken door het gat dat we hadden gehakt. De korte, afgezaagde keus lagen op de tafel, en het leek alsof we halverwege een potje waren.

Toen ik boven kwam stond mijn vrouw daar tegen me tekeer te gaan dat het onze trouwdag was. We hebben gereserveerd in Canada, zegt ze, of ik dat soms vergeten was? Snel, snel, we moeten weg.

Ik keek naar Al en toen naar Arlene die drijfnat was, en naar kleine Al die van de trapleuning gleed en naar Keith die achterstevoren op zijn knieën de trap af kwam en die ook drijfnat was. Boven liepen de meiden te gillen: 'Waar zijn mijn kleren! Mijn kleren zijn helemaal nat!'

Dus riep ik op mijn hardst: 'STOP! Laten we Arlene van de tafel afhalen en die hele zooi hier opruimen, dan kan Al gaan golfen.'

Ik zei tegen hem: 'Ik moet op reis maar als ik terugkom, dan probeer ik alles wel te herstellen.'

Toen ik terugkwam had Arlene natuurlijk al wat gipsplaten aan het plafond bevestigd. Ze vroeg mij de boel te stuken en dan de rest van het huis te verven, en zo gezegd zo gedaan. Maar ik wilde nog steeds weten wat er nou was gebeurd en Al vertelde me: 'Vlak voordat jij die dag langskwam was de timmerman langs geweest om de deuren bij te schaven, want het huis verzakte.' Daar wist ik niks van, dus toen we het huis met die dommekrachten en steunberen ondersteunden, tilden we het op en daardoor zaten al die deuren klem.

Je moet weten dat het geen gewoon huis was. Het zag eruit alsof het uit dat stripboek *The Old Lady that Lived in a Shoe* kwam, met veertig kinderen die uit de ramen hangen. Maar dat kon Al natuurlijk niks schelen. Die zei tegen Arlene: 'Niet vergeten de muren te stuken en te verven. En denk eraan dat je voor het slapengaan een kleur uitzoekt en de kinderen eten geeft. Ik ga golfen.' En zij zei dan: 'Oké', maar op de een of andere manier kwam er steeds een kind als ze oké zei. Het zag er zwart van de kinderen.

Joe Rizzo, Bronx, New York

Op een dag in Higley

Als beginnend registeraccountant bezocht ik een keer een klant op zijn boerderij in de omgeving van Higley, Arizona. Tijdens het gesprek hoorden we dat er aan de hordeur werd gekrabd, en toen zei hij: 'Moet je opletten.' Hij liep naar de deur en deed die open voor een behoorlijk grote lynx. Hij had het beest kort na de geboorte in een alfalfaveld aangetroffen en sindsdien was het dier deel van het gezin gaan uitmaken. Toen hij de deur opende, liep de lynx naar het toilet, sprong op de pot en hurkte er om zijn 'boodschap weg te brengen'. Toen hij daarmee klaar was, sprong de lynx op de grond, ging op zijn achterpoten staan, stak een poot omhoog en trok door.

Carl Brooksby, Mesa, Arizona

Vreemden

Dansen in 74th Street

[Manhattan, augustus 1962]

Een hete middag, mijn derde dag hier. Het flatje is loeiheet. Met een hamer en schroevendraaier beitel ik verf van het enige raam. Daarna schuif ik in een beweging het kozijn omhoog en kijk opzij naar de onafzienbare reeks bakstenen.

De buren zitten op de veranda uit te waaien, en een bruine zuigeling tuit zijn lippen en kromt zijn rugje in afwachting van mama's tepel. In een turkooizen broek en doorzichtige plastic pumps zit ze in kleermakerszit met een schoen aan haar tenen bungelend en een krant tussen zichzelf en het van de hitte barstende cement in. Terwijl het baby'tje zijn melk drinkt wisselt mama een dun sigaartje af met een flesje bier.

Paps komt in zijn hemd aanwaggelen met een radio in zijn ene hand en een dreumes met een bezem in de andere. Het kind begint de veranda aan te vegen, maar komt op andere gedachten en begint dan de borstelharen te tokkelen.

Er worden keukenstoelen aangedragen met blikjes Tab, 7Up en Rheingold.

Ik ruik een vleug bruine bonen en saffraanrijst die in een *hibachi* onder de trap staat te stomen. Mama doet een elastiekje in haar springerige rode haar, zet de baby in een doos van supermarkt Gristedes en begint traag rondjes te draaien met haar handen in haar zij. Ze houdt even in, sluipt naar haar man en duwt met haar knie tegen zijn dij. Slijpend op de Caribische geluiden duikt, springt, twist en zwiert het stel. Het kind doet mee een houten kom en lepel mee; zijn vader glimlacht goedkeurend – en laat een gouden snijtand zien. De bongospeler breidt zijn gebied uit tot de stoep terwijl de nieuweling in de kartonnen doos in slaap valt.

En ik, meisje van twintig, pas een jaar uit Nebraska, kijk gefascineerd toe.

Opeens kijkt paps met de schitterende snijtand van het pandemonium op naar mijn raam.

'Hé, muchacha!' roept hij naar me. 'Hebbie wat te roken?'

Catherine Austin Alexander, Seattle, Washington

Een gesprek met Bill

Mijn vrouw en ik waren naar het zuiden van Maryland verhuisd waar ik marine ecologie bestudeerde in een universiteitslab aan Chesapeake Bay. Het stadje waarin we terechtkwamen was klein en dorps. Het centrum bestond uit een paar ondernerminkjes: een kruidenier, een slijter en een kapper, en een handjevol andere zaakjes. Er was een bar, en als ik vrijdagsavonds geen afspraken had, ging ik daar vaak heen voor een paar biertjes en misschien een spelletje flipperen. De bar had een hele groep stamgasten, mannen uit de buurt die op het water werkten als visser of in de energiecentrale verderop of voor bouwbedrijven die in deze omgevingen huizen bouwden. Ik paste er niet echt tussen, maar ik hoorde hun visserslatijn graag. Ik verbaasde me als ze beschreven hoe de baai vroeger was geweest; onder het luisteren doemden er mysterieuze beelden bij me op. Een paar van de barmannen hadden dit groepje de bijnaam 'ciderheads' bezorgd en ze zaten altijd op dezelfde hoek van de bar, vlak bij de voordeur.

Het was 24 december en ik merkte dat ik eventjes alleen aan de bar een Guinness Stout zat te drinken. Ik overdacht onze plannen voor de volgende dag. Mijn vrouw en ik zouden naar Connecticut rijden om de kerst bij mijn familie door te brengen. Na een poosje merkte ik dat Bill, een van de mannen van de ciderheadgroep, om een praatje verlegen zat. Bill en ik hadden elkaar de afgelopen twee jaar tientallen keren gezien, maar we hadden elkaar nooit gesproken. We hadden zo'n stilzwijgende overeenstemming die mensen kunnen hebben als ze niets met elkaar te maken hebben maar elkaar toch respecteren.

Dus was ik een tikje verbaasd toen hij me aansprak. Het was heel spontaan. Na een eerste beleefde kennismaking en wat gepraat over koetjes en kalfjes, begon Bill een lang verhaal dat het grootste deel van zijn levensgeschiedenis besloeg. Hij had al een paar borrels op en was in een joviale bui en moest me per se vertellen dat hij visser was. Hij benadrukte zijn liefde voor de baai en zijn fascinatie met de natuur rondom. Hij beschreef zijn nieuwe vissersboot tot in de kleinste details en vertelde dat hij hem onlangs uit de haven had gehaald voor wat onderhoud. We kregen het over Kerstmis, plannen voor de vakantie, enzovoort. Hij vertelde me dat hij gelijk met zijn grootmoeder jarig was en dat ze die dag ook nog steeds samen vierden, al was ze al op leeftijd. Hij legde steeds meer van zijn leven aan me bloot, liet me in rimpels en kieren kijken die doorgaans voor vreemden worden verborgen. Het verbaasde me een beetje, maar het was de feestmaand en ik vond het niet erg dat ik de kans kreeg om Bill goed te leren kennen.

Ons gesprek duurde ongeveer een halfuur. Ten slotte keek hij op zijn horloge en vertelde me dat hij naar huis moest – zijn vrouw en kinderen zaten op hem te wachten. Hij legde een arm om mijn schouder, kneep me bijna fijn en zei dat hij zo van het gesprek had genoten en dat we beslist vaker moesten praten. Ik stemde ermee in, schudde hem de hand en nam afscheid.

Ik ging weer aan de bar zitten. Inmiddels was mijn vriend Carl binnengekomen. Ik vroeg hem of hij Bill kende en of hij enig idee had waarom hij mij als vriend had uitgezocht. Carl kon me niet verder helpen. Hij zei alleen maar dat Bill altijd een beetje een stille was geweest.

Natuurlijk is je gevoel voor tijd vaak wat onbetrouwbaar zeker in bars, maar voor mijn gevoel was Bill net de deur uitgelopen toen ik zag dat de barman instortte en vreselijk verdrietig werd. Het kabaal van de menigte verstomde en de mensen gingen over op fluisteren. Er was kennelijk net iets vreselijks gebeurd. Bill bleek op weg naar huis een ongeluk te hebben gehad. Hij had te hard gereden met zijn pick-up, was van de weg geraakt en het dichte hardhoutbos in gedenderd. Hij was op slag dood geweest.

Het nieuws shockeerde me. Ik kan nauwelijks beschrijven hoe verbijsterd ik was. Ik vertelde Carl dat ik waarschijnlijk de laatste was met wie Bill had gesproken. We hadden daarvoor nooit een woord gewisseld en hij had me zoveel verteld over zijn leven, had zoveel persoonlijke details meegedeeld. Het leek wel of hij had geweten dat hem iets zou overkomen.

Na een poosje moest ik naar buiten, weg bij Bills rouwende

vrienden en familie. Ik stond met Carl op de parkeerplaats waar allemaal politieauto's voorbijkwamen, kennelijk op de terugweg van de plek des onheils. Er reed een sleepwagen achteraan met de restanten van Bills pick-up erachter. De verbrijzelde voorruit glinsterde als het web van een krankzinnige spin in het licht van de straatlantaarns. De cabine van de pick-up was helemaal verwrongen door de vreselijke kracht van de klap. De sleepwagen hield op de kruising even stil en reed toen door. Wij stonden erbij te zwijgen en bleven kijken totdat hij door het duister werd verzwolgen.

John Brawley, Lexington, Massachusetts

Mijn fout

Ik draaide dagdiensten bij een taxicentrale in Dayton voor een schamel uurloon. Het was in de zomer van 1966, de stad werd getroffen door een hittegolf en iedereen, inclusief ikzelf, was prikkelbaar. Die middag stond ik bij een standplaats in het centrum. Voor het Biltmore-hotel, een groot, elegant gebouw dat nog maar net vergane glorie was. Ik had alle raampjes open om bij dit windstille weer het geringste zuchtje wind op te vangen. Ik hoopte op een vrachtje naar het vliegtuig.

In plaats daarvan werd ik door de centrale gebeld. Over de radio kreeg ik opdracht naar Wilkies krantenkiosk te rijden om een *Racing Gazette* te kopen. Daarna moest ik naar de Liberal Market in het centrum voor zes flesjes Schoenling-bier, een klein busje goudvissenvoer en een kistje White Owl-sigaren. Andere merken waren niet toegestaan en ik moest alles uit eigen zak betalen: de klant zou het me later vergoeden, dus ik moest de bonnetjes bewaren. Vervolgens instrueerde hij me de goederen bij appartement 3B van nummer zus-en-zo op Third Street af te leveren, wat volgens mij een flat was in een buurt die achteruitging.

Ik protesteerde omdat ik de kans op een ritje naar het vliegveld niet wilde mislopen – maar ook omdat ik geen geld uit mijn eigen portemonnee wilde halen omdat ik bang was dat ik het niet terug zou krijgen, of erger nog, dat ik erin geluisd werd en dat ik beroofd zou worden. De man van de centrale, die zijn geduld begon te verliezen, vertelde me dat dit een vaste klant was, dat de betaling geen problemen zou opleveren en dat ik aan de slag moest of de taxi moest komen inleveren bij iemand die wel aan de slag wilde. Nu hij het zo stelde, ging ik aan de slag.

Bij mezelf vervloekte ik de klant evenwel. Ik nam aan dat het een of andere rijke nietsnut was die te lui was om zelf zijn goudvis te voeren of moeite te doen om zijn slechte gewoonten te bevredigen. Ik werd woedend dat ik dit soort boodschapjes moest doen voor iemand die te oordelen naar waar hij woonde, me niet eens zou kunnen terugbetalen.

Ik reed naar Wilkies en kocht een *Racing Gazette*, daarna naar Liberals voor goudvissenvoer, bier en sigaren. Daarna reed ik naar het adres van de klant. Het was een oud donker bakstenen flatgebouw van vier verdiepingen uit 1890 dat nauwelijks in bewoonbare staat verkeerde. Ik ging naar binnen en rook de verschaalde geuren van tabak, spek en schimmel die op zulke plekken altijd hangen. Toen ik op de gang van de derde verdieping stond, klopte ik op de hardhouten deur van appartement 3B. Er werd niet onmiddellijk opengedaan. Ik hoorde wel beweging, maar dat waren geen voetstappen. Uiteindelijk ging de deur open, maar ik zag niemand. Althans totdat ik omlaag keek.

Daar, op een klein triplex plankje, zat een man naar me op te kijken. Hij was slank gebouwd, had dun zwart haar en droeg een wit T-shirt en een grijswollen broek met een smalle zwarte riem om zijn middel. Hij had stompjes waar zijn benen hoorden te zitten – ongeveer even lang als mijn handen.

Het was een dubbel geamputeerde man die zich door zijn appartement voortbewoog op een klein plankje dat hij over de kale houten vloer voortduwde. Hij had in beide handen rubberen buisjes om zich mee af te zetten. Ze waren bijna even groot als de kop van een hamer, met rubberen ringen aan de bovenkant bij wijze van handvatten.

De man was vriendelijk en heel dankbaar voor mijn diensten. Hij gaf me aanwijzingen om het bier in een klein koelkastje te zetten, een overblijfsel uit de late jaren veertig, en om de sigaren op de keukentafel achter te laten. De goudvissen stonden daar in een kom en hij vroeg me of ik ze wilde voeren. Daarna vroeg hij me de *Racing Gazette* op een oude glazen salontafel te leggen bij een versleten bank.

Ik deed met genoegen alles wat hij me vroeg. De prikkelbaarheid was over.

Toen ik de *Racing Gazette* op de salontafel legde, viel mijn oog op een fluwelen kistje dat openstond en op een juwelenkistje leek. Toen de man dichterbij rolde en geld pakte om me te betalen, keek ik in het kistje. Er lag een ietwat aangeslagen medaille in – een Purple Heart. Die was vrijwel zeker uit de Tweede Wereldoorlog afkomstig, want de man leek halverwege de vijftig.

Ik begon me steeds schuldiger te voelen toen de man me voor alle boodschappen en de rit betaalde. Daarna bleef het schuldgevoel hangen doordat hij me een ruime fooi gaf, veel meer dan ik ooit voor een ritje naar het vliegveld zou hebben gekregen.

De man was van het stille soort, duidelijk niet iemand die behoefte had aan gezelschap. Nadat onze zaken geregeld waren, liet hij me uit. Hij had zich lang geleden neergelegd bij zijn toestand en bij het offer dat hij had gebracht. Hij had geen behoefte aan medeleven en verstrekte geen verklaring. Ik zou dat ritje nog vaak maken voordat ik hogerop kwam, maar ik ben nooit achter zijn naam gekomen en we zijn ondanks het regelmatige contact nooit bevriend geraakt.

Tot mijn verdriet moest ik nog twee keer zo oud worden als ik toen was voordat ik besefte dat je door een vooroordeel bijna altijd over bijna alles een foute mening hebt.

Ludlow Perry, Dayton, Ohio

Het nieuwe meisje

Het was een hete heldere dag. Alles verschroeide – de daken, de struiken, het asfalt, onze fietszadels, onze huid, ons haar. Allisons vader besproeide het gazon en Allison en ik reden op onze fietsen over het drassige gras en door het water dat uit de sproeier spetterde.

Ik woonde toen in Prospect Street. Ik was acht en Allison was tien. We waren de enige kinderen in deze buurt, dus waren we noodgedwongen vriendjes. Ik keek tegen Allison op, hoewel ik haar interesse in barbiepoppen en Hall & Oates niet deelde. 's Zomers fietsten we veel, speelden ik-zie-ik-zie-wat-jij-niet-ziet en deden of we getrouwd waren. Maar ik geloof niet dat ze me erg leuk vond, en ik weet ook niet of ik haar wel mocht. Ik kan me ook niet meer herinneren waar we het meestal over hadden, maar het volgende gesprek vergeet ik nooit.

Onder het fietsen beschadigden we het gazon met diepe modderwonden die nooit meer volledig zouden herstellen. Vier jaar later, toen mijn ouders en ik verhuisden, zaten de sporen nog in de grond.

Ik was de eerste die midden op Prospect Street het jongere meisje zag staan, dat met haar fiets tussen haar benen naar ons stond te kijken. Ik hoorde iemand lachen toen ik bijna tegen Allison opbotste. Ik keek op en daar stond ze.

Ik glimlachte. Zij glimlachte terug.

Prospect Street bevond zich in een blanke volksbuurt. De meeste huizen waren een jaar of zeventig oud en eenvoudig maar degelijk. Er stonden een paar dikke bomen met knoestige stammen, maar er stonden vooral lage struiken die weinig schaduw gaven. Het meisje, dat een gifgroene korte broek en een t-shirt droeg, stak klein af tegen de uitgestrektheid van de weg, maar ze had een brede glimlach. Het huis tegenover dat van Allison was de week ervoor verkocht en dus nam ik aan dat het meisje daar met haar ouders was komen wonen.

Toen Allison onder de boog water vandaan kwam keek ze in mijn richting. Daarna bracht ze haar fiets tot stilstand en draaide zich om om te zien waar ik naar stond te grijnzen. Toen ik 'hoi' tegen het meisje zei, hoorde ik Allison met zoveel minachting 'Wegwezen, nikker' zeggen dat ik, met de glimlach nog op mijn lippen, versteende.

Het meisje bleef ook glimlachen. Allison slingerde een been over haar zadel en keek het meisje aan. Met haar fiets aan een hand wees Allison met de andere hand naar het huis aan de overkant. 'Ik zei, wegwezen, nikker of ik sla je in mekaar.'

De glimlach van het meisje verdween. Ik hield ook op met glimlachen en keek naar Allison. Ze had haar ogen tot spleetjes geknepen en haar lange haar droop van het water dat telkens als de sproeier onze kant op draaide tegen haar rug spetterde. De zon bescheen de plukjes die uit haar paardenstaart waren geschoten waardoor ze een soort stralenkrans kreeg. Het water kletste tussen mijn schouderbladen en duwde me met elke por verder naar voren.

Ik wendde me weer tot het meisje en vertrok mijn mond tot een grimas in een poging de haat te imiteren die ik op Allisons gezicht had waargenomen. Ik vermeed de blik van het meisje.

Het meisje zei: 'Ik dacht dat we samen zouden kunnen spelen. Ik heet...'

Allison kaatste terug: 'Ik speel niet met nikkers.'

Ik keek toe hoe het meisje haar fiets naar de overkant van Prospect Street duwde en op het gazon van haar huis gooide. Ze schuifelde de treden op naar de veranda, met haar hoofd gebogen, een trillende onderkin, en verdween in huis. Na een paar tellen gingen de gordijnen bij een van de ramen een beetje uit elkaar – onvoldoende om een gezicht te kunnen onderscheiden, net genoeg om de brandende blik van de moeder van het meisje te voelen. Ik zie het nog glashelder gebeuren: ik sta daar met mijn fiets naar de uiteenwijkende roze gordijnen aan de overkant van de straat te kijken, en de grote bruine hand die ze net ver genoeg uit elkaar duwt om iemand naar buiten te laten kijken.

'Wie was dat?' vroeg ik Allison terwijl ik de hand zag verdwijnen en de gordijnen zag terugvallen.

'Kan mij dat schelen,' zei ze. 'Ze zijn er vorige week komen wonen en ma zegt dat ze ons huis gaan vernielen.'
'Hoe gaan ze jullie huis vernielen?'
'Weet ik niet. Maar ik wil die zwarte meid beslist niet in de buurt hebben,' zei ze.
En toen zei ik: 'Nikkers zijn stom. Misschien verhuizen ze wel weer.'
We bleven nog een poosje over het gazon fietsen, maar ik had het gevoel dat het huis aan de overkant leefde en me in de gaten hield. Ik bleef aan die hand denken die de gordijnen opzijschoof. Ik bleef ook verwachten dat de moeder van dat jonge meisje uit het huis zou komen opduiken om onze excuses aan haar dochter te verlangen. Maar dat gebeurde niet. Toen de zon onderging en ik naar huis fietste om te eten, zat mijn maag flink in de knoop.

Later zag ik het meisje van tijd tot tijd in haar voortuin met vriendinnen zitten spelen, maar ik sprak haar nooit aan en heb me nooit verontschuldigd. Meestal was ik samen met Allison. De hele zomer lang groeide die knoop in mijn maag en hij werd steeds strakker waardoor ik hem nooit meer loskreeg. Toen het meisje en haar moeder een paar maanden later verhuisden, hoopte ik dat die knoop zou verdwijnen. Dat gebeurde niet.

Het is twintig jaar geleden gebeurd, maar ik denk nog vrijwel elke dag aan die middag. Ik heb Allison nooit meer gesproken nadat we uit Prospect Street zijn verhuisd, maar ik hoop dat zij ook nog aan dat kleine meisje denkt. En ik hoop vooral dat dat meisje en haar moeder mij zijn vergeten, al weet ik zeker van niet.

Marc Mitchell, Florence, Alabama

De ijsman van Market Street

Begin jaren zeventig ben ik drie jaar lang chauffeur van een trolleybus geweest voor de San Francisco Municipal Railway op lijn 8 Market. Market Street is een grote doorgangsweg waar een dwarsdoorsnee van de bevolking elke dag langskomt. Ik reed 's avonds, mijn diensten begonnen tegelijk met de spits. Met de eerste paar ritjes bracht ik kantoormensen uit het zakendistrict naar de woonwijken aan de westkant van het centrum. Later op de avond werd het publiek minder gevarieerd: mensen met nachtwerk, pleziermakers en de 'vaste klanten' van Market Street. De vaste klanten waren mensen die in Market Street woonden of er dichtbij, vrijwel allemaal in familiehotels of doorgangshuizen. Het grootste bijstandshotel was een immens gebouw dat iedereen het Lincoln noemde. Het stond aan het begin van Market Street, vlak bij de waterkant.

Het Lincoln Hotel was een gebouw van vijf verdiepingen met twee- of driehonderd kamertjes. Ik heb er een keer een vriend bezocht die in de puree zat. Dit gaat niet over hem, maar mijn herinnering aan het gebouw is afkomstig van dat bezoek. Als je de smalle foyer binnenkwam, zag je een draadgazen kooi. In die kooi zat een verveelde beambte de onregelmatig voorkomende transacties af te handelen. Rechts van hem was zo'n antieke lift zonder glas of stevige muren – nog een kooi. Rechts van de lift was een lange, smalle gang met een trap aan beide uiteinden. In de kale houten vloeren waren sporen uitgesleten door het jarenlange gebruik. Om de paar meter werden de muren onderbroken door deuren die toegang verleenden aan kleine celachtige kamertjes die de privé-vertrekken van de bewoners vormden.

Er woonden veel verschillende mensen in het Lincoln Hotel. Sommigen waren op doorreis, er door de sociale dienst bij wijze van noodopvang heen gestuurd. Er zaten ook mensen die voorwaardelijk vrij waren uit de gevangenis. Voor het merendeel waren het evenwel bewoners die er al maanden of jaren woonden; voornamelijk alleenstaanden die de bescheiden huur van een pensioentje, een werkloosheidsuitkering of een invalidenpensioen konden opbrengen. Er waren ook mensen bij die handenarbeid verrichtten voor een minimumloon. Het merendeel was van middelbare leeftijd of ouder. Ze hadden vrijwel allemaal één ding gemeen. Ze waren waardig. Hun middelen waren beperkt, hun toekomst was doorgaans schraal, maar ze gedroegen zich waardig en behandelden elkaar meestal vriendelijk.

Laat op de avond had ik een gering aantal vaste klanten die elke avond op dezelfde tijd bij dezelfde haltes in- en uitstapten. Een zo'n klant was een zwarte man die rond de pensioengerechtigde leeftijd leek te zijn. Hij was mager, ietsje kleiner dan gemiddeld en bewoog zich snel en zelfverzekerd. Ik zou hem 'gespannen' noemen. Aangezien hij op zichzelf was en geen gesprekken begon had hij me net zo goed niet op hoeven vallen. Elke vrijdagavond om 23:20 uur stapte hij nochtans de bus in met een enorme loodzware groene vuilniszak over zijn schouder. Die rammelde en tinkelde. De zak was zo groot als de zak van de kerstman, gedragen door een klein, gespannen, stadskerstmannetje. Ik was nieuwsgierig naar wat hij van plan was maar besloot de privacy van de man te respecteren. Hij stapte op Seventh Street in en bij Main Street uit, de dichtstbijzijnde halte bij het Lincoln Hotel.

Elke vrijdag nam mijn nieuwsgierigheid toe. Na een week of vier, vijf, besloot ik er een vraag aan te wagen. Toen hij instapte en zijn rit betaalde, vroeg ik: 'Mag ik u vragen wat u in die tas meesjouwt?' 'IJs,' antwoordde hij. 'IJs?' 'Ja, ijs.'

Dit was duidelijk geen praatziek type. Ik zei niks meer, want ik verwachtte dat hij wel met uitleg zou komen. De vaste klanten van Market Street zijn doorgaans eenzame mensen en die branden snel los als iemand interesse voor ze toont. Deze vent zei niks meer. Ik was te verbluft om het gesprek voort te zetten. Een paar tellen later stapte hij met zijn ratelende, tinkelende lading de bus uit.

Halverwege de volgende week had ik besloten de eerste gelegenheid aan te zullen grijpen om het geheim van de ijsman van Market Street op te lossen. Ik raakte gespannen. Wat als hij nooit meer zou verschijnen? Zou hij een van de immer onopgeloste raadselen van het leven worden? De hele vrijdag bereidde ik me voor op onze ontmoeting.

Toen ik om 23:20 uur halte Seventh Street naderde zag ik hem eindelijk staan met De Zak. Toen hij instapte begroette ik hem: 'Hallo.' 'Hallo,' antwoordde hij. Kennelijk had ons beknopte gesprek van afgelopen vrijdag tot herkenning geleid. Ik ging door op de begroeting: 'Hebt u weer ijs in die tas?' 'Ja,' antwoordde hij.

Ik wierp alle terughoudendheid overboord en biechtte op dat ik zeer nieuwsgierig was naar het doel waarvoor hij die enorme zak ijs rondsjouwde. Hij vertelde me zijn verhaal. Hij werkte aan de universiteit van San Francisco, in de keuken van de kantine. Hij was de schoonmaker die de vloer dweilde en het vuilnis weggooide. Op vrijdag ging de keuken voor het hele weekend dicht. Om energie te sparen zetten ze de vriezers uit. Aangezien al het ijs gedurende het weekend zou smelten mocht hij er zoveel van meenemen als hij wilde.

Bijna elk baantje heeft zijn emolumenten. Keukenpersoneel eet gratis. Onderwijzers krijgen soms nog steeds appels. Kantoorpersoneel heeft nooit gebrek aan paperclips en elastiekjes. Deze werknemer mocht eens per week zoveel bevroren water meenemen als hij kon dragen.

Op dit punt, geachte lezer, denkt u waarschijnlijk wat ik op dat moment dacht – dat het een absurde hebberigheid was waarom hij iedere vrijdagavond deze beslist zware last meetorste. Ik had het mis. Hij legde voorts uit dat hij (zoals ik al verwachtte) in het Lincoln Hotel woonde. In zijn kamer had hij een grote ijskist staan waar hij het ijs gedurende het weekend in bewaarde.

Veel van de andere bewoners van het hotel waren wekloners en die konden zich soms een half litertje whisky permitteren. Ze konden bij zijn kamer gratis ijs krijgen. Vaak kreeg hij een drankje aangeboden. Soms nam hij dat aan; niet iedere keer. Uit zijn houding bleek dat hij geen drinkebroer was. Regelmatig verzamelde zich een groepje buren – gepensioneerden, gehandicapten, mislukten – om deel te hebben aan zijn schat en hij aan de hunne.

Hij had een maatschappelijke rol als spilfiguur van een verbond. Hij droeg ijs dat spoedig zou smelten en verdwijnen. Terwijl het smolt kwamen mensen samen om ijs en drank, gezelschap en gezelligheid met elkaar te delen.

De tijden veranderen.

Waar het Lincoln Hotel vroeger stond staat nu het bankgebouw van de nationale bank, de Federal Reserve.

R. C. Van Kooy, San Francisco, Californië

Dichterslevens

In 1958, toen ik nog aan de universiteit van Indiana studeerde, begon ik in de vakanties naar New York te rijden. Net als talloze aanstormende kunstenaars voor mij 'klopte' ik 'op deuren'. Allen Ginsberg opende de deur van zijn appartement aan Tenth Street en zei dat hij me te woord zou staan als ik een hamburger voor hem kocht in de broodjeszaak beneden, en een uur lang praatte hij non-stop over Shelley en Majakovski. Daarna zei hij dat ik Herbert Huncke eens moest opzoeken en dan tegen hem zeggen dat Allen me had gestuurd. Ik klopte aan en een vriendelijk ogende, bleke man deed open en noodde me in de woonkamer, waar een stuk of wat mensen zwijgzaam op oude meubels zaten. 'We bakken een gedicht, man,' zei Huncke. 'Kom mee.' Hij voerde me mee naar een keuken en deed de deur van de oven open. Daar lag het! Een velletje papier met een gedicht dat bruin opkrulde in een oven van 180° C. Huncke deed het deurtje dicht en schuifelde terug naar de woonkamer. Ik liep hem achterna. Iedereen zweeg nog steeds. Nadat ik een poosje was blijven hangen, besloot ik dat ik geen trek had en sloop naar buiten.

Clayton Eshleman, Ypsilanti, Michigan

Land of the Lost

Ik geef les aan de universiteit, maar in een van mijn vroegere levens was ik actrice en verzorgde ik veel gastoptredens in televisieprogramma's. In de jaren zeventig heb ik een keer meegedaan aan een aflevering van het kinderprogramma *Land of the Lost* dat op zaterdagmorgen werd uitgezonden.

Ik speelde de volwassen versie van het kleine meisje van de show, die dwars door de tijd kwam waarschuwen voor gevaar. We hadden allebei lang blond haar en ik droeg een groene bloemetjesjurk.

Een jaar of vijf later reisde ik door Birma. Als toerist in dat land kreeg je een visum voor zeven dagen. Het vliegtuig uit Bangkok kwam er op dinsdag aan en op mijn reis van Rangoon naar Mandalay naar de Shanstaten zag ik weinig westerlingen. In tegenstelling tot Rangoon met zijn brede boulevards – restanten uit de Britse koloniale tijd – scheen Birma noch westerse invloeden te hebben ondergaan noch gebukt te gaan onder moderne opschik. De schoonheid van Birma en de vriendelijkheid van de mensen betoverden me.

Op een middag liep ik door de pagode van Shwedagon, met zijn monniken in rode gewaden, zijn gouden boeddhabeelden en zijn onophoudelijke stroom bezoekers, gezinnen en pelgrims. Overal rook het naar wierook. Ik had een tijdlang een boeddha staan bewonderen toen een oude heer naast me kwam staan en me over het beeld begon te onderhouden. Zijn Engels was perfect. Hij was duidelijk zeer geleerd, en ik raakte geboeid door het verhaal dat hij me vertelde. Hij zei dat ik hem maar Dr. P. moest noemen omdat zijn achternaam erg lang was. De uren vlogen om terwijl Dr. P. me over geschiedenis en politiek vertelde, over de boeddhistische leer en de spiritualiteit en het fatalisme van het Birmaanse volk.

Daarna viel hij zichzelf in de rede. 'Het is lunchtijd,' zei hij en hij nodigde me bij hem thuis uit, dan kon ik kennismaken met zijn gezin. Natuurlijk ging ik mee.

De vrouw van Dr. P. verwelkomde ons op charmante wijze en we traden het huis binnen dat vol zat met kinderen en kleinkinderen. Een kleindochter van een jaar of acht, negen, leek me te bestuderen. Ten slotte zei ze in het Birmaans iets tegen haar grootvader.

'Mijn kleindochter zegt dat ze een foto van u heeft,' zei Dr. P. tegen me.

Ik glimlachte welwillend naar haar. 'O, echt waar?'

'Ja,' zei hij, 'die wil ze u graag laten zien.'

Het kind glipte de kamer uit en kwam even later terug met een plastic speeltje dat een Viewmaster heet en dat driedimensionale beelden toont van dia's die in kartonnen rondjes zijn aangebracht. Ik had er jaren eerder eentje gezien in een cadeauwinkel bij het Giant Redwood Forest. Het kind gaf me het speeltje. Toen ik het glazen lensje tegen mijn oog drukte was ik verbijsterd: ik zag een foto van mezelf met die groene bloemetjesjurk op de set van *Land of the Lost*.

Dr. P.'s zoon was matroos geweest op de koopvaardij. Toen het schip in New York voor anker was gegaan, had hij dit speeltje voor zijn dochter gekocht, en toevallig zaten er plaatjes in van mijn aflevering van *Land of the Lost*. Vervolgens kwam ik toevallig naar Birma en ontmoette toevallig Dr.P., die me toevallig mee naar huis nam, waar zijn kleindochter me toevallig herkende. Ik was stomverbaasd.

Maar het verbijsterendst was de reactie van de familie. Zij waren helemaal niet verbaasd. Aangezien ze mijn foto hadden vonden ze het volstrekt normaal dat het lot me bij hen bracht.

Erica Hagen, West Hollywood, Californië

Gered door God

Ik ben een vrouw van drieënzeventig. De eerste vijfenvijftig jaar van mijn leven heb ik aan zware angstaanvallen geleden. Ik leefde met de angst dat ik aan een hartaanval zou overlijden of stierstarnakels gek zou worden. Op een of andere manier slaagde ik erin te trouwen en ondanks alles vijf kinderen te krijgen, maar er was geen dokter in staat gebleken een diagnose van mijn kwaal op te stellen.

Ten slotte begon ik in 1981 artikeltjes te lezen over paniekaanvallen en was enorm opgelucht toen ik ontdekte wat het probleem was. Met veel hulp van familie en vrienden waagde ik me in een wereld die me mijn leven lang angst had ingeboezemd. Vervolgens moest ik enkele jaren later een uitdaging onder ogen zien die onoverkomelijk leek.

Mijn schoonmoeder had in het ziekenhuis gelegen en ze had huishoudelijke hulp nodig wanneer ze thuiskwam. Ik woonde in Chicago en zij in Santa Monica, Californië. Ik had inmiddels tijdens diverse zakenreizen van mijn man al gevlogen, maar dit zou de eerste vlucht worden waarop ik alleen ging. Mijn man betaalde bij voor een eersteklasticket en verzekerde me dat ik het heel aangenaam zou vinden. Mijn bezorgdheid vooraf was overdonderend. Ik leed aan nachtmerries waarin ik krankzinnig werd en van de piloot eiste dat hij zou landen om mij uit het vliegtuig te laten.

Toen ik mijn plaats innam trilde ik zo hevig dat de stewardess me vroeg of ik ziek was. Ik had een heel vriendelijke buurman die me vertelde dat de speelfilm uitstekend was en dat ik daar, zodra die begon, helemaal in zou worden meegesleurd. We vlogen een vreselijke onweersbui in en ik merkte gaandeweg dat mijn buurman volstrekt verstijfde van de angst. Ik zat hem uiteindelijk gerust te stellen, het zou allemaal best goed komen, want mijn man was tijdens de Tweede Wereldoorlog vliegenier geweest in een B-24 en hij had me verteld dat vliegtuigen zo goed geïsoleerd waren dat ze een blikseminslag konden doorstaan. We landden veilig en ik voelde me verrukt dat ik de vlucht zo goed had doorstaan.

Ik bleef enkele weken in Santa Monica en toen werd het tijd om aan de terugvlucht te denken. Toen de vertrekdatum dichterbij kwam was ik weer in alle staten. Ik overwoog mijn man te bellen om hem over te laten komen en met hem samen naar huis te vliegen. Dat was geen optie, dus stapte ik opnieuw in het vliegtuig. Mijn stoel was op de eerste rij van de eersteklas, bij het raam. Terwijl ik de neiging onderdrukte om op te staan en het vliegtuig uit te rennen besloot ik een gebed uit te spreken. Het ging ongeveer als volgt: Alstublieft, God, sta me bij, en wel nu meteen. Nu meteen!

Terwijl ik daar zat met mijn ogen dicht en met mijn handen rond de armleuningen geklemd, hoorde ik commotie in het andere uiteinde van de eersteklas. De stewardessen duwden zwarte kisten op wieltjes naar de voorkant van de cabine – het soort kisten dat muzikanten en andere artiesten gebruiken. Ik zag hoe een klein oud mannetje naar de stoelen tegenover de mijne werd begeleid. Een jonge man en vrouw assisteerden hem en hij stond met zijn rug naar me toe. Ze pakten zijn overjas aan, vouwden deze op en legden hem samen met zijn hoed in het vak boven zijn hoofd. De oude man hield zijn das, schikte hem zorgvuldig om zijn hals en klopte hem plat tegen zijn borstkas. De jonge vrouw ging bij het raam zitten en toen de oude man zich omdraaide en me aankeek, schonk hij me de schitterendste glimlach. Het was George Burns. Ik had hem onlangs in de speelfilm *Oh God* de rol van God zien spelen.

Ik heb tijdens mijn leven vele malen om bijstand gebeden, maar op zo'n theatrale manier had God nog niet eerder gereageerd. Ik veronderstel dat God gezien de omstandigheden vond dat ik het nodig had. Sindsdien heb ik nooit meer vliegangst gehad.

Mary Ann Garrett, Elmhurst, Illinois

Mijn verhaal

Dit is mijn verhaal, het verhaal dat ik je vertel als ik je goed genoeg ken. Nu ik dit zit te schrijven ben ik drieëntwintig; toen dit alles gebeurde was ik negentien, bijna twintig.

Na mijn tweede jaar aan de universiteit vond ik vakantiewerk bij de boswachterij in Californië. Ik wilde daar niet in mijn eentje helemaal vanuit Georgia naartoe rijden, dus haalde ik Anna, die al tien jaar mijn beste vriendin was, over om mee te rijden en dan terug te vliegen. We waren geen van beiden ooit het land door gereisd. Mijn vader laadde vele kilo's noodapparatuur in voor onderweg: een bijl, een babyblauwe doe-het-zelf-gereedschapsset 'voor haar', vuurpijlen, noodverlichting die zesendertig uur blijft branden, een dure krik, een jerrycan water, een verbogen klerenhanger (voor het geval de uitlaat eronder vandaan viel), een klein eerstehulpkoffertje en een mobiele telefoon die ik in de aansteker kon pluggen. Hij sliep een paar nachten lang niet omdat hij lag te bedenken hoe hij ons kon beschermen tegen alles wat er onderweg zou kunnen gebeuren.

We vertrokken begin juni en lieten het zuidoosten spoedig achter ons. We werden wat rustiger toen we voorbij de prairie het gebergte in het westen bereikten en namen er heerlijk de tijd voor toen we de woestijnen van het zuidwesten in rolden. Ik weet nog dat ik in de hitte tussen de gouden zandsteenformaties door reed en Anna haar handpalmen plat tegen de voorruit drukte en riep dat het voelde of ze de zonneschijn te pakken had. Die nacht hielden we halt in een klein stadje in Utah dat Blanding heette. In het hotel tekenden we onze route op de kaart en besloten de volgende ochtend vroeg op te staan om de avond erna Las Vegas te kunnen halen.

We reden kort na zonsopkomst zuidwaarts over Highway 81. Het was een tweebaanssnelweg, en zodra we Blanding uit waren viel er vrijwel niets meer te zien behalve alsemstruiken en rode heuvels in de verte. Ik reed en Anna bediende de videocamera.

Net voordat we die die morgen uitzetten, merkte ik op hoe afgrijselijk het moest zijn om daar een auto-ongeluk te krijgen – de afgelegenheid was tastbaar, het boomloze landschap voelde meedogenloos aan. Ik snakte ernaar weer bomen te zien.

Opeens zagen we een mannengestalte voor ons aan de rechterkant van de weg. Hij leek uit de laaggelegen berm te zijn opgedoken en zwaaide met zijn armen naar ons.

'O, Jezus,' zei ik terwijl ik aan die talkshowverhalen van moeder moest denken over vrouwen die onderweg in een hinderlaag liepen, 'wat is hier in godsnaam aan de hand?'

'Rachel,' zei Anna met haar hand tegen het raam, 'zie je zijn gezicht? Zie je die auto?'

Ik draaide me om en keek. Iets ergers had ik me niet kunnen voorstellen. Het gezicht van de man zat half onder het bloed. Een meter of tien achter hem lag een vrachtwagen ondersteboven in het zand. Ik zag allemaal lichamen tussen de alsemstruiken liggen, sommige wel vijftien meter van de weg af.

Anna draaide haar raampje naar beneden. De man zei dat er een vreselijk ongeluk had plaatsgevonden en dat ze hulp nodig hadden. Ik zette de auto aan de kant en drukte de waarschuwingslampen aan terwijl Anna met haar mobieltje 911 belde. Ik had ietsje terug een bord zien staan; we bevonden ons acht kilometer van de grens met Arizona. Anna vroeg aan de man hoeveel mensen erbij betrokken waren. Ik hoorde haar in het kleine telefoontje zeggen: 'Ik denk ongeveer vijftien mensen.' Er was niemand in de buurt en kilometers ver niets te zien. We hadden geen auto's meer gezien sinds we die morgen waren vertrokken. Toen Anna de telefoon ophing waren we helemaal alleen. De man zei dat hij Juan heette.

De eerste hulpdiensten kwamen een minuut of veertig later aanrijden. In de loop van de ochtend verschenen ze een voor een, en ze kwamen allemaal verband en brancards en ruimte voor lichamen tekort. Er stopten een paar mensen om te helpen. Het ongeluk betrof maar één auto, een dichte vrachtwagen met zeventien Mexicaanse immigranten die de hele nacht had doorgereden. Drie overleden er die dag en er hadden er veertien inwendige kwetsuren, botbreuken en vleeswonden.

Ik stapte uit en liep trillend de berm in met het beetje water dat we hadden. Toen ik op vlak terrein kwam rende een meisje van mijn leeftijd op me af. Ze was de enige vrouw uit de groep en had naast een jongeman gezeten die op zijn rug op de grond lag. Er zat bloed op haar mond en haar gezicht en ze had een verwilderde blik in de ogen. Ze sprak Spaans en nam water van me aan. Haar lange zwarte haar wapperde achter haar aan. Ik liep achter haar aan naar hem toe en knielde naast haar toen ze water over zijn gezicht goot en in het Spaans steeds maar hetzelfde riep. Ik keek heel even op. Andere mannen lagen stil op hun buik in het zand. De ademhaling van de jongeman ging moeizaam en haperde en iets zei me dat hij vanbinnen helemaal kapot was. Ik rende terug naar de auto om onze spullen te pakken.

Toen ik bij de auto kwam trok ik het eerstehulpkoffertje tevoorschijn dat zo groot was als twee aardappels en schoot in de lach. Ik ritste het open en keek naar de kleine verpakte gaasjes en pleisters en werd door een plotse vlaag van zelfhaat overvallen. Ik zag me al onder de auto kruipen en wachten op de ambulance. Het leek lang te duren, maar dat kan niet kloppen. Een ander gevoel overviel me en tilde me boven mezelf uit en ik besefte dat ik naar ze toe zou gaan en dat ik me niet zou afwenden, wat ik ook zag.

De volgende vier uur renden Anna en ik van het ene lichaam naar het andere, lieten Juan tolken en vertelden de mannen dat ze rustig moesten blijven of vroegen ze of ze het koud hadden. Anna en ik trokken alle handdoeken en dekens tevoorschijn die ik voor de hele zomer had ingepakt en stopte de mannen die begonnen te trillen van de shock, ermee in. Er waren diverse afgrijselijke dingen te zien. Ik moest soms mijn gezicht tegen het zand duwen om ze in de ogen te kunnen kijken en bewoog mijn handen voorzichtig over ruggen en hoofden terwijl ik, hopelijk op rustgevende toon, Engels tegen ze sprak, instinctief beseffend dat het gemakkelijk is om te besluiten te sterven als je je eenzaam voelt.

Toen de ambulances verschenen hielpen we de broeders de mannen op de brancards te tillen en probeerden het verband zandvrij te houden, en bleven bij de mannen die aan de kant van de weg op de volgende ronde moesten wachten. Een van de mannen kon zo te horen nog maar nauwelijks ademhalen, zijn ogen waren net glazen stuiters en zijn mond was bedekt met bloed. Ik hield mijn gezicht vlak boven het zijne en wreef voorzichtig over zijn borst, waarmee ik hem aanmoedigde te blijven ademhalen.

De jongen die zo kapot was stierf terwijl ik zijn negentienjarige vrouw zag huilen en zijn lippen en kaken uit elkaar zag duwen alsof ze in zijn mond nog leven zocht. Ik zat eventjes stil, verbijsterd en verlamd. Toen ik begreep dat hij dood was, rende ik naar een ander lichaam dat op zijn buik in het zand lag.

Toen ik mijn hoofd omlaag bracht om met een man te spreken die verbrijzeld op zijn buik lag en van wie de onderarm doormidden was gebroken, keek ik even op en zag het gegroefde gelaat van een man met lang grijs haar me aanstaren, zijn gezicht rustend in het zand. Ik krabbelde erheen om zijn ogen te sluiten, om een laken over hem heen te leggen, om wat dan ook voor hem te doen opdat hij daar niet zomaar dood en onopgemerkt lag.

Er was een jongen die verder weg was geslingerd dan alle anderen, en net door de broeders op een brancard werd vastgebonden. Ik sprak hem met een brede glimlach aan en verzekerde hem dat het allemaal best GOED zou komen! Zijn ogen en mond stonden vol bloed, maar hij scheen me te zien en hij leek terug te glimlachen. Hij overleed later in de helikopter die hem naar Grand Junction bracht.

Tegen de tijd dat al de anderen waren weggehaald waren Anna en ik verliefd op de tolk, Juan. Hij was zevenentwintig, sprak perfect Engels en had een kop vol dikke, donkere krullen. Toen een vrouwelijke paramedicus hem verzorgde met Anna en mij aan weerszijden, zei hij dat hij zich schaamde dat hij zijn haar al zolang niet had laten knippen. Anna haalde zijn tas uit de verongelukte vrachtwagen, een plastic boodschappentas waar sokken in zaten. Hij had vier wonden op zijn hoofd; het dikke haar had de bloeding mede gestelpt. Hij begon bijna te ijlen toen ze hem eindelijk in de ambulance duwden. Toen hij besefte dat we gescheiden dreigden te raken, straalden zijn ogen paniek uit en stak hij vanaf de brancard zijn arm naar me uit.

'Waar ga je heen?' vroeg hij. En ik zei dat we verder zouden rijden. Ik zei het omdat ik geen idee had wat ik anders moest doen. Ik kon hem niet naar de wereld van het ziekenhuis volgen.

Ik had mijn portie wel gehad. Ik was klaar om terug te keren naar de wereld van veiligheid, waarin bloed en botten zich keurig in het lichaam bevinden. Terug naar bomen en troost en genade
'Ik kan je niet belonen,' zei Juan, 'maar God zal jullie belonen.'
De geur van de man bleef aan me hangen ondanks herhaald wassen. Ik rook hoe hij onder het rijden uit mijn polsen wasemde, de bittere geur van oud zweet en armoe. Onze beenspieren verkrampten die nacht van alle uren die we trillend over een zandduin heen en weer hadden gerend en het zand zit vermengd met zweet nog steeds in de sandalen die ik die dag aan had.

Anna en ik bereikten die nacht uitgeput en door elkaar geschud Las Vegas. Ik huilde aan de telefoon tegen mijn vader en zei maar steeds: 'Het was zo verschrikkelijk.' Dat was de enige keer dat ik om een ongeluk huilde. Een jaar later werd ik midden in de nacht met koud zweet wakker toen een stem in mijn hoofd steeds de zin herhaalde: 'Je hebt een man zien sterven.'

Wat moet je met zoiets aan? Wat moet je met de gebeurtenissen van die morgen, verzwolgen door de tijd zodra we wegreden, dingen waarvan we nooit meer zouden zien of horen – geen item in het late journaal, geen stukken in de kranten die we lazen. Het had net zo goed een droom van ons beiden kunnen zijn.

Wat moet je nou met zo'n verhaal? Er zit geen les aan vast, geen moraal, het kent zelfs nauwelijks een einde. Je wilt het vertellen, het horen vertellen, maar waarom weet je niet.

Rachel Watson, Washington, DC

Kerstochtend 1949

Het miezerde een beetje toen mijn zus Jill en ik de methodistenkerk uitrenden, haastig op weg naar huis om met de cadeaus te spelen die we van de kerstman hadden gekregen, en met ons babyzusje Sharon. Tegenover de kerk bevond zich tankstation Pan American, waar de Greyhoundbus stopte. Het was met de kerst gesloten, maar ik zag een gezin bij de dichte deur onder een smal afdakje staan in een poging droog te blijven. Ik vroeg me even af waarom ze daar stonden, maar vergat ze compleet toen ik verder rende om Jill in te halen.

Toen we eenmaal thuis waren hadden we nauwelijks tijd om van onze cadeaus te genieten. We moesten naar onze grootouders voor het jaarlijkse kerstdiner. Terwijl we op de snelweg door de stad reden, zag ik dat dat gezin nog steeds bij dat gesloten benzinestation stond.

Mijn vader reed heel langzaam op de snelweg. Hoe dichter we bij de afslag naar het huis van mijn grootouders kwamen, hoe trager de auto liep. Opeens keerde mijn vader midden op de weg om en zei: 'Ik kan het niet verdragen!'

'Wat?' vroeg mijn moeder.

'Die mensen die daar bij de Pan Am in de regen staan. Ze hebben kinderen. Het is Kerstmis. Ik kan het niet verdragen.'

Toen mijn vader het benzinestation binnenreed zag ik dat ze met z'n vijven waren: de ouders en drie kinderen – twee meisjes en een jongetje.

Mijn vader draaide zijn raampje omlaag. 'Vrolijk kerstfeest,' zei hij.

'Howdy,' antwoordde de man. Hij was erg lang en moest een beetje bukken om in de auto te kunnen kijken.

Jill, Sharon en ik staarden naar de kinderen en die staarden terug.

'Wachten jullie op de bus?' vroeg mijn vader

Dat bevestigde de man. Ze gingen naar Birmingham waar hij

een broer had wonen en uitzicht had op een baan.

'Nou, die bus komt de eerste paar uur nog niet, en als jullie hier blijven staan word je helemaal nat. Winborn is maar een kilometer of wat verderop. Daar hebben ze een schuur met een dak en wat banken,' zei mijn vader. 'Als jullie nou allemaal instappen, dan breng ik jullie er wel even heen.'

De man dacht er even over na en gebaarde vervolgens naar zijn gezin. Ze kropen de auto in. Bagage hadden ze niet, alleen de kleren die ze droegen.

Zodra ze plaats hadden genomen, keek mijn vader over zijn schouder en vroeg de kinderen of de kerstman ze al had weten op te sporen. Drie sippe gezichten gaven hem zwijgend antwoord.

'Nee, dat dacht ik al,' zei mijn vader terwijl hij naar mijn moeder knipoogde, 'want toen ik de kerstman vanochtend tegenkwam zei hij dat hij jullie nergens kon vinden en vroeg of hij het speelgoed bij mij thuis achter kon laten. Laten we het maar even ophalen voordat ik jullie naar de bushalte breng.'

Opeens lichtten de kindergezichtjes op en begonnen ze op de achterbank te wippen en te lachen en te kwetteren.

Toen we thuis uit de auto stapten, renden de drie kinderen naar binnen recht op het speelgoed af dat onder onze kerstboom lag. Een van de meisjes zag Jills pop en drukte die meteen aan haar borst. Ik weet nog hoe het kleine jochie Sharons bal pakte. En het andere meisje pakte iets dat van mij was. Het is al heel lang geleden, maar het staat me nog helder voor de geest. Dit was het kerstfeest waarop mijn zussen en ik leerden wat een genot het is om anderen gelukkig te maken.

Mijn moeder zag dat het middelste kind een jurkje met korte mouwen aan had, dus gaf ze haar Jills oude trui.

Mijn vader nodigde hen uit voor het kerstdiner bij onze grootouders, maar de ouders sloegen het af. Zelfs toen we ze allemaal probeerden te bepraten hielden ze voet bij stuk.

Toen we weer in de auto zaten, onderweg naar Winborn, vroeg mijn vader aan de man of hij de buskaartjes kon betalen.

Zijn broer had kaartjes gestuurd, zei de man.

Mijn vader deed een greep in zijn zak en trok twee dollar tevoorschijn, al wat hij bezat tot de volgende betaaldag. Hij drukte de man het geld in de hand. De man probeerde het terug te geven, maar mijn vader was onvermurwbaar. 'Het is straks laat als jullie in Birmingham aankomen, en de kinderen hebben dan allang honger. Pak aan. Ik heb wel vaker op zwart zaad gezeten en ik weet hoe het voelt als je je gezin niet kunt voeden.'

We zetten ze af bij de bushalte in Winborn. Toen we wegreden keek ik zo lang mogelijk uit het raam naar het kleine meisje dat knuffelde met haar nieuwe pop.

Sylvia Seymour Akin, Memphis, Tennessee

$1380 per nacht, dubbele bezetting

Een zomer in een ziekenhuis in Manhattan met een kwaal die te saai is om te beschrijven. Acht zaalgenoten. Bewustwording. De semi-privé-zaal, het pakhuis voor allen behalve de extreem rijken of zeer besmettelijken, is de grote maatschappelijke gelijkmaker. Het is de plek waar mensen die elkaar anders nooit ontmoeten opeens samen slapen – en een toilet delen.

'IK MOET AL ZESTIEN DAGEN LANG VIER KEER PER DAG POEPEN EN HEB AL TWEE WEKEN BUIKPIJN!' riep mijn eerste kamergenoot iedereen die in zijn buurt kwam opgewekt toe. Maar hij riep eigenlijk alles. Zaalgenoot Nummer Eén was een ex-hoer uit 42nd Street, dertig jaar oud, maar hij leek wel vijfenveertig. Het feit dat hij zesendertig uur na zijn aankomst nog niet naar de plee was geweest scheen geen invloed op zijn volume te hebben. Hij bleef maar roepen over zijn vermeende diarree totdat hij ten slotte een hoop produceerde ter grootte van Kansas, en dat weet ik doordat hij nooit doortrok. Volgens zijn dokters mankeerde hem niets. Hij riep nog luider. Ze probeerden hem naar huis te sturen. Bij wijze van reactie diende hij een klacht in. Het geschreeuw en de woedeaanvallen hielden aan tot een geheimzinnig bezoek van een verpleegster en een man in een witte jas.

'We leren hem sinds kort hoe hij injecties moet toedienen,' verzekerde de zuster hem, terwijl de nieuweling een enorme injectiespuit tevoorschijn haalde.

'O, mijn God!' gilde Zaalgenoot Eén toen de naald zijn doel miste.

Op de derde dag eiste hij nog steeds te mogen blijven toen zijn vrienden met de lelijke kapsels verschenen. Ze namen Nummer Eén mee voor heimelijke bezoekjes aan het openbaar toilet voor onduidelijke onwettige doeleinden, en na een van deze excursies kwam hij eenvoudigweg niet mee terug. Niemand leek zich erover te verbazen. Ze maakten gewoon zijn bed klaar voor de volgende klant.

Zaalgenoot Nummer Twee was een gepensioneerde en zwaarverdoofde monseigneur. Hij kwam uit een verpleegtehuis en had geen idee waar hij was. 'Soms denk ik dat ik je aardig vind en soms denk ik dat ik je haat,' wauwelde hij duf tegen een verpleegster die hij nog nooit had gezien. Na een korte denkpauze sprak hij zijn oordeel uit: 'Vandaag haat ik je.'

Er kwam een sociaal werkster binnen die in zijn oor brulde: 'MONSEIGNEUR! IK GA IJSJES KOPEN! WILT U ER OOK EEN?' Hij veerde op. 'CHOCOLADE OF AARDBEI?' De monseigneur dacht chocola. 'OKÉ, IK BEN OVER EEN MINUUT OF TWINTIG TERUG!' en ze dribbelde de zaal uit. Een paar tellen later kwam er een verpleegster wat medicijnen toedienen.

'Waar is mijn ijsje?' vroeg de priester.

'Ik heb geen ijsjes. Alleen pillen,' antwoordde ze. Vervolgens klonk er een laag gegrom uit het bed van de monseigneur.

'Heks,' siste hij.

Zaalgenoot Nummer Drie was de laatste tijd dakloos en drugsverslaafd geweest en was niet meer dan een huidzak vol botten. 'Negenennegentig pond!' kirde de zuster nadat ze de een meter vijfenzeventig lange man had gewogen. Ik schatte hem tussen de zeventwintig en de vijftig – hij was te haveloos om het preciezer te kunnen schatten. Meestal sliep hij en tussendoor was hij steeds net lang genoeg wakker om over het eten te klagen of ruzie te maken met de laborant die hem bloed kwam afnemen. 'Ik weet wel wat je met dat bloed doet,' zei hij dreigend, 'Je verkoopt het – vijf dollar per buisje – mij belazer je niet.'

Met toenemende aandrang smeekten de dokters Zaalgenoot Drie om officieel toestemming te geven voor een HIV-test, want zonder toestemming konden ze die wettelijk niet afnemen. 'Als we een diagnose zouden hebben, zouden we medicijnen kunnen voorschrijven die je echt helpen,' smeekten ze, maar hij bleef onberoerd, scheen te denken dat HIV-tests deel uitmaakten van een soort duivelse samenzwering die door de medische wereld werd beraamd. Elke dag smeekten ze wat langer. Elke dag weigerde hij. Ik wilde hem ook wel smeken, maar bedacht dat het niet aan mij was omdat ik vertrouwelijke informatie had afgeluisterd. Toch hield ik hem elke keer dat hij zich uit bed wrong om naar het toilet te gaan scherp in de gaten, klaar om de zuster te bellen mocht hij omvallen. Maar dat gebeurde nooit. Zaalgenoot Drie werd ten slotte ontslagen naar een tehuis voor daklozen met medische problemen. Ik bad dat iemand hem er daar van kon overtuigen dat hij hulp nodig had.

Zaalgenoot Nummer Vier was gezellig, praatgraag en overdekt met wonden. Hij had een vriendin die altijd rond etenstijd kwam. 'Ik proef het alleen even om te weten of je het lust,' zei ze tegen hem terwijl ze zijn lunch wegwerkte. Terwijl ze at praatte ze aan een stuk door, ratelde roddels af over vrienden, over televisie, over helemaal niets. Ten slotte fluisterde ze: 'Ik heb het spul,' en dan hinkten ze samen naar het openbaar toilet met het 'spul' dat in haar zak zat.

Ondanks de tekortkomingen van zijn vriendin was Nummer Vier roerend aan haar gehecht. Zo erg dat hij zijn afgeknipte nagels zorgvuldig in een klein flesje bewaarde, alleen voor haar. 'Ze bijt graag op nagels, maar ze wil die van zichzelf graag mooi houden,' verklaarde hij, 'dus geef ik haar de mijne.'

'Ooo, deze zijn lekker!' hoorde ik haar uitroepen.

Ik zorgde er altijd voor dat het gordijn tussen onze bedden helemaal dicht zat.

Ondertussen was juffrouw Thomas in de zaal tegenover de onze komen liggen. Juffrouw Thomas schreeuwde. De hele nacht. Elke nacht. En doordat haar kamer pal tegenover de onze lag, leek het net of ze bij ons op zaal lag. 'Evelyn,' jammerde ze, 'Evelyn! Evelyn! Ik heb een zere kont! Evelyn! O, wat een pijn. Een PIJN! Evelyyn! Ik heb een zere KONT! EVE-L-Y-N-N!'

Eerst had ik medelijden met die arme, verwarde vrouw die duidelijk leed. Dat wil zeggen, totdat ik haar de volgende ochtend met een normale, verstandige stem hoorde telefoneren. 'O, de verzorging is hier afschuwelijk,' zei ze. 'Ik heb vannacht moeten roepen en schreeuwen, gewoon moeten schreeuwen totdat er iemand kwam.' Die nacht had juffrouw Thomas dorst. 'Evelyn! Ik moet een glas water hebben! Evelyn! Ik heb DORST! EVE-L-Y-N-N!' Ik overtrad de voorschriften van het ziekenhuis door mijn deur te sluiten.

Zaalgenoot Nummer Vijf was een soapster. Blond, gebeeldhouwd, perfect gebit – de zusters zwermden om hem heen om handtekeningen. Hij had een mobiele telefoon, een privé-bediende en bij het minste of geringste de ziekenhuisdirectie aan zijn bed. 'U kunt eten laten bezorgen als het u niet bevalt,' zei het stralende hoofd Opnames terwijl ze hem een stapeltje restaurantmenu's overhandigde.

'*Ik* lig hier al drie weken en dat hebben ze mij nog nooit verteld!' riep ik uit, maar ze letten niet op mij.

De soapster had een ontstoken testikel – iets wat hij voortdurend vrolijk met iedereen deelde zonder dat het provocerend werd. Tegen een bloedlaborant: 'Ik wist dat ze laag hingen, maar niet zó laag!' Tegen mij: 'Toen ik ze langs mijn kníé voelde schuren vond ik dat ze maar eens onderzocht moesten worden!' Aan de telefoon: 'De dokter zegt dat het waarschijnlijk komt doordat ik niet genoeg aan seks doe, maar dát kan het niet zijn!' Iedereen was onder de indruk. Het enige dat eraan ontbrak waren fotoposters.

Die nacht had juffrouw Thomas het koud. 'Evelyn! Ik moet een deken hebben! Evelyn! Ik heb het zo KOUD! Haal een DEKEN voor me! EVE-L-Y-Y-N-N!' De volgende morgen kwam de duidelijk ontstemde directie de soapster vertellen dat ze hem naar een verder weg gelegen kamer voor één brachten – op kosten van het ziekenhuis – zodat hij zich 'meer op zijn gemak' zou voelen.

'*Ik* lig hier al drie weken en...' begon ik, maar ze negeerden me wederom.

Toen juffrouw Thomas die nacht opnieuw begon te schreeuwen om Evelyn, antwoordde iemand met stemverheffing. 'Juffrouw Thomas, u moet echt ophouden met dat geroep! We vertellen u iedere avond dat u de oproepknop moet gebruiken maar u blijft steeds maar herrie maken! Andere mensen proberen te slapen, weet u! En als u nu niet stil bent, trek ik de deur achter me dicht en kom NOOIT meer terug om u te helpen, en u weet zelf wel hoe erg u dat zult vinden!' En vervolgens, terwijl ze wegliep, een afscheidsschot: 'En dan nog iets. Ik heet *Yvonne*!'

Zaalgenoot Nummer Zes kwam van de intensive care. Ik denk dat hij in coma had gelegen. 'Weet u nog hoe u gewond bent geraakt?' vroeg een sociaal werkster aan hem. Een lange stilte en toen zei een stamelende stem: 'Woon ik in New York?' Later vroeg hij de overwerkte co-assistent aan wie hij was toegewezen: 'Hoe lang lig ik hier al?' De arts keek niet eens op terwijl hij kortaf antwoordde: 'Ik weet niet, een paar dagen.' Ik had eerlijk gezegd al iemand horen zeggen dat Nummer Zes er al een paar weken lag. 'Ik meen me iets te herinneren...' begon hij te zeggen, maar de dokter viel hem in de rede. 'Hoor eens, ik heb nu geen tijd, ik moet nog langs andere patiënten.' Ik heb nooit vernomen wat Nummer Zes zich begon te herinneren.

Een van de dingen die Nummer Zes voortdurend vergat was dat hij aan zijn bed lag vastgebonden omdat hij zijn schouder had gebroken. Soms zag ik hem, als ik op weg was naar het toilet, triest en verbaasd aan de zijkant van het bed hangen, verstrikt in zijn boeien van textiel. 'Zit u in de problemen?' vroeg ik hem dan, waarop hij knikte. 'Zal ik de zuster voor u roepen?' en vervolgens liep ik weg om haar te zoeken. Uiteindelijk verschenen ze en bonden hem zo stevig vast dat hij zich ternauwernood kon bewegen, en hij vergat dan weer waar hij was en scheet zijn hele bed vol. Op het laatst kwam een verpleegster werkelijk vuurspuwend binnen.

'Wat is er met u aan de hand?' riep ze. 'Waarom maakt u er zo'n bende van die wij weer moeten opruimen? Wat bent u nou eigenlijk, een baby?' Na nog wat van dit soort vernederingen werd hij een beetje schichtig. Als ik dan langs zijn bed liep en merkte dat hij weer onder de stront zat zag hij er vreselijk beroerd uit. 'Zit u in de problemen? Zal ik de zuster voor u roepen?' en dan knikte hij, langzaam, en vocht tegen zijn tranen.

Zaalgenoot Nummer Zeven was een oude man uit Queens, arbeidersklasse. Hij had chemotherapie ondergaan tegen kanker en had de eerste paar dagen overgegeven. 'Ik ben er beroerd van,' had hij zieligjes tegen zijn vrouw gezegd. 'Wat heeft het leven voor zin als het er zo uitziet?' En dan kokhalsde hij weer. Tegenover mij was hij hartelijk en zo aangenaam als het maar kan, maar zijn arme vrouw kreeg de volle laag. 'Wat is dit nou, verdomme?' blafte hij nadat ze een uur had moeten reizen om hem op te zoeken. 'Pitloze druiven had ik toch gezegd! Wat heb je weer stom gedaan.'

Maar hij begon op te knappen en twee dagen lang was hij ronduit vrolijk. Dat wil zeggen, tot de derde morgen, toen zijn spraak opeens begon te haperen en hij me voorstelde aan een dochter die niet aanwezig was, en vervolgens in slaap viel terwijl de dokter tegen hem sprak. Toen hij wakker werd, zei hij alleen maar: 'Ik mis Parijs.' Ik kon hem alleen maar gelijk geven. Die middag voerden ze hem af naar een andere verdieping.

Zaalgenoot Nummer Acht verscheen die avond laat. Hij had een zware, vriendelijk klinkende stem met een zangerig Latijns-Amerikaans accent. Hij had ook lange, scherpe nagels, een wijd uitstaand kapsel en hij werd het liefst Cynthia genoemd. Hij was net twintig en had hoog oplopende koortsen doordat een van zijn borstimplantaten was gaan ontsteken. Hij had ook aids, een uitkering en was van zijn familie vervreemd. Desondanks wist hij opmerkelijk rustig en filosofisch te blijven. Toen ik de dag erop eindelijk naar huis mocht, stuurde hij heel geduldig telefoontjes door voor Zaalgenoot Zeven, die zo plotseling was verplaatst dat niemand, zelfs zijn vrouw niet, wist waar hij was. 'Hij ligt nu op een andere verdieping, liefje,' zei hij troostend tegen een of ander verwonderd familielid. 'Je moet gewoon even de telefoniste bellen, dan krijg je zijn nummer wel van haar.' Ik liet een paar tijdschriften die iemand voor mij had meegenomen voor hem achter en alle sapjes die ik had ingeslagen. 'Je gaat weg nu ik je net leer kennen,' zei hij melancholiek, maar ik wilde graag naar huis.

Trouwens, ik was ervan overtuigd dat hij snel genoeg gezelschap zou hebben.

Bruce Edward Hall, New York, New York

Een schot in het licht

Zomer 1978: Ik reisde als vertegenwoordiger in sieraden en cadeauartikelen door het zuidwesten, en verkocht een breed scala aan artikelen van bergkristal tot oorbellen met veren. Onderweg van Los Angeles naar Las Vegas stopte ik om een automobilist te helpen wiens auto het in de Mojavewoestijn had opgegeven. Hij maakte een moeilijke tijd door, had geen plannen en kon nergens terecht, dus liet ik hem meereizen.

Hij heette Ray en zag eruit alsof hij begin twintig was. Hij was klein, gespierd, gespannen en een beetje schraal, net of hij ondervoed was. Ik had medelijden met hem en in de drie dagen die we samen doorbrachten begon ik hem te vertrouwen. Ik liet hem zelfs boodschapjes doen terwijl ik winkels bezocht om mijn waren te verkopen. Op zeker moment gaf ik hem wat van mijn eigen kleren en hij was blij dat hij eens wat nieuws aan kon. Hij scheen rustig en grotendeels tevreden.

De derde avond kampeerden we buiten in de buurt van het Puddingstonereservaat ten oosten van Claremont. Ik zat op de grond achter in de grote bus kasten om te pakken om ruimte te creëren voor de kleren, boeken, het eten, de monsters en de duffelse tas en reisartikelen van mijn passagier.

Ik hoorde een harde explosie en voelde een scherpe, schroeiende klap op mijn hoofd. Was het gaskomfoor ontploft? Ik keek op, maar het was intact. Toen keek ik naar Ray die op de chauffeursstoel zat en zag het zwarte vuurwapen in zijn hand. Zijn arm leunde op de rugleuning en hij richtte het pistool op mijn gezicht. Ik was getroffen door een kogel! Eerst dacht ik dat hij me waarschuwde – dat hij me ging beroven. Dat leek me opeens wel best. Neem alles maar mee, dacht ik. Neem het maar mee. Laat me maar achter en rijd maar weg.

De volgende explosie maakte me aan het schrikken en de vreselijke gillende suis deed zeer aan mijn oren. Ik voelde bloed langs mijn gezicht druppen en het bonsde boven in mijn hoofd. Hij waarschuwt me niet, besefte ik. Hij gaat me vermoorden. Ik ga sterven.

Ik kon me nergens verstoppen. Ik zat in een ongemakkelijke houding omringd door kastjes. Ik kon niets uitrichten. Ik hoorde mezelf fluisteren: 'Rustig aan. Je kunt er niets tegen doen. Haal adem. Blijf wakker.' Mijn gedachten gingen uit naar de dood en naar God. 'Uw wil geschiede, niet de mijne.' Ik liet mijn lichaam los en begon te ontspannen, weg te zakken. Ik hield mijn ademhaling in de gaten: in en uit, in en uit, in en uit...

Ik begon me op de dood voor te bereiden, vroeg vergiffenis aan iedereen die ik had gekwetst en vergaf iedereen die mij in mijn hele leven had gekwetst. Het was een snel teruggespoelde kleurenversie van mijn volle zesentwintig jaren. Ik dacht aan mijn ouders, mijn broers en zussen, mijn geliefde, mijn vrienden. Ik nam afscheid. Ik zei: 'Ik hou van jullie.'

De volgende explosie deed het busje schudden en mijn lichaam kromp in elkaar. Ik was niet geraakt. De kogel miste me op een haar, sloeg het kastje in waar ik tegenaan leunde. Ik ontspande en schoot terug in mijn dagdroom. Ik kon geen geluk blijven houden. Nog drie kogels te gaan, als het een revolver was. Ik kon alleen maar hopen dat het geen halfautomatisch pistool was.

Niets kon me meer iets schelen. Ik wilde alleen met rust worden gelaten. Mijn busje, mijn geld, mijn zaak, mijn kennis, mijn persoonlijke geschiedenis, mijn vrijheid – alles werd op slag waardeloos, betekenisloos, het najagen van wind.

Het waardevolle dat ik bezat waren mijn lijf en mijn leven, en dat zou snel verleden tijd zijn. Mijn aandacht richtte zich op het lichtvonkje dat ik mijn zelf noemde en mijn bewustzijn begon zich uit te breiden, overvleugelde mijn gevoel van tijd en ruimte. Ik hoorde me mezelf duidelijk voorhouden: BLIJF WAKKER EN BLIJF ADEMEN.

Ik bad tot God, tot de Grote Geest, of Hij me met open armen wilde ontvangen. Liefde en licht stroomden door me heen, verspreidden zich als de straal van een vuurtoren, verlichtten alles rondom mij. Het licht groeide in mijn binnenste en ik zwol op tot een enorme ballon waardoor het busje en zijn inhoud klein schenen. Ik raakte vervuld door een gevoel van rust en aanvaarding. Ik wist dat ik bijna mijn lichaam zou verlaten. Ik voelde de tijdbalk van mijn leven van begin tot einde. Ik zag de volgende kogel, ietsje verder in de toekomst, het wapen verlaten, naar mijn linkerslaap toe schieten en mijn hoofd met hersens en bloed aan de rechterkant verlaten. Ik was vervuld van eerbied. Om het leven van dit verwijde perspectief te zien was net als in een poppenhuis kijken, alle kamers tegelijk overzien, alle details, zo werkelijk en tegelijkertijd zo onwerkelijk. Ik keek rustig en aanvaardend in het warme, uitnodigende gouden licht.

De vierde explosie verscheurde de stilte en mijn hoofd werd met geweld opzij geslagen. Het gesuis was oorverdovend. Er stroomde warm bloed van mijn hoofd op mijn armen en dijen, het droop op de grond. Maar vreemd genoeg vond ik mezelf in mijn lichaam terug, niet erbuiten. Nog steeds omgeven door licht, liefde en vrede, begon ik in mijn schedel te zoeken naar de gaten. Zou ik er misschien licht door kunnen zien? Ik inspecteerde snel mijn gevoelens, vaardigheden, gedachten en sensaties, zoekend naar wat er ontbrak. Natuurlijk had de kogel me iets gedaan. Mijn hoofd bonsde, maar ik voelde me merkwaardig normaal.

Ik besloot naar mijn moordenaar te kijken, de dood aan te kijken. Ik richtte mijn hoofd op en richtte mijn blik op hem. Hij was geschokt. Overeind komend schreeuwde hij: 'Waarom ben je niet dood, man? Je hoort dood te zijn!'

'Ik ben er nog,' zei ik rustig.

'Dat is te maf! Dat is net als mijn droom van vanochtend! Ik bleef maar op hem schieten, maar hij ging maar niet dood! Maar jij was het niet, in die droom, dat was een ander!'

Het was heel vreemd. Wie schreef het scenario hier? vroeg ik me af. Ik begon traag en kalm te spreken, probeerde hem tot rust te brengen. Als ik hem aan de praat kreeg, dacht ik, zou hij misschien niet nogmaals schieten. Hij bleef schreeuwen: 'Houd je bek! Houd nou je bek!' terwijl hij uit het raam in het duister staarde. Hij liep zenuwachtig op me af, het wapen in de hand, onderzocht mijn bloederige hoofd, probeerde te begrijpen waarom de vier kogels die hij in me had gepompt er geen einde aan hadden gemaakt.

Ik voelde het bloed nog steeds langs mijn gezicht stromen en hoorde het op mijn schouder druppelen. Ray zei: 'Ik snap niet waarom je niet dood bent, man. Ik heb vier keer op je geschoten!'

'Misschien moet ik niet dood,' zei ik rustig.

'Ja, maar ik heb je neergeschoten!' zei hij met teleurstelling en verwarring in zijn stem. 'Ik weet niet wat ik moet doen.'

'Wat wil je doen?' vroeg ik.

'Ik wilde je vermoorden, man, om deze bus in te pikken en weg te rijden. Nu weet ik het niet meer.' Hij scheen zich zorgen te maken, leek onzeker. Hij begon al minder springerig te worden, tot rust te komen.

'Waarom wilde je me vermoorden?'

'Omdat jij alles had en ik niks. En ik had er genoeg van om niks te hebben. Nu kon ik eindelijk alles hebben.' Hij liep nog steeds in het busje te ijsberen en naar buiten de zwarte nacht in te staren.

'Wat wil je nu beginnen?' vroeg ik

'Ik weet het niet, man,' klaagde hij. 'Misschien moet ik je naar het ziekenhuis brengen.'

Bij deze mogelijkheid, deze kans leefde ik op – een uitweg. 'Oké,' zei ik, bedenkend hoe ik hem zijn machtsgevoel kon laten behouden. Ik wilde dat het zijn idee zou zijn, niet het mijne. Ik wist dat woede uit gebrek aan macht voortkwam en ik wilde hem niet nog kwader maken.

'Waarom was je zo aardig voor me, man?'

'Omdat je een mens bent, Ray.'

'Maar ik wilde je vermoorden! Ik haalde maar steeds mijn pistool tevoorschijn als je sliep of niet oplette, en richtte op je. Maar je was zo aardig voor me dat ik het niet kon.'

Mijn gevoel voor tijd was veranderd. Ik besefte dat ik geen idee had hoeveel tijd er sinds de eerste kogel was verstreken. Na wat aanvoelde als vele minuten kwam Ray naar me toe. Ik zat nog steeds ingebouwd op mijn hurken. En hij zei: 'Oké, man, ik breng je naar een ziekenhuis. Maar ik wil dat je je niet beweegt, dus ga ik wat spullen op je leggen zodat je niet van je plek kunt, oké?'

Nu vroeg hij toestemming aan me. 'Oké,' zei ik zachtjes. Hij begon allerlei dozen vol monsters te pakken en stapelde die om me heen. 'Gaat het?' vroeg hij.

'Ja, prima. Een beetje ongemakkelijk, maar het lukt wel.'

'Oké, man. Ik breng je naar een ziekenhuis dat ik ken. Niet bewegen, dan. En niet stiekem doodgaan, oké?'

'Oké,' beloofde ik. Ik wist dat ik niet zou sterven. Dit licht, deze kracht in mij was zo sterk, zo zeker. Elke ademhaling voelde aan als de eerste, niet als de laatste. Ik zou het overleven. Ik wist het. Ray deed de roldeur van het busje omlaag, vergrendelde die en startte de motor. Ik voelde het busje achterwaarts de onverharde weg oprijden en op weg gaan naar mijn vrijheid.

Hij reed steeds maar verder – waarheen wist ik niet. Waren we onderweg naar een ziekenhuis, zoals hij had beweerd, of naar een afgrijselijk lot? Als hij in staat was me met een vuurwapen te vermoorden, kon hij me ook voorliegen, of erger. Hoe wist hij waar hij heen moest? We waren in Claremont. Los Angeles was meer dan een uur rijden hiervandaan. Ik gebruikte dat uur om de scènes opnieuw af te spelen en de afgelopen drie dagen te analyseren om te begrijpen wat er was gebeurd en waarom.

Ten slotte voelde ik dat het busje afremde, naar de kant ging, en tot stilstand kwam. De motor werd afgezet. Stilte vulde de ruimte. Ik wachtte. Buiten was het nog donker. We waren geen oprit opgereden. Ik zag geen verlichting. Dit was geen ziekenhuis.

Ray kwam weer met zijn wapen in de hand op me af lopen. Hij trok een van de dozen opzij en keek me vanaf het schuimrubber bed aan. Hij zag er radeloos uit met zijn gebogen hoofd. Zijn woorden staken mijn ballon vol hoop lek. 'Ik moet je vermoorden, man,' zei hij rustig.

'Waarom?' vroeg ik zachtjes.

'Als ik je naar het ziekenhuis breng, beland ik weer in de bajes. Ik kan niet terug naar de bajes, man. Ik kan het niet.'

'Ze stoppen je niet in de bajes als je mij naar het ziekenhuis brengt,' zei ik langzaam, nog altijd veinzend dat ik gewond en passief was. Ik besefte dat ik wellicht een opening zou vinden, een ogenblik waarop ik hem kon verrassen, overmeesteren, zijn wapen afnemen. Zolang hij maar niet wist dat ik in orde was, was ik in het voordeel.

'O, jawel, man. Ze komen erachter dat ik je heb neergeschoten en dan zetten ze me vast.'

'We hoeven het ze niet te vertellen. Ik zal het niet vertellen.'

'Ik kan je niet vertrouwen, man. Ik wou dat het kon, maar het kan niet. Ik kan niet terug naar de bajes, zo zit het. Ik moet je vermoorden.' Hij leek wanhopig. Dit was niet wat hij wilde. Hij bewoog niet. Zijn pistool hing slap in zijn hand, op de grond gericht. De dozen stonden nog steeds om me heen. Ik kon mijn eigen kracht niet beoordelen, of ik sterk genoeg was om me eruit te werken en hem tegen de grond te werken. Hij was klein, maar sterk. Zat hij nog vol adrenaline? Dan zou hij nog sterker zijn. Mijn kracht lag in het verbale, in schermen met woorden. Als ik hem maar aan de praat hield, zou hij niet tot hardere actie overgaan.

'Misschien kan ik wel alleen het ziekenhuis in, Ray. Je hoeft er niet eens bij te zijn. Jij kan wegkomen.'

'Nee, man,' zei hij hoofdschuddend. 'Zodra jij het ze vertelt, gaan ze achter me aan. Ze sporen me wel op.'

Ik zweeg. Het lukte niet, dacht ik.

Hij zei: 'Waarom ben je niet dood man? Ik heb viér kéér op je hoofd geschoten. Hoe kun je dan nog in leven zijn, en praten, jij moet dood zijn! Ik weet dat ik niet heb gemist.' Hij keek weer naar mijn hoofd, pakte het met een hand vast en draaide het naar rechts en links. 'Doet het zeer?' vroeg hij. Hij leek zich echt zorgen te maken.

'Ja, het doet zeer,' loog ik. 'Maar ik denk dat het wel weer goed komt.'

'Nou, ik weet niet wat ik moet doen. Ik kan je niet naar het ziekenhuis brengen. Ik kan je niet zomaar laten gaan, want dan ga je naar de politie. Waarom was je zo verrekte aardig voor me, man. Zo aardig is nog nooit iemand voor me geweest. Het maakte het moeilijker om je te vermoorden. Je bleef dingen voor me kopen en aan me geven. Ik wist gewoon niet wanneer ik het moest doen.'

Niet of, maar wanneer.

'Wat zou je met al die spullen doen, Ray, als ze van jou waren?' vroeg ik.

'Ik zou ze mee naar huis kunnen nemen en dan was ik iemand, kon ik dingen doen. Ik zou geld genoeg hebben om daar vandaan te kunnen, man.' Ray begon te praten. Hij had het over zijn thuis aan de oostkant van Los Angeles, de armoe die hem omringde, zijn boosheid, de onderwijzers die hem het gevoel gaven dat hij stom was, zijn vader die te veel dronk en hem sloeg, en over stoer doen op straat. Hij had het over in dienst gaan, hoe dat de boel had moeten veranderen, maar hij had niet tegen de bevelen gekund, dus was hij zonder toestemming weggebleven. Hij had het over drugs dealen en drugdeals die mislukten en hoe hij zijn mededealers had geript. Daarom had hij uit L.A. weg gemoeten, omdat ze achter hem aan zaten. Hij had het over het pistool en geld van zijn vader dat hij had gestolen voordat hij wegging, daarna had hij beseft dat hij geen uitwijkmogelijkheid had, dus besloot hij terug te gaan. Misschien kon hij nog een ripdeal doen en rijk worden. Hij had nog een klapper nodig, een sukkel. Als zijn slachtoffer rijk genoeg was kon hij de dealers afbetalen en opnieuw beginnen. Dus besloot hij de eerste die stopte te vermoorden. Wie hem ook maar te hulp schoot. Ik.

Het was ochtend geworden, de indigo hemel kleurde gaandeweg blauw. Toen ik de vogeltjes hoorde fluiten was ik blij dat ik leefde.

'Ik ben behoorlijk stijf, Ray, ik geloof dat ik wil opstaan en me uitrekken.' Ik zat al zes uur lang in dezelfde houding. Er plakte opgedroogd bloed aan mijn haar en gezicht, mijn schenen deden zeer doordat ze langs de rand van een kastdeurtje hadden gescheurd, en ik voelde steken in mijn stijve rug.

'Oké, man. Je mag opstaan, maar doe geen domme dingen, oké?'

'Oké, Ray. Zeg maar wat ik moet doen, dan doe ik dat.'

Herinner hem eraan dat hij de baas is. Neem hem zijn machtsgevoel niet af. Zoek naar een opening.

Hij schoof de dozen die om me heen stonden opzij, stapte met het pistool in de aanslag achteruit en deed de deur open. Ik kroop langzaam het busje uit en rekte me voor het eerst uit. Hoe mooi was de wereld in mijn nieuwe ogen. Alles straalde alsof het van sprankelend kristal was gemaakt.

We waren in een woonwijk gestopt bij een klein vijvertje onder aan een dam. Hij gebaarde naar een modderpad dat naar het water liep. Terwijl ik de steile helling afliep dacht ik: 'Is dat de dood weer die me achtervolgt? Schiet hij me in de rug en duwt hij me dan in het water?' Ik voelde me zwak en kwetsbaar, maar tegelijkertijd onsterflijk en ongevoelig voor zijn kogels. Ik liep zonder angst rechtop. Hij volgde me naar de waterkant en stond naast me terwijl ik mijn bebloede handen en gezicht afspoelde en koel, helder water over me heen spatte. Ik stond langzaam op en keek Ray aan. Hij keek nieuwsgierig terug.

'Wat zou je doen als ik je nu dit pistool gaf?' vroeg hij, het pistool naar me toe stekend.

Ik zei het eerste wat in me opkwam: 'Ik zou hem in het water gooien.'

'Ben je niet kwaad op me, man?' vroeg hij. Hij leek me niet te geloven.

'Nee, waarom zou ik kwaad zijn?'

'Ik heb je beschoten, man, je moet kwaad zijn! Ik zou godverdomme woest zijn! Zou je me niet vermoorden als ik je dit pistool gaf?'

'Nee, Ray. Dat zou ik niet doen. Waarom zou ik? Ik heb mijn leven en jij het jouwe.'

'Ik begrijp je niet, man. Je bent hartstikke maf, heel anders dan iedereen die ik ken. En ik snap niet waarom je niet dood bent gegaan toen ik op je schoot.' Stilte. Beter niet op antwoorden. Terwijl we aan de waterkant stonden, besefte ik dat Ray net zo'n grote verandering had ondergaan als ik. We waren niet langer de mensen die we de dag ervoor waren geweest.

'Wat moeten we nou, Ray?'

'Ik weet niet, man. Ik kan je niet naar het ziekenhuis brengen. Ik kan je niet laten gaan. Ik weet niet wat ik moet doen.'

Dus bleven we praten, probeerden een oplossing voor dit dilemma te vinden. We onderzochten de mogelijkheden – waar konden we het over eens worden? Ik stelde iets voor, hij zei waarom het niet ging. Ik stelde iets anders voor. Hij luisterde, overwoog, verwierp en schikte in. We streefden naar een compromis.

Uiteindelijk kwamen we tot een ruil waarover we het eens waren: ik zou hem laten gaan, en hij zou mij laten gaan. Ik beloofde dat ik hem niet zou aangeven of verraden, maar op één voorwaarde – hij moest beloven dat hij nooit meer zoiets zou doen. Dat beloofde hij. Wat moest hij anders?

Toen de zon boven de heuvels verscheen klommen we weer in het busje. Ik ging op de passagiersstoel zitten terwijl hij naar een plek reed die hij kende. Hij parkeerde en ik gaf hem al het geld dat ik had, ongeveer tweehonderd dollar en een paar horloges die hij misschien kon verpanden. We staken samen de straat over. De zon scheen. Het was nog vroeg, maar toch al warm. Hij had zijn legerjack en slaapzak onder zijn ene arm, zijn duffelse tas over zijn schouder. Ergens midden in die tas zat een zwart pistool.

We gaven elkaar een hand. Ik glimlachte naar hem, en hij bleef verbaasd kijken. Daarna nam ik afscheid en liep weg.

Op de eerste hulp van het stadsziekenhuis van L.A. schraapte een dokter kleine stukjes metaal, huid en haar weg en hechtte mijn hoofdhuid. Hij vroeg me hoe het was gebeurd en ik vertelde hem: 'Ik ben beschoten, vier keer.'

'U hebt geluk gehad,' zei hij. 'De twee kogels die u hebben geraakt zijn beide op uw schedel afgeketst. U moet dit wel aangeven, weet u dat?'

'Ja, ik weet het,' zei ik. Ik wist al dat ik geluk had gehad, maar sterker nog, ik voelde me gezegend. Ik ging niet naar de politie. Ik had een belofte gedaan en had er een belofte voor terug ontvangen. Ik hield me aan mijn belofte. Ik hoop dat Ray zich aan de zijne heeft gehouden.

Sion Goodman, San Rafael, Californië

Sneeuw

Nog voor ik mijn ogen opende wist ik dat het sneeuwde. Ik hoorde scheppen over de stoep krassen en in de lucht hing die bijzondere stilte die hoort bij de sneeuwdeken die dan over de stad ligt. Ik rende naar het raam in de voorkamer om ons stukje straat te bekijken – mijn domein. Het was kennelijk nog erg vroeg. Van mijn vriendinnen was er nog geen een op straat; alleen conciërges waadden door de sneeuw die tot hun knieën reikte. Opgelucht dat ik niks had gemist realiseerde ik me dat mijn broers en zussen inmiddels wakker waren. Ik moest opschieten. Als ik snel was kon ik eerder dan al mijn vriendinnen buiten zijn.

Ik trok een hele reeks winterwollen afleggertjes aan, maar wanten om mijn handen warm te houden waren er niet bij. Ik had ze eerder die winter verloren. Ik aarzelde enorm wat ik aan mijn voeten moest doen: mijn schoenen pasten niet meer in de rubberen overschoenen. Ik kon de schoenen aantrekken of de overschoenen, maar niet allebei. Ik besloot met twee paar sokken in de overschoenen te stappen.

Terwijl ik ze dichtklikte voelde ik dat iemand zich over me heen boog. Het was mijn grote broer Lenny. Hij vroeg me of ik meeging schaatsen op de overdekte baan van Madison Square Garden. Ik liet meteen alle andere plannen varen. Mijn dertienjarige broer vroeg heus aan mij, zijn negenjarige zusje, om met hem te gaan schaatsen. Mee? Natuurlijk wilde ik mee. Maar waar haalden we het geld vandaan? Lenny zei dat entree en huur van schaatsen een dollar kostten. Er waren maar twee dingen die mij van schaatsen met mijn broer af konden houden – de sneeuwstorm van 1948 en een dollar. De sneeuwstorm kon ik wel aan – de dollar vormde het ware probleem.

De queeste begon. We brachten melkflessen weg, vroegen onze moeder om een dubbeltje, smeekten vader om een kwartje elk, peuterden een paar stuivers uit onze jaszakken, vonden twee muntjes die onder het bed waren gerold en zagen een vreemd verdwaald dubbeltje in een hoekje van een van de zes kamers van ons appartement zonder warm water.

Ten slotte begonnen we – versterkt met een kom griesmeelpap en met de zuurverdiende munten fijngeknepen in onze zakken – aan de reis langs twintig straten – anderhalve kilometer stad door.

De jagende sneeuw bleef overal aan plakken. Lenny en ik deden net of we in de Alpen waren toen we over bergen sneeuw van wel een meter klommen die langs de stoepranden waren geschept. Het was nu onze wereld – talloze piepkleine sneeuwvlokjes hadden de stad vergrendeld en de volwassenen ingesloten. De wolkenkrabbers waren onzichtbaar achter een sluier van sneeuw en we konden ons bijna voorstellen dat New York voor ons was verkleind. We konden midden over Third Avenue lopen zonder bang te hoeven zijn om aangereden te worden. We konden ons geluk niet op, het ongelooflijke gevoel van vrijheid dat we daar in de sneeuw ervoeren.

De twaalf straten tot aan Forty-Ninth Street vielen mee, maar de lange dwarsstraten bleken ijselijk koud. We kwamen nauwelijks tegen de snierende westenwind in die vanaf de Hudsonrivier de stad in woei. Ik kon mijn broer niet meer bijhouden. Mijn speelse fantasieën werden verdrongen door mijn tergend koude voeten. Ik had niets op mijn hoofd, ik had mijn wantloze handen gebald in mijn zakken, en een paar van de sluitingen van de overschoenen waren losgeschoten. Ik begon voorzichtig te klagen, maar wilde niet lastig lijken omdat ik bang was dat Lenny me dan nooit meer ergens mee naartoe zou willen nemen.

Ergens in de buurt van Fifth Avenue stopten we in een portiek om te schuilen. Ik zei zachtjes tegen Lenny dat mijn sluitingen open waren gegaan. Lenny haalde zijn blote rode handen uit zijn zakken en bukte om de met een sneeuwkorst bedekte ijzig metalen klemmetjes weer dicht te doen. Beschaamd dat Lenny voor me had moeten zorgen, staarde ik recht vooruit en zag door het schimmige sneeuwgordijn de gestalte van een man op ons afkomen.

Ik had geen idee hoe oud hij was – alle volwassenen leken me even oud – maar hij was lang, dun en had een vriendelijk, knap gezicht. Hij had geen muts op. Hij droeg een das om zijn nek en zijn overjas was net als die van ons bedekt met een laag sneeuw.

Ik weet niet meer of hij iets tegen me zei. Wat ik nog wel weet is dat hij voor me hurkte, zijn gezicht op dezelfde hoogte als het mijne. Ik staarde verdwaasd en stom in zijn zachte bruine ogen. Toen hij weg was, voelde ik zijn warmte aan de zachte, wijnrode das die hij stevig om mijn hoofd had gebonden.

Ik kan me het schaatsen van die dag niet meer herinneren en heb geen idee hoe laat we thuis kwamen. Mijn geheugen heeft alleen de sneeuw, de vriendelijkheid van een vreemde en mijn grote broer Lenny vastgehouden.

Juliana C. Nash, New York, NY

Oorlog

De berg Grappa

In juni 1917 verliet mijn vader de campus van Grinnell College nog voor de afstudeerplechtigheden om zich aan te melden bij de ambulancedienst van het Rode Kruis in Chicago. De meeste beschikbare ambulances waren al verscheept. De mannen, gedrild als dienstplichtigen en vervolgens zonder ook maar een dag opleiding benoemd tot ambulancechauffeur, werden naar de Europese slagvelden gestuurd.

Mijn vader belandde in Noord-Italië, aan de voet van de berg Grappa. Hij en de andere chauffeurs kregen een paar primitieve ambulances toegewezen. Na een paar rondjes over het terrein reden ze de bergen in naar een pas waar de Italiaanse soldaten zware strijd leverden met Oostenrijks-Hongaarse eenheden. De weg was weinig meer dan een geitenpad. Ze moesten vaak door het donker reizen, in de wetenschap dat dalende chauffeurs hun voertuigen nauwelijks onder controle hadden.

In november namen de gevechten toe en weer af. Ten slotte kwamen er steuntroepen uit Frankrijk en Engeland, en de vijand werd teruggedrongen toen de Alpenwinter de streek in zijn greep kreeg.

De vijand verschanste zich en in het voorjaar vond een nieuwe aanval plaats. Huidige cijfers schatten het aantal slachtoffers van de twee Italiaanse veldslagen nu op meer dan 150.000 man.

Het aantal gewonden was zo groot dat de medische posten aan de voet van de berg overbezet raakten. De Italiaanse legerleiding verordonneerde dat de hospikken de gewonde vijanden links moesten laten liggen en alleen gewonde Italiaanse soldaten moesten meenemen. Die beleidswijziging zat de ambulancechauffeurs niet lekker, en mijn vader al helemaal niet. Hij was hier gekomen om levens te redden.

Niet zo lang nadat die order was gegeven raapte mijn vader een Oostenrijkse soldaat op en begon die naar de ambulance te brengen. Een Italiaanse soldaat dwong hem tot stilstand en beval hem de man te laten vallen. 'Dat doe ik niet,' zei mijn vader, en de Italiaan zei: 'Dan moet ik je neerschieten.' Dus hief de soldaat zijn geweer en richtte, en de Amerikaanse ambulancechauffeur met de gewonde in zijn armen bleef gewoon staan. Ze keken elkaar een eeuw lang aan. Ze waren allebei voor in de twintig; geen van beiden had ooit verwacht dat hij in een oorlog betrokken zou raken.

Na wie weet hoe lang begonnen ze te lachen en de soldaat gebaarde dat hij door moest lopen. Nog steeds lachend droeg mijn vader de Oostenrijker de berg af.

Mary Parsons Burkett, Paw Paw, Michigan

Savenay

Tijdens de Eerste Wereldoorlog was mijn vader gestationeerd bij het Amerikaanse leger in Savenay, een klein stadje aan de westkant van Midden-Frankrijk. Toen ik Savenay een paar jaar geleden bezocht had ik een paar foto's bij me die hij daar had genomen. Op een ervan stond mijn vader op een landweggetje met twee meisjes. Op de achtergrond stond een klein huisje. Aan de kant van de weg, niet zo ver van Savenay, ontdekte ik dat huisje – een klein bakstenen huisje met een laag stenen muurtje eromheen. Ik liep het hek door en klopte op de deur. Een oud vrouwtje stak haar hoofd boven uit een van de ramen en vroeg wat ik kwam doen. Ik gaf haar de foto en vroeg in mijn beste Frans of ze die herkende. Ze verdween in huis. Na een lang gesprek met een andere vrouw daar binnen, deed ze de deur open. Het vrouwtje vroeg me hoe ik aan die foto kwam. Ik vertelde dat hij van mijn vader was en dat ik aannam dat hij op de weg voor haar huisje was gemaakt. Ja, inderdaad, zei ze, de foto was hier op de weg genomen, en zij en haar oudere zus – de andere vrouw binnen – waren de meisjes op de foto. Haar zus kon zich nog herinneren dat de foto was gemaakt, zei het oude vrouwtje. Er hadden twee soldaten over de weg gelopen en die hadden om water gevraagd. Ik vertelde haar dat een van die soldaten mijn vader was – of veel later mijn vader zou worden. Helaas, zei het vrouwtje, had hun moeder het niet goed gevonden dat de meisjes de soldaten water zouden geven. Haar zus was daar erg door van streek geweest, zei ze. Ik bedankte haar voor de moeite en draaide me om. Even later riep de vrouw me terug en zei: 'Mijn zus vraagt of u misschien wat water wilt.'

Harold Tapper, Key Colony Beach, Florida

Vijftig jaar later

Als Duitse vliegenier tijdens de Eerste Wereldoorlog voerde mijn vader een verkenningsvlucht uit boven oostelijk Frankrijk toen hij werd aangevallen door Franse gevechtsvliegtuigen die met hun machinegeweren zijn kist onklaar maakten. Zonder motorvermogen wist hij over de Zwitserse grens te komen en een noodlanding te maken in een weiland vol geschrokken hooiers. Aan het einde van de oorlog keerde hij uit de internering in het neutrale Zwitserland terug naar Duitsland, vervolgde zijn studie, studeerde af als geoloog en emigreerde ten slotte naar de Verenigde Staten.

Een halve eeuw na dit voorval uit de oorlog en tegen het einde van zijn loopbaan als hoogleraar geologie aan een vooraanstaande Amerikaanse universiteit, vertelde hij een deel van het verhaal na een dag geologisch veldwerk bij het kampvuur aan een groepje studenten. Een van de studenten viel hem in de rede: 'Laat mij het verhaal maar afmaken.' Waarna tot ieders verrassing de student de exacte details spuide van hoe de boerenknechten de verkenner/fotograaf dood achter mijn vader hadden aangetroffen, mijn verdwaasde maar ongehavende vader uit de kist hadden bevrijd en hem van water en eten hadden voorzien totdat de Zwitserse politie verscheen en hem arresteerde. In zijn jeugd had de student zijn moeder het verhaal vaak horen vertellen, die een van de hooiers in dat Zwitserse weiland was geweest.

Gisela Cloos Evitt, Stanford, Californië

Hij was even oud als mijn zus

Ik ben bijna zevenenzestig, maar ieder jaar als in oktober het weer omslaat ben ik weer elf.

In het laatste oorlogsjaar was de Hollandse herfst koud en nat. Geen warme stoof, geen steenkool. Geen lampen om de kamer warm te laten lijken, geen elektriciteit. Geen maaltijd die die naam waardig was. De soep uit de gaarkeuken, een mengsel van aardappelschillen en koolbladeren in ongezouten water, was koud tegen de tijd dat we thuiskwamen.

Op die oktoberdag, net in de schemering, sloten militaire vrachtwagens onze straat af, zoals ze al zo vaak hadden gedaan, en een peloton Duitse soldaten begon aan een razzia.

'Raus! Raus!' beval de luidspreker ons naar buiten en vanaf de straat zagen we hoe de soldaten onze huizen doorzochten, rondneuzend in kasten en op zolders. 'Raus! Raus!' Mijn kleine broertjes vergaten hun jasjes te grijpen. Jakobs kleine lijfje verwarmde me.

Onze straat vulde zich met vrouwen en kinderen. We konden vrijuit spreken want de soldaten verstonden geen Nederlands, maar we fluisterden. Er werden moppen getapt. Waarom zijn hier zo weinig mannen? Heb je nog nooit van een maagdelijke geboorte gehoord? Ik begreep niet waar ze het allemaal over hadden, maar het lachen vond ik leuk. Vervolgens werden er nieuwtjes uitgewisseld. Ze zijn in Maastricht! Waarom komen ze niet noordelijker?

Ik kreeg het kouder. De soldaten hadden het einde van de straat bereikt en er waren geen mannen aangetroffen. We werden stil. En toen hoorden we iemand huilen. Alle moeders draaiden zich om. Het was het geluid van een huilend kind. Op de stoep van het huis van meneer Van Campen zat een soldaat, zijn geweer naast zich, zijn gezicht onder zijn jas. Hij probeerde zijn tranen weg te slikken, maar gaf het vervolgens op.

Er liep een moeder naar hem toe en vroeg zachtjes in het Duits:

'Wat is er aan de hand?' Ze hurkte tijdens het spreken bij hem neer en toen ze klaar was, ging ze rechtop staan en deelde ons mee: 'De oorlog zal wel haast afgelopen zijn. Hij is zestien en heeft vandaag nog niks gegeten.' Twee of drie moeders slopen bij de groep weg en gingen naar huis. Er liep een Duitse officier een eind verderop door de straat. Ik was bang – en had het erg koud. De moeders waren op tijd terug. Een koude gekookte aardappel, een stukje brood, een rimpelige appel werden door de groep aan de jongen doorgegeven. De officier kwam dichterbij. De jongen veranderde weer in een soldaat. 'Danke,' zei hij, stond op en greep zijn geweer.

De motoren van de vrachtwagens werden gestart. We konden naar binnen. De rest van de oorlog, de rest van mijn leven, heb ik me die huilende soldaat herinnerd. Hij was even oud als mijn zus.

Mieke C. Malandra, Lebanon, Pennsylvania

Wedden op oom Louie

Gokkers uit Amsterdam, New York hadden het dat jaar veel over oom Louie.

In het voorjaar van 1942 had oom Louie – een meter vijfenvijftig, 160 pond, platvoeten, slechtziend en bijna vijfendertig jaar – een brief gekregen waarin hij werd opgeroepen voor een medische keuring in Albany. Naast parttime verkoper van sigaretten en kranten op het busstation aan Main Street was oom Louie ook gokker. Hij had me het vorige seizoen voor mijn eerste 'dagje naar de renbaan' meegenomen naar Saratoga, rond de tijd dat ik naar de examenklas ging en een paar maanden voor Pearl Harbor. Toen zijn gokmaatjes hoorden van die brief moesten ze lachen – en vervolgens begonnen ze weddenschappen af te sluiten. Kon Louie de uitdaging aan om Amerika te verdedigen? De cijfers spraken boekdelen: de enige die wedde dat hij zou worden goedgekeurd was oom Louie zelf. Zodoende was hij in staat $ 350 bij de Amsterdam Savings Bank te storten kort voordat hij scheep ging, eerst naar Camp Upton in New York en uiteindelijk naar Europa.

Het eerste presentje dat hij me stuurde was een groot witomlijnd rood kruis op een blauw vlak, een IJslandse vlag van kunstzijde. Soms kregen we een kaart van een zwarte vulkaan waar als een soort stralenkrans rook boven hing. Soms kwam er een brief zonder nieuwtjes maar met veel over het weer. 'IJsland,' schreef hij dan, 'is even koud als Amsterdam in de winter, maar met minder sneeuw.' Mijn moeder breide tientallen kaki truien, ik maakte grote ballen van de zilverpapiertjes die om de kauwgom zaten en mijn vader, afgekeurd op staar en vanwege zijn gezin, gaf elke maand bloed. We bleven oom Louie schrijven wat we beleefden en brachten berichten over van zijn gabbers van de kiosk. 'Vraag hem eens,' zei Goody, 'waar hij daar in IJsland mee gokt.' Om zijn woorden kracht bij te zetten tikte hij een lange grijze askegel van zijn sigaar. 'Dobbelstenen? Fiches? Poker? Hahaha!'

Elke dag, als radioprogramma's als *Captain Midnight* en *Portia Faces Life* afgelopen waren, dekte ik de tafel en zette mijn moeder kommen koude salade of dampende soep neer. Daarna luisterden we naar het zesuurjournaal. Mijn vader schreef de genoemde landen of steden op en na het eten verzetten we de rode en blauwe punaises op de wereldkaart die aan de keukenmuur hing. Na D-day vielen mij onder het nieuws heimelijke blikken tussen mijn ouders op, en korte opmerkingen in het Jiddisch, die ik niet verstond. Ik luisterde een telefoongesprek af over een van de neven van mijn moeder; er was al een jaar niets van hem vernomen en hij was krijgsgevangen ergens in Duitsland. Ik zag twee mensen uit onze straat zwarte armbanden dragen. Toen er in de herfst van 1943 geen ansichtkaarten meer kwamen, raakten we het spoor van oom Louie helemaal bijster.

Pas vijftig jaar later kwam ik erachter waar oom Louie de oorlog had doorgebracht. O, ja, hij had me vanuit Parijs een klein flesje Chanel No. 5 gestuurd – en mijn moeder een grote fles eau de cologne, die ze meteen ruilde voor mijn parfum. En we ontvingen die mooie sepia legerfoto die nog steeds in mijn boekenkast staat. Hij zit scheef waardoor de korporaalsstreep op zijn rechtermouw goed zichtbaar is; hij ziet er slank uit, hij glimlacht en zijn donkere haar is kortgeknipt. En ik kocht in de zomer van 1945 een rol wit kastpapier; op de houten picknicktafel in onze achtertuin, met mijn grote doos wasco's smeltend in de zon, tekende ik een regenboog en hing die voor, boven de veranda: Welkom Thuis Oom Louie!

Maar pas een halve eeuw later, toen ik met hem naar een joodse begraafplaats ietsje buiten Amsterdam reed om de rest van de familie te bezoeken, vroeg ik hem wat hij tijdens de Tweede Wereldoorlog had gedaan. Over de landing in Normandië: 'Die Chinees en ik waren gewoon te klein om met onze geweren boven het hoofd door het water te rennen – we zouden verzopen zijn. Dus brult die sergeant: "Hé, idioten! Laat die geweren vallen! Ren of zwem aan land! Pak maar iets als je daar bent!"' Over het Ardennenoffensief: 'Luik was vreselijk, de beroerdste tijd van mijn leven. Ik werkte in de meldkamer. Geen signaal, alleen bommen. En toen ik buiten kwam...' hij vertelde niet verder, wilde alleen nog aangeven dat hij het als een van de weinigen van zijn eenheid had overleefd. En over de mars naar Parijs: 'Bloemen, muziek, gejoel, omhelzingen, meer muziek! Nergens mee te vergelijken, zelfs niet met die grote winst in Saratoga toen ik thuiskwam – toen ik al het geld dat ik met de keuring had gewonnen op een winnend paard zette! Maar met Parijs viel niks te vergelijken.'

Toen ik hem vroeg waarom hij na de oorlog Amsterdam nooit meer uit was geweest, nooit van zijn soldatenregeling of andere voordeeltjes had geprofiteerd, zei hij alleen maar: 'Ik ben een keer weggegaan, schatje, in 1942, en daar heb ik voor mijn leven genoeg aan.'

Jeanne W. Halpern, San Francisco, Californië

De tiengoaler

Het was medio 1942. Mijn eenheid was in New York, gereed voor dienst overzee. U-boten van de nazi's joegen maandelijks tonnen geallieerd scheepsmateriaal naar de bodem. Het konvooisysteem was nog niet geperfectioneerd en bescherming vanuit de lucht was er slechts een procent of tien van de reis. Scheep gaan was niet iets om naar uit te kijken.

Twee van mijn beste vrienden in de eenheid waren 'Doc' Saunders, de scheepsarts, en John Milburn. We hoopten allemaal op een fijne rustige tijd samen, die laatste avond in Amerika. We wilden laatste indrukken opdoen, vrienden opzoeken en aan huis denken. Op een of andere manier wist Doc te regelen dat we tot 22:00 uur weg konden blijven – een kleine concessie op de avond voor onze privé-D-day. Gezien die paar extra uren nodigde John Doc en mij uit om zijn ouders op Long Island te bezoeken voor een afscheidsdineetje.

Doc en ik wisten dat John Milburns familie welvarend was. In de jaren dertig betekende welvarend in North Dakota dat je genoeg had om met je buren te delen. Maar John had privé-scholen bezocht, in snelle auto's gereden en een graad gehaald op Oxford. In de duistere jaren nadat in Europa de oorlog was uitgebroken, was John in een eersteklashut teruggereisd op de Athenia. Maar Doc en ik begrepen pas hoe welvarend John was toen we bij hem thuis kwamen. We reden over het terrein van een tot in de puntjes verzorgd landgoed. Aan de deur pakten bedienden onze vliegeniersjassen aan.

Het diner was groots. Het aristocratische Amerikaanse gezin verwelkomde Doc en mij alsof we familie waren. Ik vroeg me af of we Amerika na morgen ooit nog terug zouden zien. Maar Johns ouders deden hun best om het te laten voorkomen dat we spoedig terug zouden zijn, en weer samen van eten en wijn zouden genieten en nieuwe dingen zouden leren, zoals polo.

Net als veel welvarende mannen, zo begrepen we, was Johns vader een ervaren polospeler. Aan de muur van de hal op de tweede verdieping van hun schitterende huis hing een levensgroot portret van Johns vader in complete polo-outfit. 'Mijn vader is een tiengoaler,' zei John toen we dat schilderij voorbijliepen. Voor een jongen uit het Midwesten betekende dat niet zoveel, maar ik begreep al snel dat een tiengoaler net zoiets was als iemand die vijftig homeruns in een seizoen slaat of de Masters wint. 'Er is maar een handjevol tiengoalers op de hele wereld,' vernamen we.

Er ging een jaar voorbij. De oorlog was voor de Geallieerden niet erg best verlopen, maar de tekenen waren hoopvol. Het Afrikakorps was tegengehouden. Goering was bijna door zijn vliegtuigen heen. Doc en ik waren nog samen, maar onze vriend, John Milburn, was overgeplaatst. We waren elkaar uit het oog verloren, zoals zo vaak gebeurt als oorlogspost de enige manier is om het contact te onderhouden.

Vervolgens werd de eenheid verplaatst naar een basis ver op het Engelse platteland. Op onze eerste dag op de nieuwe plek riep een gedistingeerd ogende man Doc en mij over het hek aan. 'Yanks,' zei hij, 'drinken jullie een kopje thee mee?'

Zijn huis was oud-Engels. Het oudste deel van het dak was met riet gedekt, maar een grote nieuwe aanbouw aan de achterkant bewees ons dat dit een vermogend man was. De heer gaf ons een rondleiding. Toen we een groot kantoor passeerden en een hobbykamer die eruitzag zoals je van een Britse sporter mocht verwachten, hield ik halt. Daar, midden aan de muur, hing een schilderij van een polospeler. Het was een pendant van het schilderij van Johns vader dat we op Long Island hadden gezien. 'Dat is de pa van John Milburn,' zei ik verbaasd. 'Mijn hemel, kent u die?' vroeg onze nieuwe Engelse vriend. 'Dat is mijn beste vriend. Hij heeft jarenlang in mijn poloteam gezeten. Hij is een tiengoaler, moet u weten.'

Doc en ik dronken nog vaak thee in het huis van onze nieuwe vriend, in de kamer die beheerst werd door het schilderij van de Amerikaanse polospeler. In die kamer was het ook dat onze nieuwe vriend een brief ontving waarin stond dat John Milburn in de strijd was gebleven. We lazen de brief van de tiengoaler terwijl hij zwijgend vanaf de muur toekeek.

Paul Ebeltoft, Dickinson, North Dakota

De laatste hand

Het vervloektste spel poker dat ik ooit heb gespeeld vond plaats in mijn kantoor op een eiland in de buurt van de evenaar in het westelijk deel van de Stille Oceaan tijdens de Tweede Wereldoorlog. Tijdens het eerste uur van het spel onderbraken Japanse bommenwerpers het tot tweemaal toe. Beide keren moesten we in de regen naar buiten rennen naar een primitieve schuilkelder, waar we in het druipende duister wachtten op het teken dat alles veilig was.

Hoe beroerd de omstandigheden ook waren, het frustrerendste was dat niemand een fatsoenlijke kaart kreeg. In de zes spelletjes die we hadden gespeeld was er nog geen pot van tien dollar geweest. Elke deelnemer speelde met wat hij in die maand had gewonnen, dus er waren enkele duizenden dollars inzetbaar.

Ten slotte stelde ik als gastheer en bank voor dat we allemaal een laatste hand zouden uitspelen waarvoor elke speler op voorhand vijf dollar inzette. Op die manier zou iemand een paar dollar verdienen en dan konden we naar onze tenten gaan en in onze natte veldbedden een nerveus nachtje slapen.

Maar zo liep het niet. De speler aan mijn linkerhand opende voor het hele bedrag van de pot – vijfendertig dollar. Elke speler daarna ging mee of verhoogde. Niemand paste. Tegen de tijd dat luitenant Smith, die rechts van mij zat, moest bieden, rondde hij het netjes af op duizend. Smitty was een goede vriend en een erg goede pokeraar; ik wist dat hij de laatste paar weken veel geld had gewonnen.

Ik bekeek mijn kaarten nog een keer: drie, vier, vijf, zes ruiten en negen schoppen – kans op een straight, misschien een flush en misschien een straight flush. Ik moest meegaan en een kaart nemen ook al kostte die minstens duizend pop. Ik ging mee en dat deden twee anderen ook. Ik rekende uit dat er vijfduizend dollar in de pot zat. Ik had moeite met ademhalen toen ik de spelers hun nieuwe kaarten gaf.

De man die had geopend ging mee, evenals Smitty. Ik nam een

kaart, bekeek mijn kaarten nogmaals en probeerde moed te verzamelen om de nieuwe kaart te bekijken. Toen ik naar de nieuwe kaart gluurde zag ik dat het een ruiten twee was. Ik dacht dat ik het bestierf. Een straight flush! Ik had er nog nooit in mijn hele leven eentje gehad. Ik hoopte dat de andere spelers mijn 'pokerface' niet zagen.

De eerste twee keken naar Smitty, die verhoogd had en Smitty nam me helemaal op. 'Kap'tein,' zei hij met een ironische glimlach, 'je kijkt alsof je net een kanarie hebt doorgeslikt. Van mij mag je zeggen wat je hebben wilt. Maar ik laat niemand voor niks in mijn kaarten kijken, dus zet ik tweehonderd dollar in.'

Ik telde hoeveel geld ik op tafel had – zevenhonderd dollar. Het meeste was afkomstig uit eerdere winsten, maar ongeveer tweehonderd ervan was mijn eigen zuurverdiende poen. Met een diepe zucht duwde ik het allemaal in de pot en perste eruit: 'Ik verhoog met vijfhonderd dollar.' Het was net een film – het zweet brak me door mijn broek heen uit.

Alleen Smitty ging mee. Ik legde mijn kaarten neer en kondigde triomfantelijk aan 'Straight flush!'

Smitty nam een hap adem en zei: 'Hoe hoog?'

Mijn hart zonk in mijn schoenen. Ik besefte dat hij had gewonnen. Mijn twee tot en met zes was ongeveer de laagste die je kon hebben. Hij versloeg me met een straight flush met schoppen zeven als hoogste.

Hij schepte de hele arm geld in zijn overhemd en bedankte ons voor de bijdragen.

Een halfuur later liet een Japanse bommenwerper zijn last vallen boven Smitty's verlichte tent. We raapten in de directe omgeving meer dan achtduizend dollar op en stuurden dat aan zijn weduwe. Bij zijn begrafenis de volgende middag vernamen we dat Smitty op de lijst stond voor promotie en binnenkort kapitein zou worden. We wijzigden de rang op de witte grafsteen. Het was met recht de laatste hand.

Bill Helmantoler, Springfield, Virginia

Augustus 1945

De kolonel lichtte ons voor over een nieuwe missie. Het zou onze zevende worden nadat we maanden geleden in het Stille-Oceaangebied waren aangekomen. De verspieders hadden het extreem gevaarlijk genoemd omdat we het grondgebied van Japan zouden binnentrekken en volgens sommige rapportages waren de Japanners van onze plannen op de hoogte en bereidden ze een enorm verzet voor. Hoe verbijsterend die informatie ook was, we namen kennis van de details alsof het een routineactie betrof. We hadden toch al het gevoel dat we onze laatste overlevingskansen al maanden geleden op het spel hadden gezet.

'Dit is een vrijwillige missie,' blafte de kolonel. 'Wie niet aan deze missie wil deelnemen, kan zich bij mij melden, in de houding gaan staan, me aankijken en zeggen: "Kolonel, ik ben een schijterd!" En dan ga je scheep, terug naar de basis op Oahu, zodra mogelijk. Alles duidelijk? Ingerukt!'

Na tientallen missies waren we uitgeput. Hoewel we het geen van allen hardop zeiden, wisten we stuk voor stuk wat de rest dacht. Ik dacht het ook. Ik wilde dat ik het lef had om binnen te lopen en tegen de kolonel te zeggen dat ik laf was. We waren te moe om aan de angst toe te geven, te trots. We waren geharde militairen, veteranen van de vele veldslagen die op den duur als onderscheidingen aan onze uniformen en in onze kasten zouden blijven hangen totdat de motten gaten in de manchetten zouden vreten en een of ander kind het jasje met Halloween van het knaapje zou halen. En we wisten genoeg van vechten om oprecht bang te zijn. Maar er was iets dat ik meer vreesde dan de blik van de kolonel als ik hem zei dat ik bang was. Ik vreesde mijn eigen blik, al hadden we midden in de Stille Oceaan geen spiegels, en dus besefte ik, dat hoe moegevochten en bang ik ook was, ik nooit die tent van de kolonel in zou kunnen lopen.

Maar een man, Symes, ging wel naar de kolonel. De kolonel hield zich aan zijn woord en plaatste Symes over, de eenheid uit.

Hij kreeg het bevel aan boord te gaan van de *Jasper*, een bevoorradingsschip dat voor een nieuwe lading naar Oahu terugkeerde.

Ik had een hekel aan Symes. Ik haatte hem. We haatten hem allemaal. We wisten dat Symes schouder aan schouder met ons had meegevochten tijdens de hele reis, net als wij allemaal de gevaren onder ogen had gezien, niet meer en niet minder. Maar hij was de enige die het lef had om te zeggen dat hij laf was en nu verliet hij deze hel. Hij liet zich verschepen, zou aan een tafel eten, in een bed met lakens slapen, zou frisse zeelucht inademen in plaats van de onophoudelijke stank van kruit en lijken, het rustgevende ritme van de oceaan horen in plaats van het gefluit van kogels en het darmverstorende gedreun van zware artillerie. En misschien zou hij de rest van de oorlog wel achter een bureau zitten of bij een ontvanger op een basis. (En die onderscheidingen zou hij niettemin krijgen; wie zou er, behalve wij, weet van hebben wat hij tegen de kolonel had gezegd? En over een week waren we misschien allemaal wel dood.)

We zorgden er allemaal voor dat we iets anders te doen hadden toen Symes zijn duffelse tas inpakte en afmarcheerde naar de *Jasper*. Daarna braken we op voor de volgende veldslag. We schreven allemaal brieven naar familieleden, onze vrouwen, onze vriendinnen, waarin we probeerden afscheid te nemen zonder te laten merken waar we heen gingen of waaraan we dachten.

Op de ochtend toen we aan boord van onze vaartuigen zouden gaan, kwam een van de Filippijnse vrachtwagenchauffeurs wild gesticulerend aanrennen. 'Laat zitten. Niet nodig. Grote bom gegooid. Oorlog voorbij!' We zetten de radio aan en hoorden het nieuws van de bom die op Hiroshima was gegooid.

Terwijl we allemaal de betekenis van dit nieuws stonden te verwerken, hoorden we nog een nieuwtje: de *Jasper* was in volle zee getorpedeerd, en met man en muis vergaan.

Robert C. North, vastgelegd door Dorothy North, Woodside, Californië

Een middag in de herfst

Mijn broer maakte deel uit van de 82ste luchtmachtdivisie die was opgeleid in de buurt van Columbus, Georgia. We wisten dat hij in Noord-Afrika was geweest, maar toen we het bericht ontvingen dat hij dood was, kregen we te horen dat hij in Frankrijk was omgekomen op 21 augustus 1944. Hij was negentien.
Dit is mijn herinnering aan de middag waarop we hoorden wat voor afschuwelijks er had plaatsgevonden.

Ik heb nooit durven beweren dat ik een voorgevoel had wat er die dag zou gebeuren. Ik liep het huis binnen nadat ik aan het begin van de straat uit de bus was gestapt en ik had geen idee wat me te wachten stond. Ik weet nog wel dat het de mooiste tijd van het jaar was, een van die gouden dagen, de zomer bijna voorbij, de herfst voor de deur. Het blad aan de bomen begon net te verkleuren, bereidde zich voor op zijn krachtige zwanenzang voordat we in het daaropvolgende sombere jaargetijde zouden belanden.

Het was 1944 en ik zat net in de tweede klas van de middelbare school. Mijn moeder en ik waren meestal samen in het oude huis dat ons door de ouders van mijn vader was nagelaten. Onze paar hectare grond lag te midden van de melkveeboerderijen van de staat New York. Mijn vader werkte aan het Bargekanaal en kwam alleen in de weekends thuis, deels vanwege de afstand, maar ook omdat de benzine op de bon was. Mijn broer, die zich meteen na zijn eindexamen als paratroeper had aangemeld, was in maart van dat jaar scheep gegaan. Zijn brieven kwamen uit Noord-Afrika, maar hij had het erover dat hij binnenkort zou worden verscheept.

Toen ik via de keuken het huis in liep, waren er tekenen van afgebroken bezigheden. Er bliezen wolken stoom uit een grote ketel op het fornuis en er lag een theedoek op de tafel met lege weckpotten erop. Andere gereedschappen, messen en soeplepels en trechters, lagen over de keuken verspreid. Een doosje met daarin de rode rubberringen waarmee de potten werden verzegeld stond open. Er lagen ook een paar ringen op tafel. Het was net of alle bedrijvigheid in de kamer enkele tellen eerder tot stilstand was gekomen. Waarom was alles zo stil? Waar was mijn moeder? Ze begroette me altijd in de keuken als ik thuiskwam. Ik herinner me nog dat, toen ik het huis begon te doorzoeken, een schitterende baan strijklicht op een mandje tomaten viel. Ze glommen rood op.

Onze eetkamer lag aan de noordkant van het huis en was altijd donker. In de schemering zag ik een gekreukt geel vel papier op tafel liggen en in een afgrijselijk ogenblik werd alles me duidelijk. Op het papier stonden de meest gevreesde woorden uit die tijd van oorlog: 'Het spijt ons u te moeten meedelen...'

Willa Parks Ward, Jacksonville, Florida

Ik dacht: mijn vader is God

Het gebeurde in Oakland, Californië aan het einde van de Tweede Wereldoorlog. Ik was zes. Ik besefte toen nog niet wat oorlog betekende, maar ik kende wel een paar van de gevolgen. Rantsoenering, bijvoorbeeld, want ik had een rantsoenboekje waar mijn naam op stond. Mijn moeder bewaarde het voor me, bij de rantsoenboekjes van mijn broers. Ik kan me de verduistering nog herinneren, het luchtalarm en het beeld van overvliegende jagers. Mijn vader was sleepbootkapitein, en ik herinner me nog gesprekken over troepenschepen, onderzeeërs en torpedobootjagers.

Ik weet ook nog dat mijn oma vet voor hergebruik naar de slager bracht en dat ze naar de stad ging om opgespaard aluminium in de stortkoker aan de straatkant van het overheidsgebouw te gooien.

Maar het best herinner ik me meneer Bernhauser. Dat was onze achterbuurman. Hij deed bijzonder onaardig en gemeen tegen kinderen, maar ook grote mensen behandelde hij grof. Hij bezat een Italiaanse pruimenboom die over de schutting hing. Als de pruimen aan onze kant van de schutting hingen, konden we ze plukken, maar God sta ons bij als we over de rooilijn kwamen. Dan brak de hel los. Hij ging tekeer en schold zo op ons dat onze ouders kwamen kijken waar al dat gedoe om begonnen was. Meestal was het mijn moeder, maar dit keer was het mijn vader. Niemand had erg veel op met meneer Bernhauser, maar mijn vader had helemaal iets tegen hem omdat hij alle speeltjes en ballen hield die in ooit zijn tuin terecht waren gekomen. Dus daar stonden meneer Bernhauser die op ons vitte dat we godverdomme uit zijn boom moesten komen, en mijn vader die vroeg wat er aan de hand was. Meneer Bernhauser haalde diep adem en begon een hele tirade over kinderen met lange vingers, wetsovertreders, fruitdieven en monsters in het algemeen. Ik denk dat mijn vader er genoeg van had, want hij begon meteen tegen meneer Bernhauser te schreeuwen dat hij dood kon vallen. Meneer Bernhauser hield op met schreeuwen, keek mijn vader aan, kleurde helderrood, vervolgens pimpelpaars, greep naar zijn borst, werd grauw en klapte langzaam dubbel op de grond. Ik dacht: mijn vader is God. Dat hij een akelige oude man door tegen hem te schreeuwen ter plekke dood kon laten vallen ging mijn fantasie te boven.

Ik herinner me dat Ray Hink tegenover ons woonde. We zaten in dezelfde klas en zijn oma woonde bij hen boven. Het was een klein vrouwtje dat altijd een hooggesloten jurk aanhad. Ze zat met een toneelkijker voor het raam en hield zo de hele buurt in de gaten. Als we braaf waren liet ze ons weleens door de lenzen kijken en aan de rozenblaadjes ruiken die ze in een albasten pot op tafel bewaarde. Ze zei dat de rozenblaadjes uit Duitsland kwamen en de pot uit Griekenland. Op een middag mocht ik de kostbare lenzen vasthouden en keek ermee over straat. Er stopte een taxi waar een lange, magere matroos uitstapte. Hij gaf de taxichauffeur een hand en die haalde een plunjezak uit de kofferbak, en ik wist dat dat mijn oom Bill was die terugkeerde van de oorlog. Mijn oma rende de trap af, zijn armen in. Ze huilde. Ik herinner me de sterren nog die bij sommige buren voor het raam hingen. Mijn oma zei dat dat was omdat iemand in de oorlog een zoon had verloren. Ik was blij dat wij geen sterren voor het raam hadden. Die nacht vierden we groot feest voor oom Bill. Toen ik in slaap viel was ik blij dat mijn oom veilig thuis was. Aan meneer Bernhauser dacht ik niet meer.

Robert Winnie, Bonners Ferry, Idaho

Het volksfeest

Veertien augustus 1945 – vj-dag, de dag dat Japan capituleerde en de Tweede Wereldoorlog afliep. Ik was op een luchtmachtbasis gestationeerd nabij Sioux Falls, South Dakota. We vernamen laat in de middag over de capitulatie en meteen trok vrijwel iedereen van de basis naar de stad om het te vieren. Er waren onvoldoende jeeps en vrachtwagens, dus liftten de meesten. Hoe vreedzaam was het om door het zacht glooiende boerenland te rijden, met een paar herkauwende koeien onder een hemel die blauwer en helderder was dan ooit en een paar kleine witte donswolkjes die witter en stralender waren dan ooit.

Wat een heerlijke toestand. Ik had negenenzeventig vluchten boven Europa overleefd zonder een schrammetje, hoefde niet te vechten in de Stille Oceaan en zou binnenkort na vier jaar militaire dienst weer kunnen studeren aan Columbia. Het was vrede op aarde en ik was op weg naar de stad om het te vieren.

Toen ik aankwam waren de feestelijkheden al aan de gang. Duizenden militairen hadden zich in het centrum verzameld samen met honderden burgers. De drank stroomde rijkelijk. Terwijl de festiviteiten doorgingen kocht ik een fles bier en klom op het dak van een laag gebouwtje om met een groepje mensen de wilde, lawaaierige toestand beneden te bekijken. Dankbare burgers omhelsden en zoenden de soldaten en bedankten ons voor de overwinning.

Er kwam een boer in een oude gebutste pick-uptruck aanrijden die hij onmiddellijk, tegen zijn zin, verkocht aan een brallerige groep dronken soldaten die de pet hadden laten rondgaan voor bijdragen in de kosten. Meteen nadat ze de truck hadden bemachtigd, staken ze hem in brand. De brandweer verscheen al snel met gillende sirenes, koppelde de slangen aan en werd prompt overmeesterd door de massa, die de brandbijlen afpakte en de slangen stuksloeg. Terwijl het vuur de pick-up verteerde joelde de menigte, soldaten, burgers en zelfs brandweermannen, goedkeurend.

Toen de haard van de activiteiten verderop kwam te liggen, klom ik van het dak en ging erachteraan. De dronkaards werden dronkener en luidruchtiger en wat als een feestelijke viering van het einde van de bloederigste en afschuwelijkste oorlog uit de geschiedenis van de mensheid was begonnen, veranderde in een wilde, chaotische, gewelddadige janboel. De paar politiemannen die dienst hadden konden de situatie met geen mogelijkheid in het gareel brengen. Ze leken het niet eens te willen.

Er brak een handgemeen uit waar zes tot acht blanke soldaten bij betrokken waren die een zwarte soldaat afranselden. Ik hoorde 'Vermoord die nikker,' schreeuwen en 'Dood aan die zwarte hufter'. Hij wist los te komen en rende met een blik van doodsangst een zijstraat in, een blik die ik van mijn levensdagen niet zal vergeten. De menigte achtervolgde hem, slingerde lege whiskyflessen naar zijn hoofd. Tot zijn verrassing merkte de zwarte soldaat dat de zijstraat een doodlopende steeg was en dat ontsnappen uitgesloten was. Ik vond dat ik hem te hulp moest schieten, maar ik was bang voor de menigte.

Zodra hij het einde van de steeg bereikte draaide hij zich om, keek zijn achtervolgers aan en wachtte op wat ze nu zouden doen. Hij droop van het zweet. De doodsangst in zijn blik veranderde in ijzeren vastberadenheid. Zijn achtervolgers hielden allemaal pardoes stil, op één soldaat na die op hem afliep, uithaalde en de verrassing van zijn leven kreeg toen hij door een klap pal achteroversloeg. Terwijl hij over het bewusteloze lichaam van zijn aanvaller stapte, balde de zwarte man zijn vuisten en zei: 'Ik ga nu weg.' Het was doodstil. Iedereen ging aan de kant en liet hem doorlopen. Ik kwam in de verleiding hem te feliciteren, maar ik was bang dat hij zou zeggen: 'Waar was je toen ik je nodig had?' Daarna verloor ik mijn interesse in het feest en liftte terug naar de basis.

Piekerend over dat akelige voorval voelde ik me schuldig dat ik de man niet te hulp was geschoten. Dat schuldgevoel deed me denken aan een verhaal dat ik ooit had gelezen. Er kijkt een man zwijgend toe hoe een andere man in het diepe zuiden wordt gelyncht. Hij is geschokt en gefascineerd tegelijk door wat hij heeft zien gebeuren.

De menigte verspreidt zich en het lijk blijft slap aan een boom bungelen; de man keert beschaamd huiswaarts omdat hij te bang is geweest om in te grijpen. Als hij binnenkomt, flapt zijn vrouw, die zijn schuldgevoel en schaamte van zijn gezicht kan aflezen, eruit: 'Je hebt een ander, of niet soms?'

Reginald Thayer, Palisades, New York

Kerst 1945

De oorlog was enkele maanden voorbij en onze eenheid was gelegerd in Kyoto, Japan. Voor ons beloofde de kerst net zo kaal te worden als het terrein waarop we woonden. Keizer Hirohito doelde op ons toen hij zei: 'We moeten het ondraaglijke verdragen.' Op 22 december stuurden we een vrachtwagen weg om een kerstboom en wat versiering op te halen voor het hoofdkwartier.

De vijf gemeenste kerels van het 568ste kregen de opdracht de boom te versieren. We hoopten op muiterij zodat we het hele stel achter de palissade konden schoppen. Maar niets daarvan. Sterker nog, ze deden het goed. Maar nimmer is er een kerstboom onder grovere taal opgetuigd. Merton Mull, de ster van het 'onmogelijke vijftal', onthulde die dag zijn hoop op afkeuring op medische gronden. Hij kon ternauwernood lopen. Zijn ruggengraat, zei hij, was een slingerende stapel rammelende ringen. Door een klein kiertje in de deur van de kantine zag ik Merton aan een hand aan een hoge dwarsbalk hangen terwijl hij een zilveren piek op de top van de boom zette.

Het was triest. De compagnie, al zolang trots op haar eendracht en haar zesde eervolle vermelding, was tegen de kerst verdeeld geraakt. Veel van de mannen die tijdens de campagnes in Nieuw-Guinea en Luzon deel van de eenheid hadden uitgemaakt, waren naar huis, vervangen door rekruten uit de Verenigde Staten. De oude garde vond de grootspraak van die negentienjarige cracks onverdraaglijk. Zelfs hun haat was oppervlakkig.

Er was een pr-stunt nodig om de zaak te herstellen. Toen we de corveeroosters voor eerste kerstdag ophingen werd er gemord en geklaagd. Alle simpele karweitjes waren aan de onderofficieren toebedeeld, stuk voor stuk ouwe hap. Hoe hoger in rang, des te beroerder de taak. De sergeant eerste klas moest eerst oberen en daarna potten en pannen doen, het verachtelijkste keukencorvee. De sergeant bevoorrading, die vier strepen had, zou het grootste deel van de kerst toiletten moeten schrobben. De sergeant-majoors kregen algehele corvee en de korporaals zouden diverse vervelende wachtposten bemannen. 'Dat hebben die snotapen niet verdiend,' meenden velen. De sergeant eerste klas viel tijdens het diner uit zijn rol, maar slechts voor kort. Hij 'onderscheidde' de vijf 'rotzakken' die de boom hadden opgetuigd. De eervolle vermelding luidde: 'taakvervulling die de plicht te boven ging'.

Er werd die dag veel hersteld, maar grotendeels dankzij onverwacht bezoek dat op kerstavond verscheen. Op een raadselachtige manier bezorgde dat onze schijnheilige pr een oprechter kerststemming. Ik zal het u snel verklappen.

Ik zat in de kamer van de bevelhebber een brief te schrijven toen korporaal Duncan, onze compagnieklerk, zich met ongelooflijk nieuws naar binnen haastte. Een groepje Japanners had zich op een platte vrachtwagen met een harmonium aan de poort gemeld en verzocht toegelaten te worden. Ze droegen witte koorgewaden en beweerden christenen te zijn. Volgens Duncan waren twee van de vrouwen onloochenbaar engelen.

Toestemming verlenen betekende een grove schending van onze strenge veiligheidsmaatregelen. Na enige twijfel hoestte de vrachtwagen, die op minderwaardige brandstof reed, zich een weg het terrein op. De organist begon te spelen en een jeugdig koor, zeven vrouwen en drie mannen sterk, begon in het Japans bekende kerstliedjes te zingen. De chauffeur en de organist, allebei man, maakten het symbolische twaalftal compleet. Met de elegante plechtigheden behorend bij een theeceremonie staken de zangers kaarsen aan die ze aan de opdringende soldaten gaven. Tijdens het slotnummer deelden ze geschenken uit – zijden zakdoeken.

We konden er niet voor onder doen. Bijgestaan door een van de koks doorzocht onze joodse kantinesergeant zijn keuken op voorraden. Ze legden dozen vol kruidenierswaren op de vrachtwagen. De korporaal van de motorbrigade bezorgde de chauffeur van de vrachtwagen vijf jerrycans benzine. Anderen haastten zich om dingen te pakken. Kauwgum, chocola, tandpasta, scheerzeep, scheermesjes, toiletpapier, ladingen zeep in diverse stadia van gebruik en handenvol yens werden in een prullenbak gegooid waarin ik terecht mijn eigendom meende te herkennen, uit de bevelhebberkamer gestolen door die boef van een Duncan. Een overtreding meer of minder deed er feitelijk niet toe. De hele gebeurtenis was van begin tot einde onwettig geweest. Als vijand maakte de Jap ons eensgezind. Toen we op het punt stonden verdeeld te raken, bracht een klein groepje Japanse christenen ons weer samen.

De Schrift leert ons dat het regent op rechtvaardigen en onrechtvaardigen. Een andere verklaring is er niet. Ongeveer een maand na deze opmerkelijke kerst kreeg Merton Mull zijn afkeuring op medische gronden. Ik herinner me vaag ongeveer de volgende tekst te hebben gelezen: 'Sld. Mull lijdt aan het chronische waandenkbeeld van rugklachten.'

Lloyd Hustvedt, Northfield, Minnesota

Een zonnige wandeling

Wij hospikken van het Medisch Detachement Derde Bataljon 351ste infanterieregiment gestationeerd in de San Giovannibarakken aan de noordkant van Triest hadden voor troepen die tegenover de naoorlogse dreiging van maarschalk Tito in paraatheid waren gebracht een verhoudingsgewijs ontspannen bestaan. In tegenstelling tot de normale legerprocedure hielden we om 16.00 uur, vier uur 's middags, ziekenappèl in plaats van 's ochtends. Het was dan ook niet verbazingwekkend dat er weinig soldaten om medische bijstand kwamen als de dagtaken erop zaten en de mannen avondverlof konden krijgen. Onze eerstehulppost werd voortdurend door minstens een hospik, de CQ, bemand dus stonden we altijd paraat voor hulpverlening. Toch hadden we, een enkele ernstige ziekte of verwonding daargelaten, de hele dag vrijwel niets te doen. We verschenen nooit met de rest van het bataljon op het ochtendappèl, maar kwamen vlak voor het ontbijt ons nest uit. Soms versliepen we ons daar zelfs voor en stuurden dan zodra we wakker waren iemand naar de plaatselijke Italiaanse delicatessenwinkel voor broodjes en salade.

Nog een privilege dat we onszelf gunden, waren ritjes met de ambulance als het bataljon een complete dagmars met volledige bepakking moest afleggen. Onze bataljonschirurg, luitenant William A. Reilly, had daar nooit kritiek op.

Het onvermijdelijke gebeurde. Tegen het einde van een dagmars stond onze luitenant-kolonel Dured E. Townsend aan de kant van de weg de marcherende troepen te inspecteren. Hij zag onze ambulance voorbijkomen, maar nergens was een hospik te bekennen. Hij bracht de ambulance tot stilstand, liet de chauffeur de achterdeur opendoen en stak zijn hoofd naar binnen. Daar lagen we, comfortabel op brancards, zonder ook maar een spoortje van vermoeidheid. Zijn plotselinge verschijning maakte ons op slag sprakeloos en we verwachtten beslist dat we ter plaatse een uitbrander zouden krijgen. Maar nee. Op woeste toon zei hij slechts: 'Sergeant, ik wil dat u en uw mannen zich morgenochtend om 07.00 uur bij mij melden, aan de hoofdpoort, met volledige bepakking.'

We verschenen de volgende morgen op de afgesproken tijd op de afgesproken plek, net toen de kolonel zelf aankwam. 'Welaan,' zei hij, 'mannen, jullie moeten dezelfde route afleggen als het bataljon gisteren, plus acht kilometer extra, volgens deze kaart.' Dat gezegd zijnde, overhandigde hij de kaart aan onze sergeant Joe Grano, die salueerde en antwoordde: 'Jawel, meneer.' Daarna marcheerden wij met z'n negenen keurig in rijen van twee de poort uit en gingen rechts uit de flank naar de heuvel in het hooggelegen achterland van Venezia Guilia.

Zodra we over de top van de eerste heuvel waren daalden we af naar een dalletje. Onder leiding van onze vindingrijke sergeant Grano verlieten we de weg aan de linkerkant. In een enkelvoudige rij volgden we een pad dat tussen wat struiken door naar een vlak stuk open terrein voerde tussen steile hellingen, een tamelijk afgeschermde pan. Daar maande onze leider ons tot stoppen en gooiden wij losjes onze rugzakken af. Ik zeg losjes omdat ze vakkundig volgens de regels gevuld leken, maar in werkelijkheid hun vorm aan lege kartonnen dozen hadden te danken waarin we onze sportspullen mee hadden genomen: een softbal, handschoenen, een knuppel en ook een voetbal. We hadden onze militaire rantsoenen links laten liggen en de avond tevoren onze echte lunch bij ons delicatessenwinkeltje gekocht. Die kwam ook uit onze nepbepakking.

Ons eerste uur brachten we kletsend door, en uitrustend van onze wandeling van twintig minuten heuvelopwaarts. Daarna kleedden we ons tot op ons ondergoed uit, zetten een veld uit en kozen teams voor een behoorlijk opwindend potje softbal. We zaten allemaal in het regimentsteam, de 'Blue Medics'. We maakten onszelf wijs dat het spel ons karakter zou helpen vormen, alsmede onze strijdbaarheid en sportiviteit. We speelden tot we honger kregen en genoten toen de lunch die we wegspoelden met de wijn die sommigen in veldflessen hadden meegenomen. Daarna gingen we, om eens een legerterm te gebruiken, even meuren onder de zonnige Italiaanse hemel.

We berekenden dat we ongeveer om 16.00 uur weer bij de barakken moesten verschijnen. Dus trokken we 's middags onze plunje weer aan, stelden weer teams samen en begonnen aan een agressief potje rugby. We speelden ruw, zodat onze uniforms helemaal vies en zweterig werden en onze kistjes afgetrapt, en onvermijdelijk liepen we zelf ook wat krasjes en deuken op.

Toen de wedstrijd afgelopen was sloegen we het restje wijn achterover, graaiden onze nepbepakking weer bijeen en trokken alles weer aan voor de terugtocht. Daar stond kolonel Townsend klaarblijkelijk onze aankomst af te wachten. Hij stond in de hoofdpoort uit te kijken toen ons zweterige, stinkende, smerige detachement vermoeid de heuvel af kwam stampen en slordig links uit de flank ging en pal voor hem tot een halt kwam. Terwijl hij zijn blik over ons liet gaan was zijn immense tevredenheid overduidelijk. Hij hoefde het niet te zeggen, maar deed het toch: 'Ik geloof dat ik jullie hospikken een lesje heb geleerd dat jullie niet snel zullen vergeten, of wel soms?'

Uiteraard kreeg hij van niemand hardop antwoord. Maar we stemden er allemaal mee in.

Donald Zucker, Schwencksville, Pennsylvania

A Shot in the Dark

Ik was als jonge marinier in Vietnam op nog geen twintig kilometer van Danang gestationeerd, maar het was zo ver van de bewoonde wereld dat het aanvoelde als het einde van de wereld. We sliepen in grote veertienpersoonstenten op de ruwe grond en hadden kaarsen als verlichting. Onze hele operatiebasis bevond zich in een verlaten Vietnamees dorp dat omgeven was door dichte bebossing en een ondoordringbaar bladerdak. Dat schermde ons af van de intense zonnehitte, maar beschermde ons ook tegen scherpschutters.

We brachten de dagen en nachten door met patrouilles, confrontaties met scherpschutters, en regelmatig contact met de plaatselijke bevolking. Na twee of drie dagen in het veld mochten we gedurende een dag en een nacht terug naar de basis. Als we in ons 'beveiligde gebied' waren deden we weinig anders dan koel zien te blijven, brieven schrijven naar huis en zo nu en dan een film kijken.

De films werden in een geïmproviseerde bioscoop vertoond die bestond uit een metalen dak dat rustte op grote houten palen. Het was aan alle kanten open en de banken hadden geen rugleuning. Voorin bevond zich een projectiescherm van witgeverfde triplex. Dat stond tussen twee stevige houten palen, en voor het scherm was een verhoogd podium.

Het is een oorlogswet, een wetenschappelijk bewezen feit, een empirische wetmatigheid dat mannen die onder de wapens zijn nooit dicht bij elkaar moeten staan, zitten of liggen, want dan worden ze een welkom doel voor de vijand. Als een man zich in een bijzondere situatie in een groep van twee of meer mensen bevindt, moet hij zich tenminste stilhouden.

Het werd donker en de bioscoop zat bijna vol. De film begon, maar na een paar tellen schoot de film van de spoel en zette de operateur de projector uit om het euvel te verhelpen. Enkele minuten later begon de film opnieuw. En weer liep de film van de spoel. De operateur zette de projector nogmaals uit om het euvel te verhelpen. Het was pikkedonker in de bioscoop. We hadden allemaal een zaklamp bij ons om na de film de weg naar onze tenten te kunnen vinden. Elektriciteit was schaars op de basis, en werd alleen gebruikt voor koeling en andere belangrijke doelen. We hadden mazzel dat we wat stroom konden gebruiken voor de luxe van een incidentele film.

De volgende veertig minuten werden diverse vergeefse pogingen ondernomen om de film aan de praat te krijgen. De menigte begon zich ongeduldig te roeren. Toen een paar begonnen te roepen en fluiten, maakte het kabaal anderen zenuwachtig. Op zeker moment verlieten enkelen de bioscoop. Een ander stel begon met zaklampen op het scherm te schijnen, figuurtjes te maken en op de rest van de groep te schijnen.

Als er bij het korps mariniers iemand tijdens de strijd 'man neer' roept, weten we allemaal dat er iemand neergeschoten, gewond of dood is. Het zet ons stil, schokt ons en maakt ons er op slag van bewust dat zich iets tragisch kan hebben afgespeeld.

Eerst hoorden we het nauwelijks. Vervolgens, zoals altijd in het heetst van de strijd, gaat het van mond tot mond. Het was een vreemd en onwerkelijk moment. Eerst scheen er één zaklamp naar de voorkant van de bioscoop, toen tien, toen veertig. Daar was de kreet vandaan gekomen. Er was duidelijk iemand gewond. Vlak onder het scherm, midden in een donker stuk op het podium, hield een marinier een andere marinier in zijn armen. Laatstgenoemde was slap. Hij was door zijn hoofd geschoten.

Later, nadat we naar onze respectieve eenheden waren teruggekeerd, ontdekten we dat er slechts één kogel was afgevuurd. Een eenzame scherpschutter, aangetrokken door het licht en het kabaal, had een kogel op de menigte afgevuurd. We wisten dat ondanks het dichte gebladerte rondom ons licht van verre zichtbaar was. We hadden het schot door alle herrie die we produceerden niet eens gehoord. We waren nonchalant geweest. We waren ervoor gestraft.

Sommigen gingen helpen en vervolgens nam iemand de leiding en verklaarde op autoritaire toon dat de film was afgelast. We kregen allemaal bevel ons te verspreiden. Voorzichtig besloot ik te wachten tot de meesten waren vertrokken alvorens terug te keren naar mijn tent.

Toen ik achter in de bioscoop was zag ik de operateur naast de projector staan. Ik vroeg hem welke film we zouden hebben bekeken. Het was iets met Peter Sellers en Elke Sommer, zei hij, een film getiteld *A Shot in the Dark*, een schot in het duister.

In het klamme, drukkende duister van die tragische avond liepen de rillingen me over de rug. Dat was in 1966. Vierendertig jaar later staat die avond me nog steeds helderder voor de geest dan welke andere avond ook.

David Ayres, Las Vegas, Nevada

Bekentenissen van een muisketier

Toen ik twaalf was werd ik een van de oorspronkelijke muisketiers. Walt Disney zei tegen me: 'Doreen, muisketier zijn is waarschijnlijk het mooiste dat je ooit zal overkomen.'
 Jaren later, tijdens de Vietnamoorlog, werkte ik als USO-artiest op Amerikaanse militaire bases over de hele wereld. Ten slotte belandde ik 'binnenlands'; ik kwam in 1968 tijdens het Tetoffensief in Saigon aan. Ik trad op met een Filippijnse band genaamd The Invaders, en tegen de tijd dat we werden ingevlogen om op te treden voor de Zevende Leger Cavalerie, Black Horse, hadden we een maand lang elke dag opgetreden en waren we uitgeput.
 Wanneer de helikopter landt zien we een legergroen veld voor een platte vrachtwagen die iets van een podium weg heeft. Voordat de rotors tot stilstand komen, zijn we de instrumenten al aan het uitladen. Ik word door een verpleegster naar haar tent begeleid waar ik mijn kostuum kan aantrekken en mijn make-up herstellen. Enkele minuten later kom ik weer tevoorschijn – gekleed in minirok, nauwsluitend T-shirt, witte kniélaarzen en lang loshangend platinablond haar.
 Bij elke stap plonzen de witte showlaarsjes in de rode blubber. Terwijl ik het trapje van de vrachtwagen beklim blijven er klodders blubber achter. De menigte raakt verhit. Ik graai de microfoon van de standaard, slinger hem de lucht in en vang het snoer bijtijds om de microfoon te kunnen grijpen en te brullen: 'Hold On, I'm Coming.' Nogmaals raakt de menigte door het dolle van enthousiasme. Enkele soldaten op de voorste rij beginnen met een paar verpleegsters te dansen. Zolang de muziek speelt wordt de werkelijkheid van de oorlog vergeten.
 Na een poosje worden een paar kerels knap dronken. Ze maken met hun tanden bierblikjes open, lachen tussen twee slokken door op een overdreven manier. Een vent haalt zijn lip open aan een bierblikje. Het bloed spuit eruit terwijl hij het bloeden probeert te stelpen met een paar teugen bier. Hij grijnst naar het provisori-

sche podium en toont me zo zijn bloederige tanden.

Van ons laatste nummer, 'We Got to Get Out of This Place', gaat het publiek uit zijn dak. Terwijl de band en ik buigen, wordt het applaus oorverdovend. Dan zie ik uit mijn ooghoeken dat een stel muisketieroren door de rijen wordt doorgegeven. Een knappe vent in de middelste rij zet de Mickey-Mouseoren op zijn hoofd. Dan begint 'tovertijd'. Dat gebeurt als een publiek verbonden raakt. Noem het elektrische energie – of de opwinding van het ogenblik. De soldaat met de muizenoren staat op en begint het clublied van de Mickey-Mouseclub te zingen. Een voor een staan her en der in het publiek mannen op, totdat het hele publiek in de houding staat. "'t Is tijd, we gaan, tabee, M-I-C, graag namen we jullie mee, K-E-Y, van jullie houden wij, M-O-U-S-E.' Ik huil als ik die volwassen kerels met zoveel ontzag zie zingen. Ik was de halve wereld rondgereisd en nog steeds kon ik niet aan het verleden ontkomen.

Mickey Mouse was alom aanwezig.

Doreen Tracey, Burbank, Californië

Utah 1975

Mijn vriend D. vertelt dat zijn zoontje rond het einde van de Vietnamoorlog tegen hem had gezegd dat hij het einde van de oorlog wilde vieren. 'Hoe dan?' had D. gevraagd. En zijn zoon had gezegd: 'Ik wil op de toeter van jouw auto drukken.'

Toen de oorlog ten einde was, deden de Amerikanen er weinig aan. Geen parades. Geen fanfares, weinig openbare vreugdeblijken. Behalve in een buitenwijk van Salt Lake City, waar een jochie van negen toestemming kreeg en op de claxon van zijn vaders drukte tot de accu het begaf.

Steve Hale, Salt Lake City, Utah

Liefde

En als?

Op 25 april 1946 kreeg ik mijn ontslagpapieren. Ik had tijdens de Tweede Wereldoorlog drie jaar dienst overleefd en nu ging ik naar huis, met de trein naar Newark, New Jersey. Het laatste wat ik op de basis in Fort Dix had gedaan was een wit overhemd kopen in de kampwinkel – ten teken van mijn terugkeer in het burgerbestaan.

Ik kon niet wachten tot ik mijn grote toekomstplan in werking zou zetten. Ik zou weer gaan studeren, een loopbaan beginnen en naar het meisje van mijn dromen op zoek gaan. En ik wist precies welk meisje dat zou zijn. Ik was sinds de middelbare school al verliefd op haar. De vraag was: hoe vond ik haar? We hadden in geen vier jaar met elkaar gesproken. Nou, het kon wel een poosje duren, dacht ik, maar vinden zou ik haar.

Toen de trein het station binnenreed, pakte ik mijn tassen bij elkaar, nam mijn nieuwe overhemd onder mijn arm en liep naar het busstation – het laatste stuk van mijn thuisreis. En toen, o wonderlijk wonder, stond ze daar, precies zoals ik me haar herinnerde: een kleine, slanke, donkerharige, charmante schoonheid. Ik liep naar haar toe en begroette haar in de hoop dat ze me niet vergeten was. Dat was ze niet. Ze sloeg haar armen om mijn nek en kuste me op de wang, en zei hoe blij ze was dat ze me weer zag. Het geluk lachte me toe, dacht ik.

Ze bleek in dezelfde trein te hebben gezeten voor een weekendje naar huis, weg van de Rutgersuniversiteit waar ze studeerde voor lerares. Ze stond op een andere bus te wachten dan ik, maar dat hinderde niet. Ik was niet van plan mijn kans te laten glippen. We stapten in dezelfde bus – de hare – en haalden samen herinneringen op en bespraken de toekomst. Ik vertelde haar mijn plannen en liet het overhemd zien dat ik had gekocht – mijn eerste stap op weg naar het verwezenlijken van mijn dromen. Ik zei nog niet dat zij de volgende stap zou zijn.

Ze vertelde me wat een meevaller het was dat ik dat overhemd had gevonden, want burgerkleren voor mannen waren schaars. En toen zei ze: 'Ik hoop dat het mijn man net zo meezit als hij volgende maand afzwaait.' Ik stapte bij de volgende halte uit en keek niet meer om. Helaas, mijn toekomst zat niet in die bus.

Eenendertig jaar later, in 1977, ontmoette ik haar opnieuw, op een schoolreünie – minder donker haar, minder slank, maar nog steeds charmant. Ik vertelde haar dat mijn loopbaan voorspoedig was verlopen, dat ik getrouwd was met een geweldige vrouw en dat ik drie kinderen had tussen de tien en twintig. Ze vertelde mij dat ze al diverse keren oma was. Ik dacht dat er voldoende tijd was verstreken om onze ontmoeting van dertig jaar geleden ter sprake te brengen – wat die voor me had betekend en hoe ieder detail ervan in mijn geheugen was gegrift.

Ze keek me met een lege blik aan. Toen, als punt achter een half mensenleven vol 'en als', zei ze: 'Het spijt me, maar daar kan ik me niets van herinneren.'

Theodor Lustig, Morgantown, West Virginia

De geheimen van tortellini

Brian en ik hadden een paar maanden een verhouding en ik had nog niet voor hem gekookt. Hij was een klassiek geschoold chef-kok en daar was ik zwaar van onder de indruk. Ik vormde een gewillig publiek en proefde alles wat hij voor me klaarmaakte als hij met zijn wok en messen en sauteerpannen naar mijn huis kwam om me met zijn kookkunst te verleiden. Maar het idee dat ik voor een chef-kok moest koken maakte me doodsbenauwd. Vooral omdat de meeste gerechten die ik kon bereiden uit blikjes en potjes kwamen plus een pond vlees naar keuze dat je in een pan gooide en dan een maaltijd noemde. Casserole. Lasagne. Of de specialiteit van mijn huisgenote: varkenskoteletten gesmoord in champignon-crèmesoep. Standaardresultaat van onze opvoeding in het zuiden van Ohio. Maar absoluut niet iets om een chef-kok uit Californië voor te zetten.

Niettemin begon ik me schuldig te voelen. Dus nadat hij op een woensdag een gerecht voor me had klaargemaakt, kondigde ik aan dat ik die zaterdag voor hem zou koken. Hij keek me ontroerd aan en zei dat hij om zeven uur zou komen.

In de winkel kocht ik een Italiaans kookboek en vond een recept dat uitvoerbaar leek: tortellini. Uit het niets.

Zaterdagmiddag maakte ik de vulling. Geen probleem. Ik maakte deeg, te beginnen met het ei in de kom bloem, wat op magische wijze in een klomp deeg veranderde. Ik begon redelijk wat zelfvertrouwen te krijgen. Werd zelfs wat overmoedig, eerlijk gezegd.

'Keryn, waar is de deegroller?' riep ik naar mijn huisgenoot die beloofd had die avond op te zullen krassen.

'Welke deegroller?' riep ze vanuit de woonkamer.

'Je weet wel,' zei ik, 'die houten.'

'We hebben geen deegroller,' riep ze.

Ik sloot mijn ogen om me te herinneren waar de deegroller was. In de keuken van mijn moeder. Drieduizend kilometer verderop. En het was halfzeven.

Ik keek vloekend en buiten adem de keuken rond. Mijn blik viel op een fles wijn die ik voor bij het eten had gekocht. Minder goed dan de deegroller van mijn moeder omdat hij maar één handvat had, maar het zou er wel mee lukken. Ik rolde zo goed als ik kon, zweette me rot hoewel de airconditioning aanstond, sneed het deeg met een waterglas en leek het spoor weer te hebben gevonden. Ik legde een vel bakpapier vol tortellini, keurig gevuld en tot vormpjes gedraaid.

Ik was net klaar toen de deurbel rinkelde. Ik schoof de schaal pasta in de koelkast en begroette mijn eter met een lading bloem op mijn kleren en mijn gezicht glimmend en blozend. Hij had voor de gelegenheid een fles mousserende wijn en een roos meegenomen.

Een glas champagne later had ik mezelf voldoende onder controle om de tortellini te gaan koken. De pan water was aan de kook. Hij keek belangstellend toe terwijl ik het bakpapier uit de koelkast haalde en zijn ogen vielen uit hun kassen toen hij de rijtjes kleine vormpjes zag. 'Heb jij dat gemaakt? Met de hand? Dat maak ik niet eens en ik heb een pastamachine.'

Ik liet de pasta in het kokende water vallen en diende ze vervolgens op. Het zag er prachtig uit. We gingen aan tafel en ik keek toe terwijl hij er eentje in zijn mond stopte en kauwde. En kauwde. En kauwde. Ik probeerde er eentje. Ze waren zo stijf als kauwgum.

Het was afgelopen. Ik wist het. Ik had iets moois beleefd en nu zou hij de maaltijd zien te overleven, vroeg met hoofdpijn vertrekken en in de zomernacht verdwijnen waarna zijn doos met messen en pannen nooit meer in mijn flat zou komen logeren.

Maar hij at ze op. Tot de laatste aan toe en erkende slechts dat, ja, ze waren een beetje stevig, maar zeker niet slecht. Dus biechtte ik het verhaal van de deegroller op. Hij lachte niet. Zijn blik zei me dat hij de ware was.

Als mensen ons vragen wanneer we van elkaar overtuigd raakten, zegt Brian: 'De eerste keer dat ze voor me kookte. Ze had tortellini voor me gemaakt – uit het niets.' En ik zeg: 'De eerste keer dat ik voor hem kookte – hij at mijn tortellini.'

Kristina Streeter, Napa, Californië

Een onvrijwillige assistent

Hij noemde haar 'Bult'. Het was een koosnaampje – ze had grote jukbenen. Als ze glimlachte werden haar wangen zelfs nog groter, en bijna gloeiend roze. Ze boog haar hoofd voorover, blozend, niet uit schaamte maar doordat ze de natuurlijke verlegenheid had van een boerenmeid. Ze glimlachte veel naar Kevin.

Kevin was mijn collega-kamergenoot, en Bult was zijn vriendin. Kevin meende dat hij mondain, gedistingeerd, geestig was – voorbestemd voor een verheven, deftig bestaan. Een huwelijk met een verlegen boerenmeid met appelwangen paste niet in zijn toekomstbeeld. Hij besloot hun relatie te beëindigen voordat het te serieus werd.

Maanden daarna liep ik op een middag Bult tegen het lijf. We gingen zitten en bespraken het voor de hand liggende: hoe ging het met Kevin; had hij iemand? Ik vertelde haar dat het goed met hem ging en dat hij met niemand vaker dan een of twee keer uit was geweest. (Hoewel ik wist dat hij haar miste, wilde hij dat zichzelf of een ander nog niet bekennen.)

Opeens, ik kan het niet goed verklaren, schoot mij een gedachte of een scène te binnen. Eventjes bevond ik me ergens anders. Ik neem aan dat je het een visioen kunt noemen, maar dat klinkt te dramatisch, te veel als een openbaring aan een heilige. Van ergens hoog uit de lucht zag ik Kevin en Bult trouwen aan de oever van een meer dat ik nog nooit had gezien. Terwijl ik toekeek heerste er een ongelooflijke rust.

Langzaam besefte ik dat Bult het woord voerde. Ik wist niet wat ik moest denken van wat er net was gebeurd. Ik was in de war, maar op een vreemde manier ook ontspannen. Ik zei er niets over. Als Kevin en zij weer verenigd zouden worden, zou het niet komen doordat ik ze vertelde dat ik een 'visioen' van hun bruiloft had gehad. Ik nam mezelf voor er met niemand meer over te praten.

Toen ik later thuiskwam bleef ik eventjes op de drempel staan om me mijn voornemen in te prenten dat ik niets zou zeggen over wat er gebeurd was. Binnen, maar dat wist ik niet, had Kevin net aan zijn vriend Jerry gevraagd: 'Vind jij dat ik het weer aan moet maken met Bult?' Voordat Jerry antwoord kon geven, deed ik de deur open en zei: 'Volgens mij moet jij het weer aanmaken met Bult.' Het was net of ik me niet kon beheersen, alsof er iemand anders sprak. Ik was een toeschouwer die een acteur in een stuk een tekst ziet zeggen. Kevin was net zo verbaasd als ik. We lachten erom en vonden het mal en lieten het erbij. Jaren later pieker ik er nog steeds over.

Ik heb ze nooit verteld wat ik had gezien. Ik heb niemand ooit verteld over het meer en de bruiloft. De zomer daarna trouwden Kevin en Bult aan de rand van dat meer.

C.W. Smitt, Phoenix, Arizona

De plek

Toen ik twintig was werd ik verliefd op een man van drieënveertig. Het was 1959 en mijn hele familie was erdoor geschokt. Ik was leerling-verpleegster en John was patiënt geweest op onze afdeling. Mijn ouders dreigden de financiering van mijn opleiding stop te zetten als ik met *die man* bleef omgaan.

Hij was getrouwd geweest, gescheiden en had geen kinderen. Voor mij was John het toonbeeld van mannelijkheid: Gary Cooper en Randolph Scott ineen. We woonden in Colorado, en hij scheen op en top bij het westen te horen: hoe hij eruitzag en sprak, zijn liefde voor het landleven. Hij bezat de zelfbewuste gang van iemand die weet wie hij is en zich niet voor zichzelf schaamt. Ik hield van zijn vooruitstekende kaak en ik hield van zijn smalle, zwierige heupen. Niemand had er in een spijkerbroek ooit verleidelijker bij gelopen.

Als hij naar me glimlachte, en zodra hij zijn gedachten kenbaar maakte in die lijzige westerse tongval van hem, dacht ik dat ik smolt.

Toen we op een dag de weg afreden die langs de plaatselijke begraafplaats leidt, zei hij: 'O, ik heb vandaag trouwens een graf gekocht. Ik kan het je net zo goed even laten zien.'

'Wat heb je?' vroeg ik.

'Nou,' zei hij lijzig, 'er kwam een vent aan de deur en die verkocht graven op dat nieuwe stuk grond. Er is een plek vlak naast het beeld van Jezus en Maria. Ik vind het een prettig idee om daar begraven te worden omdat het zo dicht bij mijn moeder is.'

Ik was nog steeds verbijsterd dat hij op zijn leeftijd over de dood nadacht. Voorzover ik wist was hij zo gezond als een vis. Ik begreep het niet.

'Luister, schatje,' zei hij, 'nou moet je je niet van de wijs laten brengen. Er mankeert me niks. Ik vond het gewoon betaalbaar, die vent was er nu, de plek stond me aan, dus dacht ik waarom niet?'

We hadden toen al een jaar verkering en ik wist dat als hij iets in zijn kop had het niet in zijn kont zat. Hij zou niet op zijn besluit terugkomen. Zo zat het en niet anders.

Er verstreek nog een jaar en ik voelde de druk van alle kanten toenemen. Mijn ouders spanden mijn vriendinnen op school, mijn dominee, mijn liefste tante en mijn zussen voor hun karretje. Ze moesten me er allemaal van overtuigen dat ik verkering hoorde te hebben met een jongen van mijn eigen leeftijd. Ik wist dat John echt van me hield. Hij merkte wat een opschudding het allemaal bij mij en mijn familie teweegbracht, dus zei hij op een dag dat we misschien een tijdje uit elkaar moesten gaan. Ik huilde dagen aan een stuk, maar uiteindelijk stemde ik toe. Na een poosje kreeg ik iets met een collega uit het ziekenhuis die ongeveer van mijn leeftijd was. Mijn vader en moeder waren dolgelukkig.

We hadden afgesproken elkaar drie maanden niet te zien. We zouden eigenlijk helemaal geen contact onderhouden, maar John, mijn ware liefde, belde zo nu en dan en telefonisch hielden we contact.

Voor de drie maanden om waren ontdekte ik dat ik zwanger was en niet van John. Het was 1960. Ik kon kiezen voor een huwelijk of een adoptie. Ik besloot te trouwen. Ik schreef John, maar die beantwoordde mijn brief niet.

De baby zou in september komen. Op vijfentwintig augustus kreeg ik een krant in handen waarin stond dat John tijdens een ongeluk op de I-25 was omgekomen. Hij was de dag ervoor begraven.

Ik wist welk graf het was, dus ging ik meteen naar de begraafplaats.

Dat gebeurde veertig jaar geleden. Twintig jaar later overleed mijn vader en mijn moeder zocht een graf voor hem uit dat om de hoek van dat van John lag. Ze wist beslist niet dat John vlak bij begraven lag noch dat ik al een jaar voor zijn dood van die plek op de hoogte was.

Elk jaar met dodenherdenking leg ik een roos op zijn graf.

Bev Ford, Aurora, Colorado

Tafel voor twee

In 1947 was mijn moeder, Deborah, een eenentwintigjarige studente aan de universiteit van New York met Engelse literatuur als hoofdvak. Ze was prachtig – onstuimig maar zelfbewust – met een grote hartstocht voor boeken en ideeën. Ze las alles wat los en vast zat en hoopte op een dag schrijfster te worden.

Mijn vader, Joseph, was een beginnend schilder die de kost verdiende als tekenleraar aan een middelbare school aan de West Side. Zaterdags schilderde hij de hele dag, hetzij thuis, hetzij in Central Park, en gunde zichzelf een etentje. Op deze zaterdagavond zocht hij een eetcafé uit genaamd de Milky Way.

De Milky Way was toevallig het lievelingsrestaurant van mijn moeder en na de hele ochtend en de halve middag te hebben gestudeerd ging zij daar met een stukgelezen exemplaar van Dickens' *Great Expectations* onder de arm uit eten. Het eetcafé zat vol en zij kreeg het laatste tafeltje. Ze nam genoegen met een avondje goulash, rode wijn en Dickens – en had al snel niet meer in de gaten wat er om haar heen gebeurde.

Binnen een halfuur waren er alleen nog maar staanplaatsen in het café. De volledig uitgeputte serveerster kwam mijn moeder vragen of ze haar tafel met een vreemde wilde delen. Nauwelijks uit haar boek opkijkend ging mijn moeder akkoord.

'Een tragisch bestaan voor die arme Pip,' zei mijn vader toen hij het verfomfaaide omslag van *Great Expectations* zag. Mijn moeder keek hem aan en op dat moment, herinnert ze zich, zag ze iets in zijn ogen dat vreemd vertrouwd was. Jaren later, toen ik haar smeekte het verhaal nog eens te vertellen, zuchtte ze beminnelijk en zei: 'Ik zag mezelf in zijn ogen.'

Mijn vader, volledig in beslag genomen door het wezen tegenover hem, zweert tot op de dag van vandaag dat hij een stemmetje vanbinnen hoorde dat zei: 'Zij is jouw bestemming' en dat hij meteen daarna een prikkelend gevoel kreeg dat van zijn tenen tot zijn kruin liep. Wat mijn ouders die avond ook zagen of hoorden, ze

begrepen allebei dat er iets wonderbaarlijks had plaatsgevonden.
 Als twee oude vrienden die na jaren flink moeten bijpraten spraken ze urenlang met elkaar. Later, toen de avond om was, schreef mijn moeder haar telefoonnummer op de binnenflap van *Great Expectations* en gaf het boek aan mijn vader. Hij nam afscheid van haar, kuste haar zachtjes op haar voorhoofd en vervolgens liepen ze beiden een andere kant op, het duister in.
 Ze konden geen van beiden slapen. Zelfs met haar ogen dicht zag mijn moeder maar één ding: het gezicht van mijn vader. En mijn vader, die haar niet uit zijn hoofd kon zetten, bleef de hele nacht op om mijn moeders portret te schilderen.
 De volgende dag, zondag, ging hij bij zijn ouders op bezoek in Brooklyn. Hij nam het boek mee om er in de metro in te lezen, maar hij was uitgeput na die slapeloze nacht en werd na een paar alinea's soezerig. Dus stopte hij het boek in zijn jaszak – die hij over de stoel ernaast had gehangen – en sloot zijn ogen. Hij werd pas wakker toen de trein stopte bij Brighton Beach, op het uiterste puntje van Brooklyn.
 De trein was inmiddels leeg en toen hij zijn ogen opendeed en zijn spullen wilde pakken, was zijn jas verdwenen. Iemand had hem gestolen en aangezien het boek in de zak had gezeten was dat ook weg. En als gevolg daarvan was ook mijn moeders telefoonnummer zoek. Wanhopig begon hij de trein te doorzoeken, keek onder elk bankje, niet alleen in zijn coupé, maar ook in de twee aansluitende coupés. In de opwinding dat hij Deborah had ontmoet was Joseph zo dom geweest om niet naar haar achternaam te vragen. Het telefoonnummer was zijn enige houvast.
 Het telefoontje dat mijn moeder verwachtte kwam maar niet. Mijn vader ging een paar keer naar haar zoeken op de afdeling Engels van de universiteit, maar kon haar niet vinden. Het lot had hen beiden verraden. Wat die eerste avond in het eetcafé onontkoombaar had geleken was kennelijk niet voorbestemd.
 Die zomer vertrokken ze allebei naar Europa. Mijn moeder ging naar Engeland om literatuurlessen te volgen in Oxford en mijn vader ging naar Parijs om er te schilderen. Eind juli nam mijn moeder in de drie dagen die ze had vrij het vliegtuig naar Parijs, vastbesloten in tweeënzeventig uur zoveel mogelijk cultuur

op te slorpen. Ze nam een exemplaar van *Great Expectations* mee. Na de trieste toestand met mijn vader had ze de moed verloren erin te lezen, maar nu ze aan het eind van een lange dag vol indrukken in een overvol restaurant plaatsnam sloeg ze de eerste bladzij op en begon weer aan hem te denken.

Nadat ze een paar zinnen had gelezen werd ze onderbroken door de ober die haar, eerst in het Frans, vervolgens in gebroken Engels, vroeg of ze de tafel wellicht met iemand wilde delen. Ze ging akkoord en las verder. Even later hoorde ze een bekende stem.

'Een tragisch bestaan voor die arme Pip,' zei die stem en toen keek ze op en daar was hij weer.

Lori Peikoff, Los Angeles, Californië

Boordenknoopje

Mijn ouders hadden strikte ideeën over boordenknoopjes. Ze waren van de richting die geloofde dat een jongensoverhemd gesloten moest zijn, of je nou wel of geen das droeg. Thuis of bij informele gelegenheden maakte het niet uit. Maar naar school en bij andere geklede gelegenheden moest de boord dicht. Het was niet zomaar een kwestie van stijl. Het had met properheid te maken en droeg de volle lading van een moreel gebod.

Groep tien was de eerste klas highschool. Als plichtsgetrouwe zoon hield ik me nog steeds aan de regels en had dus elke ochtend mijn boordenknoop dicht. Maar de regels hadden geen rekening gehouden met juf Scot. Mijn wiskundelerares was een lange, jonge vrouw met lang haar die vaak met haar benen over elkaar op het puntje van haar bureau zat te praten. Ik moet daar snel aan toevoegen dat ze rokken tot boven de knie droeg – niet ver erboven, maar niettemin erboven. De schoen aan de voet van het bovenste been bungelde dan aan haar tenen, maar viel niet.

Het lot had bepaald dat ik op de voorste rij pal voor haar bureau zat. Ik was erg laat voor mijn leeftijd. Ik wist van het verschil tussen jongens en meisjes (mijn moeder was verpleegster en had me het sanitair uitgelegd), maar het overige was me een volslagen raadsel. Ja, te midden van de potentiële rekruten voor de seksuele revolutie van dat decennium was ik een F-4. Niettemin besefte ik, dankzij welke alchemistische kracht in onze hersenen dan ook, dat juf Scot een geval apart was.

Op een morgen aan het begin van het schooljaar boog juf Scot zich op haar verhoginkje voorover en strekte tot mijn verbazing haar rechterhand naar me uit en knoopte mijn boord los. Er joeg een elektrische schok door mijn lijf en die brandde zich mijn ziel in. Mijn moeder had me uiteraard heel vaak aangeraakt, maar zo had het nog nooit gevoeld. Juf Scot wierp een terloopse blik in mijn richting maar bleef zonder een enkele hapering tegen de klas praten.

In de wetenschap dat mijn moeder de boord gesloten wilde zien, deed ik het knoopje weer dicht. Deze vrouw was dan wel mijn onderwijzeres, maar ze had niet het recht een moederlijk bevel te negeren. Maar juf Scot duldde geen tegenspraak. Nogmaals boog ze zich naar mij toe en maakte het knoopje los – en trok vervolgens met twee handen mijn boord recht. 'Zo zie je er beter uit,' zei ze. Als ze me op de mond had gezoend was ik waarschijnlijk niet vrolijker geweest dan op dat moment.

De boord bleef die hele dag open staan, maar dat was niet iets om aan je moeder te vertellen. Vanaf die dag knoopte ik mijn boord dicht voor ik van huis ging. Maar zodra ik de straat een eindje uit was, sprong hij altijd open.

Earl Roberts, Oneonta, New York

Susans kerstwens

Als alleenstaande vrouw van in de twintig had ik de gewoonte met de kerst fotowenskaarten te versturen. Ik liet me in de loop van het jaar in diverse poses fotograferen en koos de beste dan om als kaart te versturen.

Op die foto's stond ik altijd naakt.

Ik kreeg veel fans. Mannen hielden me op straat aan en zeiden: 'Susans kerstwens?' Ik heb zes jaar lang zulke kerstkaarten verstuurd en tegen die tijd had ik een lijst van 250 namen.

Een van de geadresseerden was de man die mijn auto onderhield, Ted. Hij was dertig jaar ouder dan ik en een stevige drinker, maar een prima monteur. Hij had ook een gouden hart. Ik wist dat hij vriendinnen had, maar ik heb nooit kennis met ze gemaakt.

Ik had Ted nodig, dus stuurde ik hem ieder jaar een kerstkaart. Hij begon fotokaarten terug te sturen, maar op die van hem hield hij altijd een grote vis omhoog.

Nadat ik verhuisd was naar een andere stad, zag ik Ted nog slechts zelden, maar we bleven kaarten uitwisselen totdat ik ermee ophield.

Vooruitspoelen naar drieëntwintig jaar later. Ik ben terug in mijn oude buurt om een radio in mijn auto te laten zetten. In de wachtkamer komt een man op me aflopen en die zegt: 'Susan? Ik ben Paul, Teds zoon.'

'O, natuurlijk,' zeg ik. 'Hoe gaat ie?'

Paul vertelde me dat Ted dat najaar was overleden. Hij had samen met zijn zus een pak uitgekozen waarin hun vader begraven zou worden.

Zijn zus doet de sokkenla open en ziet daar mijn kerstfoto liggen. 'Hé,' zegt ze tegen Paul. 'Die moet pa bij zich houden,' en dus duwt ze de foto in zijn borstzak. Wat inhoudt dat Ted is begraven met mij naakt op zijn borst. Dat zou hij leuk hebben gevonden.

Een week later vind ik thuis een van de foto's van Ted. Het is die foto waarop hij een vis omhooghoudt en naar me glimlacht. De foto is aan de randen door de muizen aangevreten.

Ik draai hem om en daar lees ik, in Teds handschrift: 'Susie, ik draag je al zeventien jaar in mijn hart en in gedachten mee. Ik hoop dat het goed met je gaat en wens je het allerbeste. Liefs, Ted.'

Susan Sprague, Willamina, Oregon

Edith

Ze heette Edith, maar zo werd ze door niemand genoemd. Achter haar rug om noemde iedereen haar 'Edie', maar in haar gezicht zei iedereen altijd 'Miss Burgoyne'. Ze woonde alleen met haar moeder en haar vader iets ten westen van de stad. Later kwam ik erachter dat het haar vader en moeder helemaal niet waren. Het waren haar oom en tante van moederszijde en zij was de bastaard van haar tantes zus. De tante en haar man hadden zelf nooit kinderen gekregen, dus hadden ze dit baby'tje kort na haar geboorte in 1906 in huis genomen en opgevoed alsof het hun eigen kind was.

Dan moet ze ongeveer vierenzestig zijn geweest toen ik een jochie van tien was. In onze buurt was ze toen al een legende. Misschien kwam het door de adellijk klinkende naam – Burgoyne – die bleef hangen in een dorp vol Noorse achternamen die stuk voor stuk op 'son' eindigden. Het was waarschijnlijker dat het kwam doordat ze zich afstandelijk opstelde tegenover de andere mensen uit het dorp. Als oude vrijster in een wereld van getrouwde vrouwen maakte ze geen deel uit van een van de kerkgenootschappen of gezelligheidsverenigingen voor dames. En ze had een universitaire achtergrond. Ze was in 1928 afgestudeerd aan de universiteit van South Dakota als doctorandus in de muziekwetenschappen. Voor haar afstuderen had ze van haar vader een nieuwe Buick gekregen waar ze de hele zomer mee van huis tot huis reed om voor vijftig cent per uur pianoles te geven. Ik was een van de kinderen die les van haar kregen. We wilden allemaal pianospelen, maar we hadden een hekel aan de discipline van het oefenen, de vernedering van de lessen en de ellende van door haar met 'lieverd' te worden aangesproken. Haar slonzige kleren waren zo ouderwets dat het leek of ze die nog naar college had gedragen. Dat was voldoende om haar excentriek te vinden, maar daar kwam nog bij dat ze plakband op de kilometerteller van de auto had zitten. Op een dag rende ik na de les naar buiten terwijl zij mijn oma bezocht, kroop de auto in en trok het plakband los. De kilometerteller van haar Buick uit 1928 gaf aan dat ze net iets meer dan 9400 kilometer had gereden – 9400 kilometer in 24 jaar!

Op een zomerse dag zat ik mijn tijd te verlummelen bij de benzinepomp toen Miss Burgoyne voorbijkwam op weg naar het postkantoor en de muzieklessen van haar middagrooster. Oom Pete, mijn opa's broer, had die dag toevallig de leiding.

'Ik vraag me af wat er van Edies spoorman terecht is gekomen,' zei hij, voor zich uit mompelend.

'Welke spoorman?' vroeg ik.

En toen kreeg ik het verhaal te horen dat iedereen in het stadje al jaren kende.

Het plaatsje Naples was een vlek op de kaart. We zeiden altijd: 'Niet knipperen, dan rijd je er voorbij!' Het lag ongeveer acht kilometer ten noorden en een tikkeltje ten westen van Vienna. Een aftakking van de Milwaukee Railroad liep vanaf Sioux Falls door Vienna en Naples en dan door naar Bristol, waar de trein omdraaide en de volgende dag terugkeerde naar Sioux Falls. Toen Miss Burgoyne in de zomer van 1935 op die trein stapte, maakte de Milwaukee al een halve eeuw deel uit van het prairielandschap.

'Jup,' zei Pete, 'ze stapte die zomer tegen de avond een keer op de trein en reed vervolgens een jaar lang drie keer per week naar Naples. Daar stapte ze uit en liep naar huis.'

'Waarom deed ze dat?'

'Daar weet niemand het fijne van. Volgens de stationsbeheerder was ze verliefd op een treinconducteur genaamd Bill, maar die Bill had een gezin. Daar weet niemand het fijne van. Ze heeft het ongeveer een jaar volgehouden en hield er toen even plots mee op als ze ermee was begonnen. Zelfs op de koudste winteravonden liep ze de zeven kilometer van Naples naar huis drie keer per week.'

'Hoe had ze die Bill, die conducteur, leren kennen?'

'Daar weet niemand het fijne van,' zei Pete. 'Ik geloof ook niet dat er ooit een verhouding tussen die twee heeft bestaan. Ik denk dat ze gewoon een eenzame vrouw van dertig was die op de trein stapte en wilde dat de conducteur haar vriend was. Maar ik weet het niet. Daar weet niemand het fijne van.'

De trein is nu verdwenen. En het station ook. De rails zijn jaren geleden verwijderd en gerecycled. De vader van Miss Burgoyne is begin jaren vijftig overleden, haar moeder een paar jaar later. Miss Burgoyne bleef in haar bungalow op het terrein wonen en muziekles geven aan kinderen uit de omgeving. Vervolgens verdween ze op een dag als oude vrijster van in de zestig naar een of andere vage plaats in Iowa waar haar familie naar men zei oorspronkelijk vandaan kwam en waar ze nu begraven lagen, en ze kwam nooit meer terug. Ergens halverwege de jaren zeventig hoorde men dat ze was overleden. Er gingen geruchten dat ze met een man had samengewoond, maar niemand wist er het fijne van. Nu is zelfs de boerderij waar zij op het erf woonde platgegooid en het land weer in boerenhanden terechtgekomen.

Nu ben ik vierenzestig, ongeveer zo oud als zij was toen ik steels de kilometerteller van haar Buick uit 1928 bekeek waar dat kleine, keurig afgeknipte stukje plakband op zat.

Toen de rusteloosheid en de besluiteloosheid van de middelbare leeftijd mij te pakken kregen, haalde ik me soms het beeld voor de geest van die academisch opgeleide muzieklerares met haar adellijk klinkende naam, haar koninklijke houding, haar burgerlijke waardigheid en haar stadse voorkomen.

Ik stel me haar voor op het station, als het bijna avond is, wachtend op de Milwaukee. Die komt in een woeste stoomwolk uit het zuiden aanrijden. Ze stapt in en tien minuten later in Naples stapt ze weer uit en loopt vroeg in de avond eenzaam over de kiezelweg terug – terug naar de plek waar haar tante-moeder en oom-vader bij kaarslicht op haar zitten te wachten. Tijdens de tien minuten tussen beide haltes stel ik me voor dat ze de conducteur intensief bekijkt, de spoorman, keurig uitgedost in zijn blauwe uniform met het afstekende rood en het quasi militaire speldje MILWAUKEE ROAD omdat hij van de stad Sioux Falls naar Bristol reist en weer terug, drie keer per week.

Terwijl ik op de piano in mijn studeerkamer in het souterrain een paar bijna vergeten akkoorden aansla, denk ik terug aan Miss Burgoyne, en net als alle andere mensen in dat dorp verbeeld ik me iets.

Maar niemand weet er het fijne van.

Bill Froke, Columbia, Missouri

De dag dat Paul en ik vliegerden

Het gebeurde twintig jaar geleden op een hete dag in Florida toen de wind uit het westen kwam. Paul en ik deden ons best om van de drank af te komen. We waren samen dronken geworden, hadden elkaar een puinhoop van ons leven zien maken en hielden van elkaar. Paul was mijn vriend, mijn geestelijke broer. Nu probeerden we een gewoon leven te maken van wat gedurende zeer lange tijd abnormaal gedrag was geweest.

Paul was een meter vijfennegentig, met een enorme lach, een glimlach van oor tot oor. Hij surfte in die tijd, en had blond haar en bruine spieren zoals ze kennelijk allemaal hebben. En hij stond uiteraard sinds kort droog, net als ik.

Ik was een kleine blonde schooljuf met een minuscuul bikinietje aan. Maar in feite had ik nog steeds alcohol tussen mijn oren en had ik geen idee hoe ik de dag zonder een biertje moest doorkomen.

We gingen naar het strand. Wat kon je in de zomer van 1980 anders in Florida doen tijdens een heet weekend? We namen onze koeltas met frisdrank mee en een paar handdoeken en gingen op weg. Paul had een vlieger. Ik weet nog dat ik dacht... waarom neemt hij een vlieger mee naar het strand? Waarom wil iemand überhaupt vliegeren? Waar is vliegeren goed voor? Paul was altijd een beetje eigenaardig.

Hij had vliegertouw van kunstvezel. Het was doorzichtig en sterk en hij had er veel van. We gingen in de duinen zitten in de schaduw van een groepje palmbomen en Paul begon de vlieger vast te maken. Ik weet niet meer wat hij als staart gebruikte, maar ik weet nog wel dat de vlieger rood was en niet erg groot... gewoon een klein rood vliegertje. Hij knoopte het vezeltouw aan de vlieger, maakte de staart vast en liet los. De wind kwam van achteren, blies stevig uit het westen – van over de oceaan. We hoefden niet met de vlieger te rennen om hem omhoog te krijgen. Hij vloog vanzelf. Paul glimlachte breeduit.

We hadden zoveel vezeldraad, wel meer dan een kilometer. Paul vierde de vlieger en trok hem aan totdat de vlieger duikelde en danste, opschoot en fladderde – steeds verder boven de oceaan. Ten slotte verdween de kleine rode vlieger in de schitterende blauwe lucht. We wisten alleen nog dat hij er was door de fikse spanning die er op het vissnoer stond dat we allebei vasthielden. We staarden naar de hemel, hoopten de vlieger te zien, lachten om hoe hij was verdwenen en toen pakte Paul een paar blikjes die met een touwtje samengebonden hadden gezeten. Hij knoopte ze aan het vliegertouw dat strak boven het strand stond en naar de hemel wees.

De blikjes slingerden zo op het oog naar het niets. In het felle licht kon je het vliegertouw waaraan ze hingen niet zien. Ze slingerden en zwaaiden in de lucht alsof ze los hingen. Toen liep er iemand onder de duikelende blikjes door en zag ze daar in de lucht hangen. Hij keek, keek nogmaals, liep heen en weer, keek rond en zag ons ten slotte en besefte dat er iets aan de hand was – maar wist niet wat. We waren jong en lachten.

Een prachtige jonge vrouw in een glad zwart badpak zag de blikjes en staarde er een hele tijd naar. Ze schaamde zich er niet voor ons te tonen hoe volledig verbijsterd ze was over hoe die blikjes daar waren beland. Ten slotte liep ze naar Paul en vroeg hem wat de truc was. Hij verklapte het niet en zelf kwam ze er niet achter. Uiteindelijk liep ze, nog altijd verbaasd, weg over het strand. We hadden het haar moeten vertellen – of misschien ook niet. De blikjes leken wel betoverd.

We brachten de dag met elkaar en die vlieger door, zagen de blikjes in de lucht hangen, zagen mensen eronder heen en weer lopen. De vlieger zagen we helemaal niet meer, maar we wisten dat hij er moest zijn door de spanning op het vliegertouw. Toen het tijd was om naar huis te gaan, hadden we geen van beiden zin om de vlieger in te halen... dus lieten we hem maar staan, ver boven zee, met de blikjes vrolijk net boven ieders bereik aan het vezeldraad buitenend.

Later op de avond ging Paul terug om de vlieger steviger vast te maken en raakte hem kwijt. Hij werd weggeblazen, nog verder boven zee – waarschijnlijk helemaal tot aan de Canarische Eilanden. De wind op het strand komt vrijwel nooit uit het westen. Misschien is dat nadien wel nooit meer gebeurd. Het kan me niet schelen omdat het die dag wel gebeurde.

    Paul was toen mijn vriend en dat is hij nog. We zijn nu in de vijftig en wonen duizenden kilometers uit elkaar. Hij zit in de vorst in de staat New York, een vreemde plek voor een lange blonde surfer. Ik woon nog steeds in Florida. We worden verliefd op anderen, maar raken elkaar nooit helemaal kwijt. In juli dit jaar staan we twintig jaar droog. Ik geloof dat we zelfs nu nog op dat strand zijn, nog steeds met onze blikjes aan die sterke draad hangen die niemand ziet, en nog steeds beseffen dat ons rode vliegertje er is doordat we hem allebei voelen trekken.

Ann Davis, Melbourne, Florida

Een liefdesles

Mijn eerste meisje was Doris Sherman. Ze was een echte schoonheid, met donker krulhaar en schitterende bruine ogen. Haar lange lokken dansten en golfden in de wind als ik haar tijdens het speelkwartier op het plein van onze plattelandsschool achternazat. We waren zeven en stonden onder leiding van juf Bridges, die ons bij de geringste overtreding een pets in het gezicht gaf.

In mijn ogen was Doris het aantrekkelijkste meisje in mijn combinatieklas van groep drie en vier, en ik besloot op de koortsachtige manier van een verliefde zevenjarige haar hart te veroveren. De concurrentie voor Doris' liefde was fors. Maar ik liet me niet ontmoedigen en uiteindelijk werd mijn vasthoudendheid beloond.

Op een zachte lentedag vond ik een badge op het plein. Het zal wel een verkiezingsbadge zijn geweest (wellicht voor FDR). De voorkant glansde nog helder, maar de achterkant begon al roestig te worden. Na enige aarzeling besloot ik deze pas gevonden schat als teken van mijn liefde aan Doris te schenken. Toen ik de badge aanbood (de glanskant boven) op mijn uitgestoken handpalm, kon ik zien dat ze onder de indruk was. Haar bruine ogen glinsterden en ze pakte hem snel uit mijn hand. Toen kwamen die gedenkwaardige woorden. Terwijl ze me strak aankeek fluisterde ze plechtig: 'Alvin, als je wilt dat ik je vriendinnetje ben moet je me voortaan alles geven wat je vindt.'

Ik weet nog dat ik daar over nadacht. In 1935 was een stuiver een klein vermogen voor een jongen van mijn leeftijd en in mijn omstandigheden. Wat als ik iets echt bijzonders vond – een dubbeltje bijvoorbeeld? Kon ik dat voor Doris verbergen of zou ik haar dan vertellen dat ik een stuiver had gevonden en het verschil van vijf cent in mijn zak steken? Had Doris dezelfde afspraak met al mijn rivalen gemaakt? Ze kon weleens het rijkste meisje van de hele school worden.

In het licht van al deze problemen nam mijn achting voor Doris gaandeweg af. Als ze vijftig procent had gevraagd was het misschien goed gekomen tussen ons. Maar haar keizerlijke aanspraak op alles zo aan het begin van onze relatie smoorde die in de kiem.

Dus Doris, waar je ook bent en wat er ook van je is geworden, ik wil je graag bedanken voor deze vroege liefdesles – en belangrijker nog, dat verraderlijke evenwicht in de verhouding liefde-economie. Ik wil je ook laten weten dat ik soms, als ik wegdoezel, je nog weleens achternazit op dat schoolplein, graaiend naar de donkere, dansende krullen.

Alvin Rosser, Sparte, New Jersey

Ballerina

Ze zeggen allemaal dat ze gek van me worden – vooral mijn vrouw. Ik zeg nooit dat ik haar mooi of leuk vind, ook niet als ik dat vind. In plaats daarvan zeg ik dat ze er wel aardig uitziet. Ze zegt dat haar moeder er aardig uitziet. Ik zeg dat aardig goed is, echt goed. Aardig is wat mij betreft goed. Wat als ze er de ene dag prachtig uitziet en de volgende dag nog beter? Dan heb ik niks achter de hand. Je moet altijd wat achter de hand houden.

Ik zie de hele dag mensen die niets achter de hand hebben. Daarom ben ik namelijk pijndeskundige geworden. Wat zo goed is aan pijn is dat er geen flauwekul bestaat. Geen eindeloos geklets. Tegen de tijd dat ze mij opzoeken, zijn de patiënten al door iedereen opgegeven. Er zit geen vlees meer op de botten. Ik bewonder pijn. Pijn dwingt respect af. Er bestaat geen grotere oerangst dan de angst voor voortdurende, onophoudelijke pijn.

L. kwam bij mij op kantoor klagen over pijn in haar linkerbeen. Ze is een en al glimlach. Ik denk: die dame is knots. Terwijl ik haar onderzoek zie ik dat ze niet alleen pijn lijdt maar ook niet goed kan lopen doordat haar been zo stijf is geworden. Zij en haar man glimlachen allebei als malloten. Ik vermoed een tumor in het ruggenmerg en blijk gelijk te hebben. Ik vraag de neurochirurg een biopsie te verrichten op haar ruggenmerg en dat doet hij. Na de biopsie heeft haar ruggenmerg nog minder reserves en dus leert ze zichzelf te catheteriseren, begint aan een darmkuur en kan haar andere been ook niet zo best gebruiken. De biopsie levert geen uitslag op. Ik kan het niet geloven. Ik besteed veel tijd aan het bellen van de wereldberoemde patholoog en vraag hem of hij er niet even naar kan kijken. Ik bel de neurochirurg en die zegt: 'Ik geloof dat ik er een flink stuk van heb weggehaald.'

'Nou, dat komt goed uit,' glimlacht ze.

Ik begin pressievoetbal te spelen. Ik stel haar aan mijn collega's voor, neem haar mergvocht af, onderzoek haar huid, haar longen, haar hersenen en haar bloed. Op een onverklaarbare ruggenmergtumor en piesen en poepen in bed na is ze volmaakt gezond. In de komende maanden groeit haar tumor niet en ik verstrek haar wat medicijnen. Wat pillen om de spasmes in haar blaas en benen af te laten nemen en wat steroïden om mij een beter gevoel te geven.

Haar echtgenoot glimlacht monter en zegt hoe blij hij met me is. Ik krijg de neiging de deur op slot te doen en ze voorgoed hier te houden zodat ze de straat niet meer op kunnen. Dat heb ik net nodig, hij stralend en zij zo mager als een skelet in een rolstoel met haar tumor en dan iedereen die het maar wil horen laten weten: 'Kijk eens wat wij een geweldige dokter hebben. We zijn zo blij met hem!'

Veel meer kun je niet doen. Er is al maandenlang niks veranderd. Ik denk dat ze wel een bepaald soort leven kan leiden; ze leeft tenminste. Ik hoor zo nu en dan iets van ze. Herhaalrecepten, verzoeken om meer fysiotherapie. Ze wonen een kilometer of honderdvijftig hiervandaan en komen soms een kwartiertje op bezoek. We praten er dertien minuten van vol en ik onderzoek haar. Ik probeer ze zo in te roosteren dat er niemand anders is. Ik ben nog steeds hun favoriete dokter.

Op een vrijdag belt haar man. De symptomen klinken afwijkend. Ik zeg dat ze die honderdvijftig kilometer naar het ziekenhuis maar moeten rijden. Een scan toont een tumor van vijf centimeter achter in de hersenen waar de scan drie maanden geleden alleen hersenen liet zien. Ze staat op het punt dood te gaan aan de druk. Haar man rent op me af en schudt me een paar duizend keer de hand en zegt: 'Ik ben zo blij dat u er bent.'

Haar ogen zwemmen rond door de tumor en ze heeft hoofdpijn, maar ook zij is blij me te zien. Die avond licht de neurochirurg haar schedeldak. Ze voelt zich al snel beter. Het oordeel van diverse pathologen en oncologen uit de hele stad is dat dit een ongebruikelijke, maar geen zeldzame tumor is.

Ze wordt behandeld en komt vandaag weer op mijn spreekuur. Ze stralen allebei. Haar benen zijn mager en vlekkerig rood. Er zit geen haar of vlees op. Haar teennagels zien er vreselijk uit. Ze zegt: 'O, kijk, kijk!' Ze schopt beide benen in haar rolstoel heen en weer om me iets te tonen. Daarna zegt ze: 'Kijk nou eens.' Ze duwt zichzelf stevig met haar handen omhoog. Haar voeten en tenen wijzen omlaag door de beschadiging van haar ruggenmerg, haar achillespezen zijn verkort en trekken haar hielen strak omhoog. Haar gezicht is groot en rond, een vollemaansgezicht door de steroïden. Er ligt een dun laagje haar op. Haar wenkbrauwen staan gebogen en haar voorhoofd is volledig gerimpeld. Ze is een en al glimlach en haar nog altijd zwemmende ogen kijken omlaag om mij te tonen dat ze op de ballen en tenen van haar voeten staat. Ze lijkt wel een kind. Een ballerina. Haar man is trots en kijkt ook naar haar voeten. Daarna gaat ze weer zitten klagen: 'O, kwam ik maar van dat grote hoofd af.'

'Nee,' houd ik haar voor. 'U bent prachtig.' En dat is ook zo.

Nicolas Wieder, Los Angeles, Californië

Het gelukskoekje

Jarenlang hebben mijn ouders een briefje uit een gelukskoekje bezeten waarop stond: 'Je vrouw en jij zullen een gelukkig leven leiden.' Ze bewaarden het in een ingelijste foto waarop ze in de buurt van een strand op Cuba staan te glimlachen. Ik heb het altijd prettig gevonden de foto en het briefje bij elkaar te zien; het gaf me een gevoel van stabiliteit. Het voelde aan alsof ze iedereen die de moeite nam om te kijken meedeelden dat ze gelukkig waren en van plan waren hun best te doen om gelukkig te blijven. Ik vond dat ze een heerlijk huwelijk van 26 jaar hadden gehad. Er waren uiteraard goede en slechte tijden geweest, maar ze waren in staat om samen te bouwen aan het leven dat ze gezamenlijk wilden leiden. Naar mijn mening kun je je weinig meer wensen.

Toen mijn moeder 51 was, constateerde de dokter een agressieve vorm van tongkanker bij haar. Van een operatie zou ze stom worden en ze zou de rest van haar leven door een buisje moeten eten. Ze koos voor bestraling, maar de kanker trok naar haar lymfeknopen. Ze werd aan haar nek geopereerd om ze te laten verwijderen. Binnen een jaar na de diagnose keerde de tumor op haar tong terug. Enkele weken later werd ze gedwongen tot een luchtpijpsnede waardoor ze haar stem verloor en een voedingsslang moest gaan gebruiken. Ze besloot samen met mijn vader dat ze geen ingrepen meer wilde ondergaan en thuis wilde blijven. Tijdens die extreem moeilijke tijd trouwde ik met mijn man. We trokken bij mijn ouders in om mijn vader te helpen en om bij mijn moeder te zijn. Vijf weken na mijn bruiloft overleed mijn moeder thuis met het hele gezin om zich heen. (Ik zit te huilen nu ik dit opschrijf.)

De dag na haar dood ging mijn familie uit eten – we waren werkelijk niet in staat een grote familiemaaltijd klaar te maken. Mijn vader koos een Vietnamees restaurant uit. We aten ons eten, praatten over mijn moeder en wisselden herinneringen uit. Het was een bitterzoet moment. We hielden allemaal zoveel van haar, maar tegelijkertijd waren we blij dat ze uit haar lijden was verlost. Na het diner maakten we onze gelukskoekjes open. Op die van mijn man stond: 'Je vrouw en jij zullen een gelukkig leven leiden.' We hebben hem met een foto van ons, glimlachend op onze trouwdag, ingelijst.

Sharli Land-Polanco, Providence, Rhode Island

Dood

As

Mijn moeder overleed op 18 augustus 1989. Een onweerstaanbaar charmante vrouw maar niet altijd de allergemakkelijkste, die 'meer dan één leven' had geleid. Ze was in Zweden geboren, maar het zigeunerbloed dat haar door de aderen vloeide liet haar vier huwelijken en vier kinderen lang over de wereld trekken. Haar eerste man was een Zweedse planoloog. De volgende een Russische kunstenaar, die daarna een timmerman op Cape Cod en de laatste een Ierse communist. Ik was het gevolg van haar derde en kortste huwelijk.

Na haar dood heb ik haar laten cremeren. Mijn neef maakte een mooi houten kistje om de as in te bewaren. Ik had nog niet besloten wat ik met haar zou doen, dus voorlopig bewaarde ik haar in een ladekast. Er waren diverse mogelijkheden. Ik kon haar naar Zweden sturen. Of over het water van de Rio Grande gooien – of anders vanaf een winderige heuveltop in San Francisco verstrooien over de stad waarin ze het langst had gewoond.

Terwijl ik de mogelijkheden overwoog, werd er op een nacht bij me ingebroken en werd het kistje gestolen. Volgens de politie waren de plaatselijke helers inmiddels zo efficiënt dat de kans groot was dat mijn moeder binnen enkele dagen op een vlooienmarkt in Arizona terecht zou komen. Niettemin dacht ik dat de dief zodra hij zijn vergissing bemerkte het kistje wel weer bij mij op de stoep zou komen zetten. Er zaten per slot van rekening geen sieraden in – alleen een berg as. Maar het gebeurde niet en stukje bij beetje moest ik accepteren dat mijn dode moeder nog steeds de wereld rondreisde, net als ze bij leven had gedaan. Het was een rare poëtische verwikkeling.

Vijf jaar later stond er een boodschap op mijn antwoordapparaat van ene pastoor Jack Clark Robinson van de Katholieke Kerk van de Heilige Familie. Er woonde nog een Sara Wilson in de buurt en ik kreeg wel vaker telefoontjes die voor haar waren bestemd. Uit de misplaatste berichten had ik afgeleid dat ze actief kerklid was en voetbaltrainer. Uiteraard veronderstelde ik dat de goede pater het verkeerde nummer had gebeld. Ik belde hem terug en probeerde de telefoniste uit te leggen dat hij de verkeerde Sara Wilson te pakken had, maar ze verbond me door en ik moest mijn hele uitleg herhalen. Toen vroeg de pastoor me of ik de dochter was van Kerstin Lucid. 'Ja,' zei ik afwachtend. Ze hadden in een kelder van de kerk een kistje met as gevonden, zei hij en tussen de as hadden ze een identiteitskaartje gevonden van uitvaartcentrum Vista Verde, en dat had mij weten te vinden. Pater Jack was nog maar twee jaar aan de kerk verbonden en wist niet hoe of wanneer het kistje daar was beland. Hij had met de priester gesproken die voor zijn komst in de kerk had gewerkt, maar die wist evenmin iets van het kistje af.

Later die dag reed ik naar het zuiden van de vallei van Albuquerque om mijn moeder op te halen. Ze was haar hele leven zo'n heiden geweest dat het ironisch was om haar in een katholieke kerk terug te vinden. Pater Jack, gekleed in het bruine gewaad van Sint Franciscus, nam me mee naar zijn kantoor. Het terugvinden van mijn moeder bracht me behoorlijk van mijn stuk, en ik denk dat hij dat aan me zag. Terwijl hij me haar voorzichtig overhandigde, besloot ik haar te houden. Met mijn gezin versier ik het kistje nu als er iets te vieren valt en als we dansen zorg ik altijd dat ze op de piano staat.

Sara Wilson, Corrales, New Mexico

Harrisburg

Op 27 augustus 1996 wekte mijn moeder me midden in de nacht en vroeg me of ik 911 wilde bellen. Er kwam een ambulance die mijn vader meenam naar het streekziekenhuis in Zuid-Jersey. De avond erop raakte hij in coma en de dokters besloten hem over te brengen naar een ziekenhuis in Philadelphia. Tegen de tijd dat mijn moeder en ik in het ziekenhuis aankwamen lag hij al op de operatietafel.

Twaalf uur later belden de dokters naar de wachtruimte en zeiden: 'Er is een hersenslagader gebarsten. We verwachten dat hij nooit meer wakker zal worden.'

Kort nadat hij naar zijn kamer op de intensive care werd gebracht zochten we hem op. We praatten tegen hem en ik zei: 'Hoi, pap,' en op dat moment deed hij zijn ogen open.

De dokters kwamen de kamer binnen en stelde hem allerlei vragen: 'Hoe oud bent u? Welk jaar is het? Wie is er president?' Hij beantwoordde die eerste drie vragen correct. Toen ze hem echter de laatste vraag stelden – 'Waar bent u?' – antwoordde hij: 'Harrisburg.'

De dagen daarna leek hij goed vooruit te gaan. En toen, op 4 september, mijn eerste dag in de bovenbouw van de highschool, werd ik vroeg uit school gehaald. Toen ik in het ziekenhuis aankwam, wachtte mijn moeder me op. 'Hij heeft een terugval gehad,' zei ze. 'De dokters hebben hem hersendood verklaard.'

Een paar minuten later kwam een zuster naar ons toe en vroeg of we wilden gaan zitten. Ze wilde weten of we vragen hadden. Er kwam een woord uit onze monden, een woord dat niemand uit ons gezin ooit eerder had uitgesproken. Dat woord was 'orgaandonatie'. We beseften dat het anderen een overlevingskans bood en we wilden helpen.

Ongeveer een week na de begrafenis kregen we een brief van het donorprogramma Gift of Life waarin ons werd meegedeeld waar de ontvangende partijen vandaan kwamen en hoe het herstel verliep.

De lijst begon met de lever en de nieren. De volgende zin luidde: 'Een 53-jarige man met drie kinderen heeft Raymonds hart gekregen. Hij woont in Harrisburg, Pennsylvania.' De rillingen liepen over mijn rug en ik liet het vel papier vallen.

Ik geloof dat mijn vader wist dat hij stervende was en ik geloof ook dat hij wist dat zijn hart niet samen met hem zou sterven. Besefte hij op een of andere manier dat hij in Harrisburg voort zou leven?

Randee Rosenfeld, Egg Harbor Township, New Jersey

Stof tot nadenken

In 1970 gaf mijn vader me een ring met mijn sterrenbeeld voor mijn verjaardag. Er zat een donkerblauwe saffier in met kleine diamantjes aan weerszijden, gevat in witgoud. In het witgoud was het woord *faith* (geloof) gegraveerd. Ik koesterde de ring en droeg hem vaak.

In november 1991 bezocht ik een arts en liet de ring per ongeluk in de onderzoeksruimte achter. Een kwartier na mijn bezoek belde ik zijn kantoor om het personeel te vragen naar de ring te zoeken. De kamer kon niet meteen worden doorzocht omdat er een patiënt werd onderzocht. Toen de patiënt vertrok en de kamer werd schoongemaakt was de ring weg. Ik gaf de vermissing bij de wijkpolitie op en beschreef de ring gedetailleerd. Ik hing briefjes in de lift van het gebouw op. Ik plaatste advertenties in de streekkrant en loofde een beloning uit aan wie hem terugbezorgde. In de loop der jaren heb ik diverse juwelierszaken, lommerds en antiekzaken doorzocht om zo'n zelfde ring te vinden, maar slaagde nooit. Mijn vader overleed in 1978.

Mijn moeder had een ring met een aquamarijn erin die ze van haar grootvader had gekregen. Ze droeg hem altijd en zei me dat ik hem, als zij er niet meer was, om moest doen en nooit meer af mocht doen. In oktober 1991 kreeg ze een acute ziekte en moest naar een verpleegtehuis.

Begin maart 1995 kreeg de familie van het verpleegtehuis te horen dat mijn moeder nog maar enkele dagen te leven had. Op 5 maart droeg ik haar ring aan een halsketting. Ik was bang dat ik hem net als de ring die ik van mijn vader had gekregen zou verliezen als ik hem om mijn vinger zou dragen. Toen ik die middag bij haar zat – ze lag in coma – fluisterde ik tegen haar: 'Nou, mam, als je aan de 'andere kant' komt, kun je me misschien helpen mijn ring te vinden, dan hoef ik niet bang te zijn om de jouwe te dragen.' Op 7 maart overleed mijn moeder.

Op donderdag 30 maart zat een van de verpleegsters van het

ziekenhuis waar ik werk wat administratie te doen. Ik kwam bij haar binnen om iets te bespreken en zag een prachtige blauwe schittering van een van haar ringen af komen toen ze haar hand onder een bureaulamp hield. Ik zei: 'O, Gloria, wat een prachtige ring!' Toen ik hem beter bekeek besefte ik meteen dat het precies zo'n ring was als ik in 1991 was kwijtgeraakt. Ik vroeg of ik hem van dichtbij mocht bekijken. Daar, aan de binnenkant, uitgesleten maar nog steeds leesbaar stond het woord *faith*. Gloria zei dat haar vriend de ring in een tweedehands auto had gevonden die hij voor een dealer aan het schoonmaken was. Ze had hem al een poosje en had hem wel vaker gedragen. Ik werkte vaker met haar samen, maar hij was me nooit opgevallen. Ik vertelde haar mijn verhaal en zonder probleem gaf ze me de ring terug. Sindsdien zijn we vriendinnen. Ik moet erbij zeggen dat de ring ook haar sterrenbeeld is. Ze is in september jarig, twee dagen eerder dan ik.

Moet ik nog uitleggen dat ik veel en grondig heb zitten broeden op de betekenis van dit voorval? Heeft mijn moeder in haar coma mijn gedachten op een of andere manier 'gehoord'? Was het toeval dat ik de ring vond? Heeft mijn moeder 'de andere kant' bereikt? Wist ze wellicht dat ze de ring moest zoeken? Heeft mijn eigen wens om het ding te vinden de reeks gebeurtenissen in gang gezet die mij de ring terugbezorgden? Ik kan dit raadsel niet oplossen. Misschien was het een boodschap van mijn beide ouders. Het enige dat ik zeker weet is wat dit voorval me leert te 'geloven'.

P. Rohmann, Charlottesville, Virginia

Welterusten

Het was zo'n volmaakte zomeravond waarop kinderen smeken of ze nog wat langer buiten mogen spelen, en ouders dat terugdenkend aan hun eigen jeugd toestaan. Maar zelfs aan zulke idyllische momenten komt een eind en de kleintjes lagen eindelijk in bed.

We zaten op het kleine verandaatje voor onze slaapkamer van de stilte en de warmte te genieten. Toen begon de muziek. Ongehoord, eerst aarzelend, verkennende tonen van een trompet. Daarna, zelfbewuster, botte het geluid uit tot een zoete, sentimentele melodie, een doorleefde en tegelijkertijd geschoolde ontboezeming.

Ons huis stond een eindje van de straat af, die niet meer was dan een smal, kort weggetje. Voor ons perceel lagen twee nog onbebouwde percelen naast het grotere erf van de buren en wat groepjes notenbomen. We keken naar het huis op de heuvel, duidelijk de bron van de muziek, en verbaasden ons.

Het was een oud vakwerkhuis, misschien het oudste uit de streek, twee verdiepingen hoog, verborgen achter hoge bomen. We waren nooit binnen geweest, maar onze kinderen wel, zoals ook de kinderen die daar woonden alle vijf vaak in ons huis waren geweest. Hun leeftijden omklemden die van ons drietal. De oudste, een jongen van een jaar of twaalf, was het oudste lid van de kinderschaar die in die beschermde buurt tussen de weg en het heuvelachtige eikenbos in het westen woonde en speelde. Hun enige dochter, leidster van de buurtmeisjes, zowel vrouwelijk als driest, zat altijd vol ideeën. Al hun kinderen waren vriendelijk, goed opgevoed en vrolijk van aard.

We kenden de ouders niet goed. De vader was vertegenwoordiger en dus vaak van huis; de paar keer dat we contact hadden scheen hij heel vriendelijk, maar afstandelijk. De moeder, wier zachte, zuidelijke tongval haar herkomst verried, was een vriendelijke vrouw, altijd hoffelijk, maar gereserveerd.

Na de eerste aarzelende tonen vermoedden we dat een van de

kinderen het instrument ter hand had genomen, maar vrijwel onmiddellijk werd duidelijk dat het een oudere, ervarener muzikant was. Het was muziek van vroeger, ontroerend en bezield, het resultaat van een talent en hartstocht die we nooit hadden verwacht. De prachtige muziek was van korte duur. Niet veel later deden we het licht uit en gingen naar bed. In de stilte van de vredige nacht vatten we de slaap.

Maar de stilte hield niet aan. Voor de ochtendschemering werden we wakker – sirenes, vlakbij, vervolgens lichtbundels die door de verandadeur schenen en rood en wit knipperend de bladmotieven op de muur deden oplichten. Gedempte geluiden, meer sirenes. Daarna opnieuw stilte.

De volgende morgen kwamen we het aan de weet. De kinderen hoorden het als eersten. De vader van het buurgezin, de bron waaruit die onverwachte serenade was gekomen, had 's nachts een hartaanval gehad die hij niet had overleefd.

Ellise Rossen, Mt. Shasta, Californië

Dodemansbluf

In mijn jeugd woonden we in een klein appartementje in Queens. Het was een nieuw gebouw omgeven door kale percelen. Mijn vader had ons naar dit barre landschap gebracht om aan de Lower East Side van New York te ontsnappen, nu het hipste stuk van Gotham. Mijn geboorte was de aanleiding geweest om naar een buitenwijk te vertrekken.

Elke vrijdagavond kwamen de vrienden van mijn vader kaarten. De woonkamer veranderde in een drukke straathoek. In een appartement met twee slaapkamers én twee zussen moest ik altijd in de woonkamer slapen. Op vrijdag, als ze tot in de vroege uurtjes pinochle speelden, bleef ik heel lang op voor een tienjarige. Mijn vader richtte in de keuken een tijdelijke bar in: mineraalwater, fris en twee soorten whisky. Een bak ijsblokjes naast de flessen. Je pakte een onderzettertje en schonk je eigen drankje in. Mijn moeder sneed een ananas in stukken en versierde het bord, legde rode kersen om de gele schijven heen. Ze maakte er een boot van, klaar om uit te varen.

Ik hing wat rond bij die mannen, een student die alles wilde opnemen wat de professoren hem konden bijbrengen. Er dreven grote rookwolken over de kaarttafel. Leo Gold blies altijd van die serene, trage rookkringen. Als de ringen braken en wegdreven, begon het spel. Zodra de kaarten waren gedeeld wisten ze van geen wijken meer. Het werd zo stil dat je het ijs in de glazen hoorde smelten.

Ik zag mijn vader graag de kaarten ter hand nemen. In zijn handen kwamen ze tot leven, zijn bedreven vingers schudden en deelden met volmaakte precisie. De geluiden en ritmes brachten me altijd in vervoering. De man van de rookkringen, Leo Gold, was mijn vaders favoriete pinochlemaat. Mijn vader kaartte al meer dan twintig jaar met Leo.

Ik groeide op, werd volwassen en stichtte een gezin, en mijn vader werd een zwakke oude man. Uiteindelijk werd hij in een verpleegtehuis opgenomen. Als ik hem daar opzocht en hij niet te moe was, kaartten we. Het stemde me verdrietig mijn vader te zien wegkwijnen, maar kaarten bleef hem aan het leven binden.

Op een zaterdag, na een middagje poker, leek mijn vader gelukkig. Ik zoende hem bij het afscheid. De dag erop overleed hij.

De begrafenis was een heel eind weg, op Long Island. We reden in een limousine achter de lijkwagen aan. Zo'n vreemd ogenblik om in luxe te zitten. Het was een heerlijk warme zomerdag.

Familie en vrienden verzamelden zich rond mijn vaders graf. Zijn grenenhouten kist werd neergelaten. Ik gooide de eerste schep grond erop. Toen ik opkeek stroomde het zonlicht mijn ogen binnen.

Ik knipperde. Toen zag ik dat de steen naast het graf van mijn vader de naam Leo Gold droeg. Zou dat de Leo van het kaarten zijn? Ik deed een stap naar achteren, naar waar mijn moeder stond en fluisterde haar in: 'Leo Gold is hier.'

Met tranen in haar ogen zocht zij de menigte af. 'Waar is Leo?' vroeg ze. 'Ik zie hem niet.'

'Nee, mam,' zei ik, 'hij ligt naast papa.'

Leo Gold, uit graniet gehouwen, een goeie meter van mijn vader af – naast elkaar op een begraafplaats aan het einde van de wereld.

Mijn moeder huilde: 'Als dat onze Leo is, dan is pappie daar tenminste niet alleen. Dan kunnen ze tenminste kaarten.'

Ik glimlachte toen ik dacht aan de grillen van het leven. Of zijn het de grillen van de dood?

Die avond belde mijn moeder het nummer van Leo Gold. Van zijn vrouw hoorden we dat Leo een halfjaar daarvoor was overleden en inderdaad op diezelfde begraafplaats lag.

Joel Einschlag, Queens, New York

Dat wist ik niet

Mijn echtgenoot overleed plotseling op zijn vierendertigste. Het jaar daarna was een en al treurigheid. De eenzaamheid vloog me aan en ik was vreselijk onzeker of ik mijn zoontje van acht wel zonder vader kon opvoeden.

Het was ook het jaar van 'dat wist ik niet'. De bank bracht op lopende rekeningen met een tegoed van minder dan vijfhonderd dollar afhandelingskosten in rekening – dat wist ik niet. Mijn levensverzekering was bijna afgelopen en keerde geen jaargeld uit – dat wist ik niet. Boodschappen waren duur – dat wist ik niet. Ik was altijd afgeschermd en nu scheen ik volstrekt ongeschikt om het leven zelf aan te kunnen. Ik voelde me op alle niveaus bedreigd door dingen die ik niet wist.

Als reactie op de hoge prijs van de boodschappen legde ik in het voorjaar een moestuin aan. Vervolgens kocht ik in juli een klein vriezertje in de hoop dat die het huishoudbudget voor eten laag zou houden. Toen de vriezer kwam kreeg ik een waarschuwing van de bezorger: 'Zet hem de eerste paar uur nog niet aan. De olie moet de tijd hebben om zich te verdelen. Als je hem te vroeg aanzet kun je de motor opblazen of kan er een stop springen.'

Ik wist niets van motoren en vriezers, maar van springende stoppen was ik op de hoogte. In ons huisje dat door een dementerende elektricien van bedrading was voorzien, sprongen voortdurend stoppen.

Die avond laat liep ik de garage in om de vriezer aan te zetten. Ik stak de stekker in het stopcontact. Ik deed een stapje naar achteren en bleef staan wachten. Hij kwam zoemend zonder oververhitte motor en doorslaande stoppen tot leven. Ik liep de garage uit, de oprit af om te genieten van de warme, zachte lucht. Mijn man was nog geen jaar dood. Ik stond daar in de gloed van mijn woonwijk de twinkelende stadslichtjes in de verte te bekijken.

Opeens – duister, duister overal. In mijn huis brandden geen lampen. In de wijk brandden geen lampen, in de stad brandden geen lampen. Terwijl ik me omdraaide en in de garage blikte waar ik net het vriezertje aan had gezet, hoorde ik mezelf hardop zeggen: 'O, mijn God, dat wist ik niet...' en ik hoorde een giechel ontsnappen. Had ik de stoppen van een hele stad laten doorslaan door mijn vriezer te vroeg aan te zetten? Kon dat? Had ik dit op mijn geweten?

Ik rende het huis weer in en zette mijn transistorradio met politiefrequentie aan. Ik hoorde sirenes in de verte en vreesde dat ze mij kwamen halen, 'de weduwe met de vriezer'. Toen hoorde ik dat een dronken chauffeur een elektriciteismast langs de snelweg had geramd.

Ik werd overspoeld door opluchting en schaamte – opluchting omdat ik die stroomstoring niet had veroorzaakt en schaamte omdat ik had gedacht van wel. Daar in het donker voelde ik ook iets de angst verdrijven waarmee ik sinds de dood van mijn man had moeten leven. Het gevoel hield het midden tussen lichtheid en vreugde. Ik had gegiecheld om mijn misplaatste macht en op dat ogenblik wist ik dat ik mijn gevoel voor humor terug had. Ik had een zorglijk en angstig jaar vol 'dat wist ik niet' achter de rug. Het verdriet was niet verdwenen, maar diep van binnen kon ik nog steeds lachen. En dat lachen gaf me een gevoel van macht. Had ik zojuist niet een complete stad verduisterd?

Linda Marine, Middleton, Wisconsin

Een mislukte executie

Tomas is een beroemd persfotograaf. Hij heeft het over zijn ervaringen met tragische omstandigheden. Zonder grootspraak praat hij over oorlogsgebieden, politieke gebeurtenissen, overleden vrienden en anonieme voorvallen. Zijn afgebeten woorden krijgen nadruk door zijn Zwitserse tongval. Hoewel hij vloeiend Engels spreekt struikelt hij weleens als hij denkt dat zijn woordkeus de heftigheid van een gebeurtenis niet weergeeft. Hij hoeft zich geen zorgen te maken. De gebeurtenissen zijn eenvoudig; de gevolgen duidelijk.

Over een bezoek aan Sarajevo vertelt hij dat hij zijn camera moest laten vallen om een kind ter wereld te helpen om vervolgens te zien hoe de baby zijn ziekenhuisbed kwijtraakte aan een stervend kind waarvan het hoofd door granaten was verbrijzeld. Over een bezoek aan Afrika vertelt hij dat lepralijders hem blinddoekten en plakbandjes om zijn vingertoppen deden om hun hopeloze bestaan te illustreren. De avond begint te lengen; ons gesprek komt op de zelfmoord van een collega-fotograaf.

'Fotografen zien spoken,' zegt Tomas. 'Je ziet al die dingen, maar de beelden blijven in je hoofd hangen. Het zijn net nachtmerries.'

'Lijd jij aan nachtmerries?' vraag ik. Hij knikt zwijgend en begint aan een verhaal.

Het is 1994 en Tomas reist naar Zuid-Afrika om de verkiezing van Nelson Mandela te volgen. Het hele land verkeert in opschudding; hij rijdt met diverse andere journalisten naar een door armoe getroffen streek waar racistische blanke rebellen de zwarte bevolking willen aanvallen die voor stemrecht demonstreert.

Als Tomas en zijn collega's het gebied bereiken, stuiten ze onbedoeld op een konvooi blanke rebellen. De kogels suizen om hun auto, maar niemand raakt gewond. Opeens komt de optocht tot stilstand. Zwarte soldaten vallen de blanke rebellen aan. Er breekt een vuurgevecht uit. De doodsbange fotografen kruipen uit de auto en verstoppen zich erachter.

Langzaam krijgen de soldaten de bloedige overhand. De meeste rebellen zijn nu dood of gevlucht. Zij die het overleefd hebben liggen gewond en onwaardig op de grond, vloekend en tierend op hen die ze hadden willen vermoorden.

Tomas komt uit zijn stoffige schuilplaats tevoorschijn. Haastig schiet hij plaatjes van de angstaanjagende overgave die zich heeft voltrokken. Niemand weet wat er nu zal volgen.

Een zwarte soldaat komt met zijn geweer in de aanslag op de rebellen af.

Er klinkt een schot en een futloos blank lichaam valt op de droge aarde. Met nog een schot doodt de soldaat een tweede rebel. Tomas kan de afschuwelijke scène in een roes alleen maar zien en vastleggen. Van ingrijpen is geen sprake. De executies gaan door; de chaos neemt toe. De fotografen vluchten ten slotte, doodsbang voor wat er te gebeuren staat.

Een paar dagen later krijgen de fotografen een telefoontje van een cameraman die ook bij die executies aanwezig was.

'Kom eens hierheen,' krijgen ze te horen,' ik wil jullie iets laten zien.'

Als Tomas de montagekamer binnenkomt wordt de band gestart. Langzaam vindt de veldslag opnieuw plaats. Hij ziet de rebellen en de soldaten. Maar dan ziet hij iemand anders – zichzelf.

Zijn collega-fotograaf en hij komen van opzij in beeld terwijl ze de ene na de andere foto maken van de bloedige executies. Dan duikt er een gedaante achter hem op, een zwarte soldaat. Zijn wapen is niet op de rebellen gericht, maar op de fotografen die zich nergens van bewust zijn. Hij richt beverig zijn wapen, haalt de trekker over en... klik. Er gebeurt niets. De soldaat aarzelt en onderzoekt zijn wapen. Het zit vast. Met een scherpe klap werpt hij het patroon eruit. De soldaat herlaadt. Klik. Weer niks. Nog een klap, weer een uitgeworpen patroon, en nog eens herladen. Klik. Weer niks. Daarna vindt er buiten beeld iets plaats dat hem afleidt. De soldaat verlaat het toneel en laat de fotografen hun werk afmaken.

Tomas zakt onderuit in de montagekamer. Hij heeft zojuist zijn eigen dood gadegeslagen.

David Anderson, New York, New York

De geest

Toen ik vijftien was raakte ik betrokken bij een organisatie voor burgerrechten waarvan de leden bestonden uit Mexicanen en Mexicaanse Amerikanen. Mijn vader, die Mexicaan was, was lid en ik deed mee aan het volksdansen tijdens de festiviteiten voor Cinco de Mayo en de Mexicaanse Onafhankelijkheidsdag op 16 september.

De jonge vrouw die ons de dansen leerde besloot mij er een te leren waar slechts twee mensen aan meededen. Het was hoogstwaarschijnlijk omdat ik weinig ervaring had met dansen en zij wilde dat we allemaal ons best deden. Hoe dan ook, de dans die ik leerde was een toneelstukje over een jongen die een jong meisje op de dansvloer probeerde te krijgen en haar weigering, tot een bepaald punt, om met hem te dansen. In de volgende paar jaar, maakte ik me die dans eigen en voerde hem altijd uit op feestdagen. Het enige wat in de loop der jaren veranderde was mijn partner, en ten slotte had ik drie verschillende partners. Ze waren allemaal een paar jaar ouder dan ik, en doordat ze mijn vader kenden, waren ze wat mij betreft veel te eerbiedig. Toen mijn tienerleven volliep met middelbareschoolactiviteiten en vriendinnen nam mijn deelname aan de feestprogramma's uiteindelijk af. Tegen de tijd dat ik achttien werd lag mijn danstijd ver achter me, maar mijn vader zorgde er altijd wel voor dat ik een of ander nieuwtje te horen kreeg over de jongemannen die mijn danspartners waren geweest.

Ik kwam op een middag uit school en ging naar mijn kamer om andere kleren aan te trekken. Ik ben van de generatie meisjes voor wie het er niet in zat om met een broek aan naar school te gaan. Ik deed mijn kamerdeur open en toen ik naar binnen stapte bleef ik stokstijf staan. De kamer was klein en op een avond vroeg in de lente was het er om zes uur donker. Voordat ik naar het lichtknopje had kunnen tasten zag ik een gedaante op mijn bed zitten, maar die gedaante zat in mijn verbeelding. Ik deinsde terug en deed de deur dicht. Mijn hart bonsde en ik was reuzebang. Ik had gevoeld dat er iemand in die kamer was en om het nog vreemder te maken was de gedaante die ik had gezien die van een jonge Mexicaanse man in traditionele charrokleding, die bestond uit een strakke zwarte broek, een bolerojas en een grote zwartvilten sombrero. Ik was natuurlijk stomverbaasd bij die gedachte en voelde me in verlegenheid gebracht omdat ik mijn eigen kamer niet in kon. Ik kon er stomweg niet naar binnen gaan.

Ons gezin bestond in die tijd uit mijn ouders, mij en mijn grootmoeder van moeders kant, die uitsluitend Spaans sprak. Hoewel ze al bijna veertig jaar in de Verenigde Staten woonde, was ze cultureel gezien nog steeds een Mexicaanse. Ze vertelde me vaak verhalen over haar ouderlijk huis en gezin, allemaal mensen die lang voor mijn geboorte waren overleden. Helaas schenen haar dode verwanten de akelige gewoonte te hebben haar op te komen zoeken, dat beweerde ze tenminste. 'Jouw vader,' zei ze dan tegen mijn moeder, 'heeft me vannacht bezocht. Hij stond in de deuropening en hij zei...' Ik staarde dan naar de deuropening, ietwat ongelovig, maar tegelijkertijd bang bij de gedachte dat er tijdens mijn slaap een spook in mijn huis was geweest. Ik vertel dit om duidelijk te maken waarom een gewoon Amerikaans meisje het idee van een onzichtbare gestalte zo gemakkelijk kon accepteren. Voor mij was die gestalte even echt als de deur die ik niet open kon doen.

Ik heb die hele avond geprobeerd mijn kamer in te komen, en elke keer dat ik het probeerde zat die gedaante van die jonge Mexicaanse man daar weer te wachten. Ik wist niet precies waar hij op wachtte, en ik was te bang om dat uit te zoeken. Ik bracht de avond ongemakkelijk en eerlijk gezegd nogal bizar door met het vermijden van mijn kamer, maar ten slotte, rond een uur of tien, besloot ik dat ik absoluut naar binnen moest. Ik liep op mijn deur af en duwde hem met ingehouden adem open en greep meteen naar het lichtknopje. Zodra de kamer werd verlicht verdween de gestalte en daarmee mijn angst. Ik ging naar bed en de volgende dag was ik het hele voorval vergeten.

De middag erop kwam ik op de gebruikelijke tijd thuis en ging meteen naar mijn kamer om me om te kleden. Ik aarzelde heel even voordat ik de deur opendeed, maar er was niets aan de hand en ik kon ongehinderd naar binnen. Even later ging ik naar de keuken om mijn ouders te begroeten die daar eten kookten. Toen mijn moeder me binnen zag komen, vertelde ze me dat ze slecht nieuws voor me had. Naar verluidt was een van mijn oude danspartners, José, een jongeman van vijfentwintig uit Mexico, overleden. Ik wist dat hij in het ziekenhuis lag omdat mijn vader bij hem op bezoek was geweest, maar ze hadden me verteld dat hij werd behandeld en verwachtte naar huis te gaan. Mijn moeder zei vervolgens dat hij de vorige middag om een uur of vijf was overleden.

G.A. Gonzalez, Salt Lake City, Utah

Hartchirurgie

Ik ben praktiserend hartchirurg in een staat in het westen. Een paar jaar geleden voerde ik een zeer riskante bypassoperatie uit op een slagader bij een oudere heer. Ik geloof dat hij halverwege de zeventig was. De operatie leek succesvol, maar drie dagen later ontwikkelde de patiënt een aritmie en stopte zijn hart met kloppen. Ik probeerde hem drie uur lang te reanimeren en verrassend genoeg wisten we hem weer bij te brengen. Tijdens de ingreep had de man echter een hersenbeschadiging opgelopen. De combinatie van symptomen was ongebruikelijk. Hij dacht nu dat hij vijftig jaar was. In de drie uur dat ik hem probeerde te reanimeren, had hij meer dan twintig jaar van zijn leven verloren.

Ik hield de patiënt enkele maanden in de gaten en in die tijd leek hij ongeveer tien jaar daarvan terug te winnen. Toen ik hem uit het oog verloor, was hij ervan overtuigd dat hij zestig jaar was. Hij bezat de kracht en energie van een man die twintig jaar jonger was dan zijn kalenderleeftijd.

Ongeveer anderhalf jaar later speelde ik golf met een goede vrind. Hij had een vrind meegenomen en dat bleek de schoonzoon van mijn patiënt te zijn. Hij nam me apart en vertelde me dat zijn schoonvader eerder die maand was overleden. Ik uitte mijn medeleven. En toen vertelde die man me een verhaal dat ik nooit zal vergeten.

Voorafgaand aan de hartoperatie was mijn patiënt alcoholist geweest, mishandelde hij zijn vrouw en was hij al twintig jaar lang impotent. Na de hartstilstand en de reanimatie – en het verlies van twintig jaar uit zijn geheugen – was hij dat allemaal over zichzelf vergeten. Hij hield op met drinken. Hij begon weer bij zijn vrouw te slapen en werd een liefdevolle echtgenoot. Dat duurde meer dan een jaar. En toen stierf hij 's nachts in zijn slaap.

Dr. G., adres bekend

De huilplek

Begin jaren zestig, toen ik veertien was en in een klein stadje in het zuiden van Indiana woonde, ging mijn vader dood. Terwijl mijn moeder en ik de stad uit waren op familiebezoek werd hij door een onverwachte en zeer plotselinge hartaanval getroffen. Toen we thuiskwamen ontdekten we dat hij weg was. Geen kans om 'Ik hou van je' te zeggen of zelfs maar 'tot ziens'. Hij was gewoon weg, voorgoed. Toen mijn oudere zus ook nog ging studeren veranderde ons thuis van een vrolijk, levendig gezin van vier in een plek waar twee lamgeslagen mensen met een stil verdriet woonden.

Ik worstelde vreselijk met de pijn en eenzaamheid van mijn verlies, maar ik maakte me ook zorgen om mijn moeder. Ik was bang dat haar verdriet nog heviger zou worden als ze me om mijn vader zou zien huilen. En als de nieuwe 'heer des huizes', voelde ik de verantwoordelijkheid om haar tegen groter verdriet in bescherming te nemen. Dus stelde ik een plan op dat me in staat stelde om te rouwen zonder mijn moeder meer verdriet te hoeven doen. In ons stadje brachten mensen hun huisvuil naar grote tonnen in de steegjes achter hun achtertuinen. Daar zou het verbrand worden of werd het eenmaal per week door de vuilnismannen opgehaald. Elke avond na het eten bracht ik vrijwillig het vuil weg. Ik rende met een zak door het huis, zocht alle stukjes papier of wat ik ook maar vond bij elkaar en ging dan naar buiten om het in de vuilniston te gooien. Daarna school ik weg in de schaduw van de donkere struikjes en daar kon ik dan blijven tot ik mezelf helemaal leeg had gehuild. Als ik voldoende was bijgekomen om niet te verraden aan mijn moeder wat ik had gedaan, ging ik weer naar binnen en naar bed.

Dit trucje hield ik wekenlang vol. Op een avond na het eten, toen het tijd voor de karweitjes was, verzamelde ik het vuilnis en ging naar mijn gebruikelijke verstopplek in de struikjes. Ik bleef er niet erg lang. Toen ik terugging naar huis zocht ik mijn moeder om te vragen of ik nog iets voor haar kon doen. Nadat ik het hele huis had doorzocht vond ik haar ten slotte. Ze zat in de kelder, in het donker, achter de wasmachine en droger, in haar eentje te huilen. Ze verborg haar verdriet om mij te beschermen.

Ik weet niet wat erger is: het verdriet dat je openlijk hebt of het verdriet dat je in je eentje verdraagt om iemand te beschermen van wie je houdt. Ik weet wel dat wij die avond, in de kelder, elkaar hebben vastgehouden en de ellende eruit hebben gegooid die ons uit elkaar had gedreven naar eenzame huilplekken. Daarna hadden we nooit meer behoefte om alleen te huilen.

Tim Gibson, Cincinnati, Ohio

Lee

In februari 1994 stierf mijn twaalf jaar oude neefje Lee plotseling en onverwacht na een potje hockey. Het was het op een na gruwelijkste wat onze familie ooit overkwam. Toen mijn moeder me belde om me het nieuws te vertellen, zag ik mijn zus in gedachten meteen diep in de put zitten. Ik had nog nooit zo'n diepe rouw gevoeld. Het was verwoestend.

Mijn zus en ik waren tegelijk zwanger geweest van onze oudste en ze werden slechts enkele maanden na elkaar geboren – mijn dochter eerst, daarna haar zoon. We waren 'oude moeders' (achtentwintig en eenendertig), en we gaven allebei onze baan op om thuis voor onze baby's te kunnen zorgen. We gaven de kinderen de borst en een keer, toen ik hem verzorgde en hij de fles niet accepteerde, had ik mijn neefje zelfs de borst gegeven. Lee nam de borst, keek me met een opgeluchte blik aan en aanvaardde mij in de rol van zijn moeder. Dat was iets heel intiems. Ik noem het nu om te benadrukken hoe sterk onze band was en hoe traumatisch zijn dood voor mij was.

Hij overleed op een zaterdag en de begrafenis (waarbij zijn hele hockeyteam in tenue aanwezig was) was op woensdag. Vrijdagmorgen huilde ik weer heel erg en vroeg God om mij te helpen. Help me het te begrijpen, bad ik, help me het te aanvaarden – geef me een teken dat u me hoort, dat u bestaat, dat alles op een dag weer goed komt. Het vroor die ochtend en ik was emotioneel uitgeput, maar ik ging de hond uitlaten. Ik lette niet op wat er om me heen gebeurde, verloren als ik was in mijn eigen gedachten. Ik was nauwelijks de tuin uit toen een jongeman me op straat benaderde. Het leek alsof hij uit het niets opdook. Hij was heel vriendelijk en spraakzaam en vroeg van alles over mijn hond. Ik had hem nog nooit eerder gezien, dus vroeg ik hem of hij hier pas woonde. Nee, zei hij, hij woonde hier al zestien jaar, aan het eind van het rijtje. Ik lette nauwelijks op. Ik verkeerde in een roes en reageerde ternauwernood op zijn onophoudelijke gepraat. Toen we voor zijn huis stonden namen we afscheid en draaide ik me om teneinde verder te lopen. Opeens hoorde ik hem achter mijn rug iets roepen: 'Overigens ben ik Lee.'

Hij kon zich niet voorstellen wat dat voor mij betekende. Ik had net om een teken gevraagd en nu kreeg ik er een. Ik had om hulp gevraagd en ik was verhoord. Ik liep het rijtje verder af terwijl de tranen over mijn wangen stroomden. Hij had niet gezegd: 'Overigens heet ik Lee.' Hij had gezegd: 'Ik ben Lee.'

Hoe groot was de kans dat we elkaar die vrijdagochtend in de vrieskou op straat zouden treffen zonder omstanders? Hij had de volle elf jaar dat ik daar had gewoond een huizenblok verderop gewoond en ik had hem nog nooit eerder gezien.

'Ik ben Lee.' Die woorden boden me een enorme troost en mijn geloof werd erdoor versterkt. Als ik aan mezelf en de wereld twijfel, denk ik aan wat er die dag gebeurde, en dat helpt. Het hielp mijn zus ook.

Jodie Walters, Minneapolis, Minnesota

South Dakota

In de jaren zeventig woonde ik als tiener met mijn in scheiding liggende ouders in een buitenwijk van Atlanta. Mijn moeder was op de vlakten van South Dakota opgegroeid als dochter van een boer en boerin. Ze was van stoere Duits-Deense komaf, mensen die met slechts wat bescheiden bezittingen naar dit land waren gekomen, uitgestrekte landerijen hadden verworven en vervolgens een boerenleven waren begonnen. Geen gemakkelijk leven, zelfs op de beste momenten niet. De weersomstandigheden waren op dit vlakke land heer en meester en het leven richtte zich ernaar. Vrijwel iedere zondag verwees de pastoor in de kerk naar het weer, meestal met een verzoek om verandering: een eind aan de droogte zodat de gewassen zouden groeien, een eind aan de regen zodat de oogst kon beginnen, een eind aan de sneeuw zodat het vee gespaard zou blijven. Ten slotte kreeg mijn grootvader er genoeg van om God maar steeds om ander weer te moeten bidden en koos voor een baan bij de verkeerspolitie, wat hem er niet van weerhield zich regelmatig een stuk in zijn kraag te drinken in de Mansfield Supper Club en vervolgens in zijn patrouillewagen op pad te gaan. Als gezelligheidsdier hield hij van practical jokes, dansen, feestjes en vrouwen. Mijn grootmoeder was daarentegen verlegen, ingetogen en ijverig. Zij hield de boerderij draaiende terwijl mijn grootvader van huis was, en dat was vaak, en schrok niet terug voor de moeilijkheden die zich voordeden. Op een keer merkte ze dat de schapen in de voederbak waren beland en zichzelf hadden volgevreten. Ze waren opgeblazen als ballonnen en kermden van de pijn. Ze wist wat ze moest doen om de beesten van een wisse dood te redden en begon vaardig elk schaap met een scherp keukenmes te ontluchten door ze in de flank te steken. Ik zag het gebeuren – met haar bruine knotje, eenvoudige jurk en stoere laarzen prikte ze de schapen lek, de vreselijke stank van verterend graan en schapenmagen die sissend vrijkwam.

Mijn moeder was de jongste van drie dochters. Haar oudste zus was marva geweest en was met een jongen getrouwd die mijn grootvader hoogstpersoonlijk had uitgekozen. Ze was zelf verliefd geweest op een andere jongen, die toevallig katholiek was. Hij had net zo goed bosjesman kunnen zijn met een botje door zijn neus, zo onvoorstelbaar was het voor mijn grootvader dat een van zijn dochters met een katholiek zou trouwen. Als lid van de regiopolitie was mijn grootvader in staat hem het leven zuur te maken en hem binnen de kortste keren de stad uit te jagen. Mijn moeders andere zus was plichtsgetrouw met een boer getrouwd en bleef in South Dakota, waar ze vier zoons kregen en bleven boeren.

De drie zusters onderhielden nauw contact. Op een dag sprak mijn moeder haar zus in South Dakota. Tijdens telefoontjes werden tragische gebeurtenissen vaak gedetailleerd overgebracht, bijvoorbeeld dat nicht Bernice uitgleed toen ze de restjes van de kerkmaaltijd van de achterbank van de auto probeerde te pakken, haar hoofd stootte en in coma raakte; of dat een koe tijdens het kalven in paniek was geraakt en het hele weiland door was gerend met een naar buiten hangende baarmoeder en doodbloedde. Mijn moeder scheen te genieten als ze dit soort onheilstijdingen kon brengen. Op die dag had ze echter stilletjes zitten luisteren, weinig gezegd en toen ze de hoorn ophing was ze zichtbaar ontdaan. Mijn tante had haar verteld dat ze Diane Wellington hadden gevonden.

Diane Wellington had op high school bij mijn moeder in de klas gezeten. Ze was het rijke meisje uit de buurt en de andere meisjes, meest boerendochters die op boerenknollen naar school kwamen, leenden bij bijzondere gelegenheden vaak kleren en sieraden van haar. Volgens mijn moeder was Diane stilletjes en erg op zichzelf geweest. Hoewel de meisjes haar fraaie kleren leenden waren ze niet echt bevriend. Haar familie ging per vliegtuig op vakantie naar plekken met stranden en restaurants waarin je kon zitten. Boerengezinnen gingen nooit op vakantie. Mijn moeder en de meeste van haar vriendinnen hadden de streek nog nooit verlaten en hadden nog nooit in een vliegtuig gezeten, behalve in een sproeivliegtuig. Hoewel ze haar bewonderden, hoorde Diane er niet bij. Op een dag kwam Diane niet op school. In de loop van die dag belden haar ouders naar de school om te zeggen dat ze vermist werd. Leerkrachten vroegen de leerlingen naar details over Dianes mogelijke verblijfplaats. Maar niemand kende haar goed genoeg. Niemand wist waar ze zou kunnen zijn.

Dianes tafeltje bleef dagenlang en vervolgens wekenlang onbezet. Ten slotte werd haar kluisje leeggehaald en de inhoud naar haar ouders gestuurd. De mogelijkheid van een misdrijf werd uitgesloten. Behalve zo nu en dan een uitbraak van huiselijk geweld – wat in die tijd sowieso niet als een zaak voor de politie werd beschouwd – bestond er geen misdaad in hun kleine gemeenschap. De politie beschouwde Diane als wegloopster en liet de zaak rusten. Mijn moeder en haar klasgenoten verzonnen opwindende verhalen over Dianes vlucht naar de grote stad. Ze fantaseerden dat ze actrice of fotomodel was geworden en in prachtige kleren een nieuw leven leidde. Ze bedachten dat ze een nieuwe identiteit had gecreëerd en in een penthouse woonde, ver weg van de stank van tractordiesel en mest. Of misschien was ze getrouwd met een vermogende man. De enige jongens met wie ze volgens hen was uitgeweest waren highschoolleerlingen uit de stad. Misschien was ze vanwege een schandaal verdwenen. Misschien was ze er met een oudere man vandoor gegaan of beter nog, een getrouwde man. Ze stelden zich haar voor aan de arm van een knappe professor of een goedgeklede zakenman die verdacht veel ouder was. Maar ten slotte, toen de gebeurtenissen in hun eigen op gang komende levens op de voorgrond traden, vergaten ze haar en haar geheimzinnige verdwijning totaal. Ze vonden het wel vreemd dat ze haar ouders nooit schreef of belde, maar niemand zei dat ooit hardop. Mijn moeder beweerde dat ze al meer dan twintig jaar niet meer aan Diane had gedacht. Nu vertelde mijn tante dat ze er al die tijd was geweest.

Het was gebruikelijk onder boeren om stukken land van tijd tot tijd braak te laten liggen. Verschraald na jaren van planten en oogsten, werden de landerijen onbebouwd gelaten om de grond te verrijken. Na een paar jaar van regen en sneeuw en zon veranderde de natuur ze weer in vruchtbaar land. Zo'n stuk land was het dat een boer uiteindelijk weer eens omploegde. En toen de scharen van de ploeg de lang ongemoeid gelaten zwarte korst doorsneden, kwamen er botten tevoorschijn. Niet van een jakhals of een kalf, maar onmiskenbaar menselijke botten. De botten, zo werd vastgesteld, waren van Diane Wellington. Wat mijn bloed echter deed bevriezen was wat mijn moeder me op fluistertoon vertelde, haar stem beladen met de schaamte van het verleden: bij de botten van het tienermeisje in haar ondiepe graf was een handjevol kleine, vogelachtige botjes gevonden – de botten van een foetus.

Abortus was een paar jaar voordat de botten boven water kwamen legaal en veilig geworden. Ik probeerde er niet bij stil te staan: een meisje van ongeveer mijn leeftijd in een schemerige, vieze kamer met een aborteur en zijn gereedschappen; haar vrees en pijn toen de auto over de hobbelige velden bonkte terwijl zij op de achterbank lag te creperen, haar jonge leven uit zich voelde wegstromen. Of was ze in die gruwelijke kamer gestorven? Was de jongen erbij geweest? Of was het een man, iemand die ze kenden? Hield iemand haar hand vast? Of had ze daar alleen in de modder tussen het onkruid gelegen en had ze de rode achterlichten kleiner zien worden en uit het zicht zien hobbelen? Had ze daar alleen in het diepe duister naar de eindeloze hemel boven South Dakota liggen kijken? Ik hoopte dat als het zo was, de sterren voor haar hadden geschenen. Dat het haar een beetje had getroost, dat de hemel haar had omhelsd en tot het einde bij haar was gebleven.

Nancy Peavy, Augusta, Maine

Contact met Phil

Het is in 1991 gebeurd, maar soms lijkt het uit een ver verleden te stammen. Aan de andere kant herinner ik me de terugreis vanaf het ziekenhuis waar mijn vrouw me had afgehaald als de dag van gisteren.

Ik was emotioneel en fysiek uitgeput van de bizarre middag waarvan het hoogtepunt twee angstige uren in de eerstehulpruimte waren. Toen de ambulance verscheen was alle kleur uit mijn gezicht verdwenen geweest. Mijn handen waren koud en klam en het transpiratievocht liep in stroompjes over mijn rug en zij. Ik was bang dat ik dood zou gaan. De broeders hadden mijn pols en mijn bloeddruk opgenomen en hoewel ze niets vonden, besloten ze me naar het ziekenhuis te brengen. Een paar minuten later lag ik in een snelrijdende ambulance met een zuurstofmasker over neus en mond.

Later, toen ze me naar huis vervoerde, vroeg mijn vrouw me of ik in orde was. Natuurlijk zei ik nee en vervolgens probeerde ik te beschrijven wat er precies was gebeurd, ook al was dat voor mij ook niet helemaal duidelijk. Waarom het was gebeurd, ik had geen idee. Ik vertelde haar dat het allemaal was begonnen met een vaag ongemakkelijk gevoel waardoor ik als een nerveuze kat door het huis was gaan banjeren. Zonder echte aanleiding dacht ik dat ik verkouden werd en begon ik om de vijf of tien minuten mijn temperatuur op te nemen. Mijn gedrag was op zijn zachtst gezegd vreemd geweest.

Toen kwam de pijn opzetten, eerst in mijn buik, vervolgens in mijn onderrug. En dat was het moment waarop ik bang werd – bij de pijn in mijn onderrug. De nieren van mijn broer Phil werkten niet meer en hij was al jaren aan de dialyse. Ik had geprobeerd me te herinneren hoe Phils kwaal was begonnen, maar mijn geheugen werkte niet mee – het joeg van de ene gedachte naar de volgende en ik kreeg er geen greep op. Ik had me net een wagentje in de achtbaan gevoeld. Daarna was ik me duizelig gaan voelen en besloot te gaan zitten. Op de een of andere manier was ik op de stoel naast de telefoon beland. Met bevende handen had ik 911 gedraaid.

Ik staarde door het autoraampje naar buiten, mijn gedachten steeds waziger. Toen we ongeveer halverwege waren, wendde mijn vrouw zich tot mij en vertelde me dat Phil overleden was.

Phil dood? Hoe kon dat nou? Ik had hem gisteravond nog aan de telefoon gehad.

Phil was elf jaar geleden naar Florida verhuisd en sindsdien hadden we elkaar nog maar een handjevol keren bezocht. Maar toen zijn gezondheid begon te verslechteren was ik hem om de paar weken gaan bellen. Onlangs had ik aan zijn stem gehoord dat hij zich bewust werd van zijn sterfelijkheid en banger werd voor de dood.

Toen we elkaar de avond ervoor hadden gesproken had Phil evenwel geklonken als vanouds: ontspannen, monter, levendiger dan hij in jaren was geweest. Toen we ophingen had ik me weer met hem verbonden gevoeld, alsof we niet achttienhonderd kilometer uit elkaar woonden.

De dag erna, toen de broeders het zuurstofmasker op mijn gezicht drukten, blies mijn broer zijn laatste adem uit.

Vanaf het moment dat ik besefte dat hem geen lang leven beschoren was, had ik mezelf beloofd dat ik mijn broer op het laatst zou bijstaan. Maar dat hij plotseling kon overlijden was geen moment bij me opgekomen. Misschien was het puur toeval, maar hoe groot is de kans dat ik een paniekaanval kreeg op hetzelfde moment dat Phil dood in zijn badkamer werd aangetroffen? Ik geloof liever dat hij me zijn pijn en angst heeft bezorgd toen ik mijn belofte niet kon inlossen.

Tom Sellew, Wadsworth, Ohio

De brief

Ik was derde officier op een Amerikaanse supertanker die in de Perzische Golf ruwe olie insloeg en die om beurten loste in de havens van Zuid-Korea en Bonaire op de Nederlandse Antillen. Het schip keerde terug naar de Perzische Golf na een stop in Bonaire. We staken de Zuidelijke Atlantische Oceaan over en zes dagen later zouden we Kaapstad, Zuid-Afrika passeren. Mijn werkperiode zat erop dus zou ik vanaf Kaapstad terugvliegen naar Massachusetts.

Op een dag, toen ik na de lunch de kombuis uitliep, kreeg ik een zes maanden oud exemplaar in handen van een krant die de *Singapore Straits Times* heet. Ik was van plan die middag overuren te maken en zocht mijn hut op om wat te rusten voordat ik terug moest zijn aan dek. Alle hutten hadden loungestoelen die we 'overuureters' noemden omdat ze de neiging hadden ons ervan te weerhouden terug te keren aan dek.

Willens en wetens nam ik het risico van de stoel en ging er met mijn krant vol oud nieuws op zitten. Een bepaald artikel viel me op. Het was een interview met de directeur van een Amerikaanse begrafenisonderneming die over zijn werk sprak. Hij zei dat het zwaarste aspect van zijn werk bestond uit het bijstaan van mensen in rouw. Een van de meest voorkomende en pijnlijkste kanten van rouw, zei hij, was het gevoel dat je de overledene niet alles had verteld wat je had moeten vertellen. Hij had ontdekt dat een brief schrijven aan de dode en die op de kist leggen veel aan de kwelling afdeed.

Toen ik het artikel uit had, legde ik de krant weg en leunde met gesloten ogen achterover. Dat was het moment waarop ik mijn moeder voor me zag, gelegen in een lijkkist. Ik probeerde het beeld kwijt te raken, maar het was sterk en levensecht en plotseling voelde ik diepe rouw. In het visioen schreef ik haar een brief.

Ik ben de meeste woorden die ik gebruikte vergeten, maar de lading van de brief voel ik nog altijd. Ik weet nog dat ik een allesomvattende liefde voor haar uitte, iets wat ik nooit eerder had aangedurfd. In het visioen besefte ik dat het een bron van smart zou zijn als ze dood zou gaan voordat ik haar ooit had verteld dat ik van haar hield. Het kostte me enige tijd om dat op te schrijven en ondertussen bleef dat beeld van mijn moeder in die lijkkist me bij. Ik zag mezelf de brief opvouwen en hem in haar kist leggen, en eindelijk nam het rouwgevoel af. Ik begon weer te denken aan de klus waarmee ik aan dek bezig was geweest.

Later op de avond werd ik wakker en bereidde me voor op de hondenwacht. Er werd op de deur geklopt. Toen ik opendeed stond de kapitein, een indrukwekkende man, in de deuropening. Hij kwam mijn hut binnen en vroeg me te gaan zitten. Toen zei hij dat dit het moeilijkste onderdeel van zijn werk was. Ik luisterde maar met een half oor naar wat hij zei terwijl ik alles begon te overdenken wat ik tijdens deze reis had gedaan. Welke fout had ik de afgelopen maanden kunnen maken waar hij me om kon ontslaan? Ik dwong mezelf te luisteren, keek op en zag tranen in zijn ogen terwijl hij het telegram voorlas dat mij het nieuws bezorgde van de dood van mijn moeder.

Brian F. McGee, Pensacola, Florida

Generale repetitie

Bij mijn negenentachtigjarige moeder werd hartvervetting vastgesteld. Volgens de dokters was ze te oud en te zwak om nog te redden en zouden ze het haar 'zo gemakkelijk mogelijk maken'. Niemand kon bij benadering zeggen hoe lang ze nog had: dagen misschien, of weken, of maanden.

We beleefden samen een woelige tijd. Ze was nooit erg gemakkelijk in de omgang geweest, zeker niet toen ik klein was. Misschien was ik ook niet gemakkelijk. Toen ik tweeënveertig was gaf ik ten slotte de hoop op dat ze ooit de moeder zou worden die ik altijd had willen hebben. Op kerstavond tijdens een bezoek aan mijn vader en haar had ik uit volle borst de navelstreng doorgesneden. Ik sprak anderhalf jaar lang niet meer met haar. Vervolgens, toen we weer 'on speaking terms' waren, hield ik het bij de meest oppervlakkige onderwerpen. Dat beviel haar uitstekend, sterker nog, op zeker moment stuurde ze me een brief dat ze het zo fijn vond dat we zo goed met elkaar konden opschieten.

Het bejaardentehuis waarin ze woonde was vier uur rijden. Toen ik hoorde dat ze op sterven lag, ging ik vaak bij haar op visite. De eerste maanden nadat ze de prognose had gekregen was ze erg neerslachtig en afstandelijk. Ze sliep of staarde naar de muur, zwijgend, haar gezicht een masker van ellende. Ze stond erop dat ze gecatheteriseerd werd zodat ze nooit meer hoefde op te staan en vervolgens richtte ze zich op het stervensproces. Die maand zat ik op een dag op de stoel naast haar bed. De zon was onder en haar kamer was vrijwel donker. Ik schoof wat dichterbij en leunde met mijn ellebogen op de rand van haar bed. Ze stak haar hand uit om mijn gezicht te aaien en streelde heel lieflijk. Het was iets heerlijks.

Tijdens een bezoek van enkele weken later beleefde mijn moeder de eerste van zes kleine doodjes die aan haar ware dood voorafgingen. Toen ik binnenkwam ging mijn vader wat boodschapjes doen. Ik deed een spelletje rummy met mijn moeder en zij speelde zo vals als een kraai, en toen zei ze dat ze naar het toilet moest. Ik hielp haar uit bed en volgde haar terwijl ze langzaam met haar rollator naar het toilet liep. Toen we in het kleine badkamertje kwamen, slaakte ze een diepe zucht en zakte in elkaar. Ik ving haar op en liet haar langzaam op de grond zakken. Ze haalde pijnlijk adem als iemand die sterft en was bewusteloos, haar ogen waren uitdrukkingloos geopend. Ik was verlamd. Ten slotte blies ze een lange laatste adem uit en hield de ademhaling op. Ik zag haar gezicht blauw worden en haar lippen paars. Vervolgens zocht ik naar haar halsslagader en vond die eenvoudig doordat ze zo hartverscheurend mager was. Terwijl ik toekeek hield hij op met kloppen. Ze was volstrekt roerloos. Ik hield haar versteend een poosje vast. Ik vroeg haar hardop of ze dood was; uiteraard gaf ze geen antwoord. Ik bedacht wat een eer het was dat ze had gekozen om in mijn bijzijn te sterven en toen – o nee, o nee, o nee! legde ik voorzichtig haar hoofd op de grond en zei tegen haar dat ik een telefoontje moest plegen en dat ik zo terug zou zijn. Ik liep naar de telefoon en belde naar de balie. Daarna ging ik weer naar de badkamer en keek op haar neer. Ze leek klein en verloren. Ik ging naast haar hoofd op de grond zitten, trok haar in een halfzittende houding en hield haar een minuut of wat in mijn armen, me afvragend hoe lang het zou duren voor er iemand kwam.

Opeens ging er een schok door haar lijf. Ik schoot bijna omhoog. Vervolgens dacht ik: dat zijn stuiptrekkingen. Een paar minuten later was er nog zo'n forse schok. Daarna kwam die pijnlijke ademhaling weer op gang.

Ik kon het niet geloven: ze leefde. Ik had moeite om aan deze nieuwe realiteit te wennen terwijl zij begon te zuchten en steunen, wild met haar armen zwaaide en haar handen tegen de muur en de wasbak sloeg. Ze huilde en kreunde. Ik probeerde haar te sussen, vertelde haar waar ze was. Ten slotte kwam ze weer bij kennis, de uitdrukkingloosheid verdween en ze zag dat ze op de vloer van de badkamer lag. Ik had haar rollator in de hoek geduwd en daar stak ze een hand naar uit met de woorden: 'Help me overeind! Ik moet opstaan!'

Ik zei: 'Ik krijg je in mijn eentje niet overeind, mam. Er komt iemand om te helpen. Blijf even rustig liggen totdat er iemand is.'

Ze gaf het ten slotte op en liet zich zwaar ademend tegen me aan vallen. Er werd gebeld en de inwonende verpleegster en de baliemedewerker verschaften zichzelf haastig toegang en kwamen naar de badkamer in de verwachting mijn moeder daar dood aan te treffen. Maar daar zaten wij, twee levende mensen van wie de een de ander vasthield. Met zijn drieën kregen we moeder op het toilet, fristen haar op en legden haar weer in bed. Tien minuten later versloeg mijn moeder me met een spelletje rummy, als een kraai zo vals spelend.

Later op de dag zat ik op de rand van mijn moeders bed. Ik kan me nauwelijks voorstellen hoe verdoofd en uitgeput ik eruit moet hebben gezien, want ze zei tegen me: 'Kom, liefje, als ik echt doodga – en niet zo'n generale repetitie die ik schijn te doen – maar als ik echt ga, dan moet je denken dat ik je overal kusjes geef!' Daarna legde ze haar trillende armen om mijn hoofd. Terwijl de liefde uit haar ogen straalde, zei ze: 'Kus! Kus! Kus! Kus!'

Ik had haar nog nooit zo vrolijk meegemaakt.

De dag erop moest ik weg of ik nou wilde of niet. Net toen ik de deur uitliep ging de telefoon over. Het was zuster Pat, een non die bij de zorginstelling werkte die mijn moeder verzorgde. Ze zei dat ze van de zuster had vernomen wat mijn moeder was overkomen en vroeg of het goed was als ze op bezoek kwam. Aangezien allebei mijn ouders elk gesprek over God of spiritualiteit meden, zei ik dat het me beter leek van niet. Ik zei erbij dat ik weleens met haar zou bellen.

Ik vertelde zuster Pat dat mijn moeder de afgelopen vierentwintig uur volledig was veranderd. Ik vertelde haar dat ze volledig en ontroostbaar ellendig was geweest en dat ze nu na het gebeurde gelukkig en tevreden leek. Het was als dag en nacht, zei ik.

Er viel een lange stilte. Toen zei zuster Pat: 'Uw moeder is een zeer bevoorrecht mens.'

'Huh?' zei ik, terwijl ik dacht: ze gaat dood – is dat bevoorrecht?

Zuster Pat ging voort. In de dik twintig jaar dat ze met stervende mensen werkte, zo zei ze, had ze gemerkt dat de mensen die de 'doodjes' meemaakten verder een bijzonder vredig leven leidden. Ze zei dat het was of ze een tipje van de sluier opgelicht kregen en beseften dat er aan gene zijde niets was om bang voor te zijn.

Mijn moeder en ik kregen nadien nog zes maanden. Ze had nog vijf generale repetities en was op elk ervan trots. Op een keer belde ik haar en toen ze opnam zei ze: 'Raad eens wat ik vandaag heb gedaan?'

'Nou, mam?' vroeg ik.

'Ik ben weer gestorven!'

We voerden nooit diepe gesprekken – alleen over het weer, wat over het nieuws – maar dat deed er niet meer toe. We leefden in een klein blauw ei van licht en de liefde stroomde in dat ei tussen ons heen en weer. Eindelijk kreeg ik de moeder die altijd had willen hebben.

Ellen Powell, South Burlington, Vermont

De anonieme doorslaggevende factor

Ik stam uit een familie van begrafenisondernemers. Mijn grootvader, mijn oom en mijn vader zaten allemaal in het vak, dus groeide ik op in een huishouden waar crematie, de stijgende prijs van doodskisten en de stuiptrekking van een dood lichaamsdeel dat zich van een luchtbel ontdoet tot de normale gespreksonderwerpen behoorden.

'Herinneren jullie je Morgan nog,' zei iemand bijvoorbeeld, 'die dikke ijzerkoopman wiens hart zich in acht centimeter vetspek had ingegraven? Verdomd als het niet waar is, ik had hem net gebalsemd toen die knakker recht overeind op tafel ging zitten. Moet een joekel van een luchtbel in die vette pens van hem gehad hebben. Ik liet bijna mijn broodje tonijn vallen. Mag ik nog wat aardappels?'

Ik was nooit in de kelder van het lijkenhuis van mijn oom en tante geweest. En op een dag nodigde mijn tante me uit daar eens te kijken. Ik liep vlak achter haar de smalle trap af. Mijn opwinding en vrees namen met elke stap toe. Er schoot een beeld door mijn hoofd van wiebelige stapels mummieachtige lijken. Ik stelde me voor hoe ik op mijn zeldzaam onhandige manier tegen een in gaas gewikkeld lijk zou oplopen waardoor er honderden stijve, bloedeloze lichamen van alle kanten om zouden vallen en mij onder hun dode gewicht zouden verpletteren.

Vervolgens – opluchting. We betraden een warme, beklede ruimte die flauw naar sigarenrook en schimmel rook. Aan alle kanten stonden op plateaus van vijftien centimeter prachtig glanzende dozen des doods. Elke doodskist was zo luxe als een Mercedes en hier in deze natte keldershowroom was mijn oom de gladde verkoper.

Ik moest op mijn tenen staan om de binnenkant van die dure kisten te kunnen zien. De kussenachtige voering was van glanzend wit of roze satijn, versierd met sierlijke kant. Wat zagen ze er comfortabel uit! Eventjes vergat ik het ware doel van deze kisten en wilde ik erin kruipen om zo'n zacht hoofdsteuntje tegen mijn gezicht te drukken. Ik zocht voor mezelf een klein wit kistje uit.

'Oom Jim, als ik doodga, kun je me dan in zo'n prinsessenkistje leggen?'

Maar mijn oom en tante bleken verdwenen te zijn. Ik liep achter ze aan de volgende kamer in.

Onder koude fluorescerende lampen lagen twee vrouwelijke lijken naakt op grote roestvrijstalen tafels. Ik kreeg de neiging terug te rennen naar de doodskistenkamer.

Mijn tante liep op het eerste lijk af. Ik haalde zorgvuldig adem en probeerde er niet geschrokken uit te zien terwijl ik achter haar aan liep.

De huid van het lijk was dun, bijna doorzichtig, bleekgrijs overdekt met roodzwarte ouderdomsvlekken. Haar borsten hingen aan weerskanten van haar ribbenkast omlaag met een inerte duurzaamheid alsof ze altijd op die vreemde plek onder haar oksels hadden gehangen. Haar buik vertoonde de karakteristieke gezwollenheid van de afgelegde, met twee extra rollen geleiachtig, klonterig vet. Ik wendde mijn blik snel van het schamele plukje vaalgrijs schaamhaar af, terwijl ik plaatsvervangende schaamte voelde voor de oude vrouw die hier naakt lag te midden van vreemden. Mijn blik volgde de lange snelwegen van paarse spataderen die over haar zware benen liepen.

Zo ziet de dood er dus uit.

Ik raakte haar koude arm aan en die was even zwaar en stijf en stram als een stevig blok haardhout. Op dat moment ebde alle vrees weg. Het ding dat voor me lag was niet langer een boosaardige, angstaanjagende mummie of zombie, maar een lege hoes, net zo min een mens als de roestvrijstalen tafel waar het op lag.

Ik lakte alle vergeelde nagels met perzikkleurige nagellak en keek zwijgend toe hoe mijn tante zorgvuldig de grijze haardos in model bracht. Ik bracht perzikkleurig poeder op het bleke gezicht van het lijk aan en met nog wat rouge en lipstick deed haar uiterlijk me denken aan een etalagepop die ik een keer bij Sears had gezien.

Een dode aankleden is niet eenvoudig. Het lichaam is tweemaal zo zwaar als bij leven en geeft helemaal niet mee. Ik zag hoe mijn oom de stijve vrouw ophees zodat ze een bescheiden slip om haar middel kon krijgen. De hoek die de torso zo maakte was net voldoende om het laatste scheutje urine uit de blaas van de vrouw op de tafel en de schort van mijn tante te laten druppelen. We moesten alle drie lachen.

Die middag sprak ik mijn ouders met buitengewone drang aan. Ik vroeg mijn vader of ik, mocht ik overlijden, gecremeerd kon worden.

Hij keek me met een ernstige blik aan en zei: 'Natuurlijk kan dat als je dat echt wilt.' In dat antwoord proefde ik de toon van een vakman die talloze gekwelde vreemden had gerustgesteld omtrent hun laatste wensen. Ik hoorde tevens een bezorgde vader die net zijn dochter haar eerste grote beslissing over leven en dood bekend had horen maken.

'Ja, pap,' zei ik. 'Dat wil ik echt.'

Hollie Caldwell Campanella, Klamath Falls, Oregon

Dromen

4:05 uur 's ochtends

Meestal slaap ik diep en zelden hoef ik een wekker te zetten om 's morgens te ontwaken. Mijn dromen gaan doorgaans over mijn werk en ik tracht ze zo snel mogelijk te vergeten. Wanneer ik een droom wel wil onthouden lukt dat meestal niet. Slechts een paar keer in mijn leven heb ik een nachtmerrie gehad.

De droom begon eenvoudig. Ik reed met een vrachtwagen over de tolweg van Kansas. Ik heb nog nooit een vrachtwagen bestuurd en hoewel ik toentertijd in Kansas City woonde, ben ik daar nog nooit op de tolweg geweest. In mijn droom was het nacht en ik zag uitsluitend mijn handen aan het stuur en alles wat door de koplampen van de vrachtwagen werd beschenen. Plotseling schitterde er vlak voor me in de lichtbundels een arm van een mens. Geschrokken week ik uit om het lichaamsdeel te ontwijken en probeerde uit alle macht het rempedaal in te trappen, maar ik kon de vrachtwagen niet tot stilstand brengen en zodra ik het lichaamsdeel had ontweken dook het volgende al op. Hoe verder ik kwam hoe meer lichaamsdelen ik zag. Ze kwamen steeds sneller en sneller op me af totdat ik er ten slotte eentje met een krakend geluid raakte. Het volgende moment zat ik recht overeind in bed te schreeuwen.

Ik besefte dat ik een nachtmerrie had gehad. Ik haalde diep adem en keek op de wekker, meer om mezelf gerust te stellen dan om erachter te komen hoe laat het was. Het was 4:05 uur 's ochtends.

Ik genoot van mijn vrije zaterdag en vergat de droom. Op zondag kocht ik de weekendkrant en las die op mijn gebruikelijke ontspannen manier. Aan het einde van het eerste katern stond een stukje van twee alinea's over een vrachtwagenchauffeur die een lijk had overreden dat op de tolweg van Kansas lag. Het ongeluk had zaterdagochtend plaatsgevonden om 4:05 uur 's ochtends.

Matthew Menary, Burlingame, Californië

Bloed

In de zomer van 1972 ging ik een paar weken naar mijn ouders in Burnsville, Minnesota. Ik sliep in het souterrain. Om de zoveel tijd kwam er een jongen van veertien, Matthew, het grasveldje maaien. Toen ik op een ochtend lag uit te slapen, hoorde ik hem buiten gras knippen. Ik besteedde er geen aandacht aan en sliep weer in.

Ik droomde dat ik boven in de badkamer voor de wastafel stond en mezelf in de spiegel bekeek. Het leek wel op mijn gezicht maar tegelijkertijd was er iets vreemds mee aan de hand. Ik zag mijn zwarte haar, mijn blauwe ogen, mijn snor, maar de vorm van mijn gezicht was anders dan anders. Ik keek omlaag naar de wastafel waar het water tegen de klok in de afvoerbuis in liep. Ik hield mijn handen onder de straal en begon mijn handen in te zepen. Weer keek ik naar dat gezicht dat mijn gezicht niet was. Er was iets aan veranderd, maar het zat me niet echt dwars.

Ik zeepte mijn handen verder in, maar mijn linkerduim deed zeer. De pijn was tamelijk hevig en ik vroeg me af hoe dat kon komen. Hij voelde verstuikt.

Toen keek ik weer omlaag in de wastafel en zag bloed in het water druppen en rondjes meedraaien tegen de klok in. 'Wat is er aan de hand?' vroeg ik mezelf af. Er stroomde bloed uit mijn duim, het spoot uit het dikke stuk net onder de knokkel en liep dan langs mijn arm en drupte van mijn elleboog in de wastafel. Ik pakte mijn kloppende hand beet en zei tegen mezelf: 'Wat heb je gedaan, Jim? Wat heb je gedaan?'

Ik hoorde een stem naar me roepen. 'Jim! Jim!' Ik ontwaakte en besefte dat het mijn moeder was die boven aan de trap stond te roepen. Ze zei dat ik snel moest komen. Ik schoot wat kleren aan en rende naar haar toe. Matthew had zichzelf verwond tijdens het werk in de tuin, zei ze, en ze vroeg of ik hem in de badkamer wilde helpen.

Nog half in slaap liep ik naar de badkamer en was verbijsterd toen ik Matthew voor de spiegel zag staan met zijn linkerhand boven de wasbak. Er liep bloed uit een jaap tussen zijn duim en wijsvinger. Het bloed liep langs zijn arm het water in dat rondcirkelde voordat het de afvoer in liep.

James Sharpsteen, Minneapolis, Minnesota

Vrijdagavond

Toen ik studeerde woonde ik in een vleugel van een slaaphuis waar iedereen erg vriendelijk was en goed met elkaar kon opschieten. De sfeer was er ontspannen en we liepen zonder kloppen elkaars kamers binnen. De vent in de kamer naast me, Andy, had een koelkast en een tv, zeldzame apparaten in slaaphuizen anno 1972. Hij stond ons gastvrij toe ze te gebruiken als we er behoefte aan hadden.

Het was een stille vrijdagavond in oktober. Ik had de hele avond zitten studeren, ging vroeg naar bed en sliep goed. Midden in de nacht werd ik wakker door een vreemde, levensechte droom. Ik zag me daarin de kamer uitlopen en in de kamer ernaast een blikje fris uit Andy's koelkast halen. Toen ik de kamer betrad zag ik diverse mensen op de bedden en stoelen zitten. Een van hen zat midden in de kamer met zijn hoofd gebogen. Het was Andy's broer, een dikke verlegen man die ik een jaar eerder één keer had ontmoet. Ik herkende bovendien Andy, Andy's vriendin en nog vier studenten uit onze vleugel. Ze hadden allemaal hun hoofden gebogen en leken vertwijfeld. Toen ik ze vroeg wat er aan de hand was, keken ze allemaal op, behalve Andy's broer. Even later wendden ze hun blikken weer af en keken zwijgend naar de grond.

Ik dacht niet meer over deze droom na tot halverwege de volgende middag, toen ik in de kamer naast me een blikje fris uit Andy's koelkast besloot te halen. Toen ik de kamer betrad zaten er diverse mensen op dezelfde plekken als in mijn droom. Het enige verschil was dat Andy's broer niet op de stoel midden in de kamer zat. Toen ik vroeg wat er aan de hand was, werden me dezelfde zwijgzame, vreemde blikken toegeworpen als in mijn droom. Ik vroeg het nogmaals en toen wendde Andy zijn blik af. Zijn vriendin keek op, haar gezicht rood gehuild. 'Andy's broer heeft vanochtend een vreselijk ongeluk gehad,' zei ze. 'Hij reed een echtpaar met twee kinderen ergens heen en is van de weg geraakt. Beide kinderen zijn dood.'

Ik liep verbijsterd de kamer uit. Terwijl ik terugliep naar mijn eigen kamer, bleef ik de tijdstippen van de droom en het ongeluk herhalen. Voortdurend hield ik mezelf voor dat de droom op vrijdagavond had plaatsgevonden en dat het vandaag zaterdag was. Ik bleef het herhalen omdat ik me niet wilde vergissen. Ik wilde zeker weten dat ik me later niet zou afvragen of ik die twee in gedachten had verwisseld. Dat doet je geheugen soms en ik wilde ervan verzekerd zijn dat de droom er eerst was geweest.

Steve Hodgman, Bedford, New Hamsphire

Farrell

Mijn tweede neef heette Farrell. Hij leed aan onbeheersbare epilepsie en woonde in een kleine bruine kamer achter in het huis van zijn moeder. In die tijd was er weinig hoop voor epileptici en hij wist nooit een baantje te behouden. Twee keer per week liep hij anderhalf blok naar de Bluegrass Grill en kocht een aardbeientaart. Verder kwam hij zelden de deur uit.

Toen ik klein was zag ik Farrell ongeveer eens per jaar. Op eerste kerstdag werden we in de Plymouth gestouwd en gingen we naar het huis van zijn moeder om ze een vruchtentaart te brengen. Farrell kwam dan zijn kamer uit en probeerde gênant luid een vriendelijk gesprek met ons te voeren. Meestal vertelde hij dan enorm lange verhalen. Hij zal ze wel grappig hebben gevonden, want onder het vertellen bulderde hij voortdurend van het lachen, maar ik kon nauwelijks verstaan wat hij zei en mijn gedachten gingen alle kanten op. Op zeker moment begon ik dan naar de deur te kijken, biddend dat we daar snel door konden vertrekken. Uiteindelijk sloeg mijn vader met beide handen op zijn knieën en stond op met de woorden: 'Nou, we moeten nog langs heel wat adresjes vanavond. Fijne kerstdagen!' En dan, in een wirwar van jassen en mutsen en lange wollen sjaals die van de paardenharen bank in de voorkamer werden gegrist, vertrokken we voor weer een jaar.

Naarmate ik ouder werd, besteedde ik steeds minder aandacht aan Farrells verhalen. Ze overspoelden me, met nog minder gevolgen dan het geblèr van de televisie die zijn moeder gedurende ons hele bezoek aan liet staan. Farrells stem werd gewoon nog een vorm van kabaal die ik moest doorstaan tot die gezegende klap op de knieën die mijn redding voor weer een jaar symboliseerde.

Ten slotte hielden de bezoeken op. Ik ging studeren, studeerde af en keerde terug, maar de noodzaak om vruchtentaarten te bezorgen leek voorbij. Zonder die visite verdween Farrell uit mijn bestaan. Hij was nu eerder een jeugdherinnering voor me dan een levend wezen.

Zodoende was het een grote verrassing toen ik op een nacht wakker schrok uit een afgrijselijke nachtmerrie. In die droom stond Farrell tegenover me aan de overkant van een brede straat. Met een overdreven armbeweging gebaarde hij me dat ik de vier rijstroken die ons scheidden moest oversteken. Zijn gezichtsuitdrukking was volledig nietszeggend, maar ik besefte dat hij me iets heel belangrijks te vertellen had. Steeds opnieuw deed ik een stap naar voren om naar hem toe te lopen.

Maar elke keer zwol het verkeer weer aan. Er werd geclaxonneerd en er drongen vrachtwagens en personenauto's en grote taxi's tussen ons in. Mijn weg was geblokkeerd dus kon ik hem niet bereiken. Ik schrok wakker.

De volgende ochtend belde mijn vader om me te vertellen dat Farrell die nacht plotseling was overleden.

Ik denk dat ik er wel aan zal wennen dat iets van Farrell zich in zijn stervensuur tot mij wendde. Maar waarom kon ik die straat niet oversteken? Ik geloof dat er een kloof tussen leven en dood bestaat, een zee die het sterflijke vlees niet kan oversteken, ook niet tijdens de slaap. Misschien mocht ik daarom dat laatste verhaal niet horen dat hij me wilde vertellen. Maar misschien is het juist dat ik tijdens een van die eindeloos lange bezoeken van zolang geleden te goed heb geleerd hoe ik een ander mens kan negeren, een man wiens leven zich afspeelt in een bruine kamer achter in het huis van zijn moeder.

Stew Schneider, Ashland, Kentucky

De muur

Ze stond me op te wachten toen ik het lokaal binnenkwam. De witte stijfselkraag rond haar gezicht stak vrolijk af bij haar golvende zwarte habijt en de pikzwarte kralen die rond haar middel hingen. Het was een klein Frans nonnetje van in de tachtig met warme, donkere ogen en een klein snorretje dat bibberde als ze sprak.

'*Fermez la porte, s'il vous plaît*,' zei ze tegen me en wees op de deur. Ze had in het Engels zo'n zwaar accent dat je haar Frans net zo gemakkelijk of zelfs gemakkelijker kon verstaan.

Het was in de zomer na mijn eindexamen van de middelbare school en ik had me ingeschreven voor een introductiecursus Frans aan het Baratcollege in Lake Forest, Illinois, een kleine katholieke universiteit die door de Zusters van het Heilige Hart werd bestuurd. Ik was de enige leerling van deze cursus dus boekten we snel vooruitgang. We spraken meestal Frans, maar we gebruikten ook veel gebaren, en de uren die we samen doorbrachten werden voortdurend onderbroken door veel vrolijkheid en gelach. Telkens als ik haar op een inconsequentie wees in de Franse grammatica keek ze me met een geamuseerde blik aan en antwoordde met een zwaar Frans accent: 'Mijn liefje, waarom is het Engels meervoud van *box boxes* en van *ox oxen*? Zo, we gaan verder!'

Op een dag werd ik met waterige ogen en een opgezwollen nek en keel wakker. Zelfs mijn moeder, die pas een dokter zou laten komen als je op sterven lag, besloot dat ik die dag thuis mocht blijven. Ik lag dagenlang met knallende hoofdpijn en extreme koorts in bed. Op een avond vertelde ik mijn ouders dat ik bang was dat ik de volgende morgen niet wakker zou worden als ik toegaf aan de slaap. Mijn moeder lette er niet op, maar mijn vader, die om 5:00 uur op moest om naar Chicago te forenzen, bleef me de hele nacht voorlezen. Ik had geen idee wat hij las, maar in mijn delirium zag ik mezelf op een hoge stenen muur staan die bijna in tweeën brak. Ik wist dat als hij brak mijn lichaam en geest gescheiden zouden worden. Mijn lerares Frans stond aan de andere kant van de kloof en stak haar hand uit. Ik greep hem, stapte over de breuk en voegde me bij haar. Daarna viel ik in een diepe slaap en wist ik dat ik veilig was. Voordat hij de volgende morgen naar zijn werk ging, zei mijn vader tegen mijn moeder: 'Zorg dat er een dokter komt.'

Laboratoriumonderzoek wees uit dat ik mono had, een pas ontdekte klierontsteking. Ik kreeg antibiotica en sliep en sliep het grootste deel van de zomer. Op een ochtend ontwaakte ik herboren, verfrist en besefte plots dat er buiten vogeltjes zongen. Ik haastte me om mijn Franse lessen op het Baratcollege met die lieve lerares te hervatten, maar de nonnetjes vertelden me dat ze tijdens mijn afwezigheid was overleden. Ze had deze wereld verlaten in de nacht waarin ze mij over de muur had geholpen.

Vicky Johnson, Great Falls, Montana

De hemel

Het overkwam me toen ik zes was. Ik ben nu vijfenzeventig maar het staat me nog even helder voor de geest als de dag van gisteren.

Mijn zuster Dotty was acht jaar ouder dan ik en zij was verantwoordelijk voor mijn opvang na schooltijd. Ze had er een hekel aan, maar ik vond het heerlijk om met haar mee te gaan als ze haar vriendinnen opzocht. Op een middag moest Dotty naar het huis van een meisje om een huiswerkopdracht uit te voeren en sleepte mij plichtsgetrouw mee, drie trappen op. Ik wist dat ik me zou gaan vervelen. Terwijl zij in de keuken hun huiswerk deden werd ik volledig aan mijn lot overgelaten. Ze zaten samen te giechelen en negeerden mij volledig. Ze noemden me kreng en rotkind en pestten me vaak net zolang tot ik begon te huilen.

Die middag had ik niks te doen. Ik was per slot van rekening pas zes. Ik probeerde hun aandacht te trekken, maar ze waren hard aan het werk en keken niet eens mijn kant op. Dus besloot ik een toeval te krijgen. Ik ging op de grond liggen en begon met mijn benen te trappelen. Ik schreeuwde, stampte, maakte zoveel mogelijk kabaal. De onderbuur kon de herrie niet verdragen en pakte daarom een stok en begon tegen het plafond te bonken. Daar werd ik bang van, maar ik bleef stijfkoppig stampen en schreeuwen. Ik maakte afgrijselijk veel herrie. Maar mijn zus bleef me negeren en zij en haar vriendin lachten alleen maar om me te tonen hoe weinig het ze kon schelen wat ik deed. En de dame van beneden bleef in haar keukentje op tweehoog bonken en uit volle borst gillen. Uiteindelijk hield ik op met schreeuwen – van pure uitputting – maar de dame bleef tegen het plafond bonken. Ik voelde het getril in mijn lijf en toen hoorde ik haar roepen: 'Ik kom naar boven! Het zal jullie berouwen!'

Mijn zus en haar vriendin raakten in paniek – en ik ook. Dotty greep me bij de hand, trok me naar de deur en deed die open, terwijl ze luisterde of die dame niet naar onze verdieping onderweg was. 'Houd je kop,' zei ze tegen mij en toen kneep ze in mijn arm om te zorgen dat ik me gedroeg. Ik was zo bang dat ik moest jammeren, maar ze bleef in mijn arm knijpen tot ik kalmeerde. Terwijl we daar in het trapportaal stonden te luisteren naar tekenen van die vrouw voelde ik Dotty rillen van angst. We konden het gebouw niet via de trap verlaten want dan moesten we voor de deur van die mevrouw langs. Dotty was bang dat ze ons stond op te wachten. De enige uitweg was de trap op.

Ze trok me mee naar de vierde verdieping, naar de vijfde, naar de zesde en toen kwamen we bij een stalen deur. Tot ons geluk wist ze hem open te krijgen. We gingen het dak van het gebouw op, maar dat besefte ik niet. Ik was nog nooit eerder op een dak geweest dus wist ik niet waar we waren. Ik wist niet wat voor plek dit was. Ik weet wel dat we over muren klommen en van het ene dak naar het andere renden. Vervolgens stopte Dotty bij een andere stalen deur, opende die en leidde me de trap af naar de veiligheid.

We liepen de stoep op in deze vreemde straat. Ik weet niet waarom, nog steeds niet, maar toen we onze voeten op het trottoir zetten dacht ik dat we in de hemel waren gekomen. Ik verbeeldde me dat we in de hemel waren. Ik keek om me heen en was verbaasd dat ik kinderen touwtje zag springen net als wij deden en dat alles er hetzelfde uitzag – maar, hoe kon dat als we in de hemel waren? Toen we hoek om sloegen, zag ik winkels en mensen met tassen die in- en uitliepen, en ik was verbaasd. 'Dus zo ziet de hemel eruit,' zei ik tegen mijn zus, maar die luisterde niet. Iedere nieuwe straat vond ik opwindender dan de vorige. Ik dacht dat we door de trappen te beklimmen en over de daken te lopen in de hemel waren beland. Ik was zo blij dat we daar waren, waar kinderen als ik speelden. Toen sloegen we nog een hoek om en waren in onze eigen straat. 'Hoe is onze straat nou in de hemel gekomen?' vroeg ik aan mijn zus. Maar zij gaf geen antwoord. Ze trok me alleen de deur van onze flat in en zei: 'Houd je kop.'

Ik heb deze ervaring jarenlang voor me gehouden. Het was mijn geheim. Ik geloofde werkelijk dat ik in de hemel was geweest. Alleen begreep ik niet hoe ik daar was gekomen – of hoe ik de weg terug naar huis had weten te vinden. Het gebeurde in de Bronx. We woonden aan Vyse Avenue.

Grace Fichtelberg, Ranchos de Taos, New Mexico

De droom van mijn vader

Vele jaren geleden had mijn vader een droom over vliegen. Die kwam mij zo levensecht voor dat ik hem aan al mijn vriendjes vertelde. In de loop der tijd herhaalde ik het verhaal zo vaak dat ik het begon te beschouwen als iets wat mij was overkomen.

Mijn vader was manager van de camera-afdeling van Macy's. In de droom pakte hij de blauwe balpen uit zijn borstzakje om iets op een kladblok te schrijven. Toen hij op het knopje aan de bovenkant drukte steeg hij op. Binnen de kortste keren zweefde hij boven de glazen uitstalkastjes naar het plafond. Hij voelde zich erg tevreden, en gelukkig.

Vervolgens drukte hij op de clip van de pen. Bij sommige modellen kun je met die clip de punt naar binnen halen. Tot zijn verbazing merkte mijn vader dat hij recht vooruit ging. Hij merkte dat hij door aan de pen te frunniken de snelheid en richting van de vlucht kon bepalen; als hij de clip nog eens aanraakte ging hij achteruit. Hij was verrukt, vervuld van een enorm weldadig gevoel. Hij begon de winkel rond te vliegen, en doordat hij zo hoog zat kon niemand zien wat hij deed.

Bemoedigd door zijn nieuwe talent wuifde en glimlachte hij naar enkele van zijn collega's wanneer hij boven hun afdelingen zweefde – een vliegende, besnorde kleine man in een donker pak met een voorgestrikte vlinderdas. Geen van de klanten zag hem boven hun hoofden duikelen en draaien. Ze hadden het te druk met het bekijken van de koopwaar in de winkel.

De volgende ochtend aan het ontbijt vertelde hij ons die droom. Hij zei dat het heerlijk was om zo te kunnen vliegen, om machtig, vrij en gelukkig te zijn. Iemand had hem ooit verteld dat dromen over vliegen wezen op een goede geestelijke gezondheid. Hij had het idee dat zijn droom die theorie bevestigde.

Ik heb in de loop der jaren veel over mijn vaders droom nagedacht. Wat me er wellicht nog het meeste aan beviel was dat hij elke keer dat hij hem vertelde scheen te groeien, zijn gezicht klaarde op terwijl hij de vreugde en de geheime vrijheid beschreef van rondvliegen boven de hoofden van zijn collega's.

Mijn vader is nu zevenentachtig en hij herinnert zich zijn vliegdroom niet meer. De droom was een van de honderden merkwaardige, niet vastgelegde dromen die hem bezochten. Hij praatte er wekenlang over en daarna vergat hij hem totaal. Maar de kleinste dingen maken indruk op een kind, en zijn droom bleef me bij. Ik voelde de boeikracht ervan, en maakte hem me eigen.

In mijn variant stijg ik met de pen in de hand op en zie golven van zeewier, donkerbruine fluwelige velden, de Grote Vlakten en woeste lenterivieren onder me door trekken terwijl ik door het luchtruim zweef. Ik gier over glinsterende Afrikaanse dorpjes en uitgestrekte vlakten met blauwachtige sneeuw zonder hitte of kou te voelen. Ik zie massa's keizerpinguïns als stomme standbeelden op de kust van Antarctica zitten wachten tot het voorjaar wordt en dringende hordes mensen zich het metrostation in storten. Ondanks de geografische verschillen is mijn denkbeeldige landschap altijd en eeuwig zonovergoten, waardoor ik mijn trillende schaduw over het hobbelige, verweerde aardoppervlak kan volgen.

Ik denk dat mijn vader gelijk had met de macht van de droomvlucht. Hoewel ik niet kan beweren dat die dromen duiden op mijn eigen goede geestelijke gezondheid, weet ik wel dat ik erna verkwikt ontwaak ondanks de afstand die ik heb afgelegd. Ik voel me ontspannen, ik kan het leven aan en voel me een tikje stiekem. Alsof ik in het geniep heb gevlogen.

Mary McCallum, Proctorsville, Vermont

Parallelle levens

Ik ben altijd jaloers geweest op mensen die terug konden keren naar de plek waar ze zijn opgegroeid, die ergens een thuis hebben.
 Ooit heb ik ook een poosje zo'n plek gehad. Dat was Mundelein, Illinois in het stadsdeel dat Oak Terrace wordt genoemd op Elmwood 244. Het huis uit de jaren veertig stond op een met bomen omzoomd perceel van een halve hectare. Het terrein werd begrensd door een kanaaltje dat naar een meertje voerde. Kort na de scheiding van mijn ouders vroeg mijn moeder of ik het goed vond als zij het huis verkocht en wij naar Madison, Wisconsin zouden verhuizen opdat zij haar opleiding kon voltooien. Hoe kon ik dat weigeren, vooral op de nieuwsgierige leeftijd van zestien jaar?
 Sinds die dag voel ik me sterk verbonden met mijn oude huis. Jarenlang heb ik het vrijwel elke nacht in mijn dromen bezocht.
 Naarmate het leven mij steeds verder van Oak Terrace voerde werd verhuizen een gewoonte. Ik neem aan dat ik op zoek was naar een plek waar ik mij geworteld zou weten. Ongeacht waar ik belandde, ik voelde me altijd net een dikke tak die op het asfalt was gevallen.
 Ik verhuisde op de bonnefooi naar Californië. Ik verhuisde naar Chicago om de geboorte van de tweeling van mijn zus Alexandra, Joey en Izzy, mee te maken. Ik verhuisde naar Europa om me te verstoppen. Ik verhuisde naar Texas vanwege een baan. Ik verhuisde naar Colorado vanwege de loopbaan van mijn vrouw. Ongeacht waar ik woonde, het huis bleef me al die jaren helder voor de geest staan dankzij die levensechte dromen. Vreemde mensen, bekende mensen, zo nu en dan een reis door de muren van het huis naar een andere dimensie waar alles tegengesteld is. Krachtige dromen waarin ik aan het graf sta van een lievelingsdier uit mijn jeugd terwijl het huis in vlammen opgaat. Op het gras vallen en de vertrouwde koelte en de geur van rottende wilgenbladeren gewaarworden.
 Zo nu en dan keerde ik terug naar het huis om eens te kijken

wat de eigenaar ermee had gedaan. De eerste keer stapte het gezin net in zijn boot om het meer op te varen. Ik wilde ze niet lastigvallen, dus stapte ik weer in de auto en reed naar de brug aan het eind van het kanaal. Toen zij eronderdoor voeren, stond ik op het randje en de vader, moeder en het jongetje keken allemaal dezelfde kant op. Het kleine meisje lag evenwel op de bodem van de boot omhoog te kijken. We keken elkaar aan en iets in haar blik raakte me. Het klikte tussen ons, alsof we elkaar al een heel leven kenden, of langer.

Een paar jaar later woonde ik in Austin, Texas. Ik had mijn aanstaande vrouw, Melissa, in de tussentijd ontmoet en zij verhuisde in september naar Austin om bij me in te trekken. Op de avond dat ze aankwam werd er op de deur geklopt. Melissa's hond, Luna, begon te kwispelen en aan de spleet onder de deur te snuffelen. Ik keek uit het raam maar zag niemand. Opeens ging de deur open en wandelde er een grote chocoladekleurige labrador binnen. De hond keek me aan met een blik die scheen te zeggen: 'Ik ben weer thuis.' Luna en die vreemde, maar vriendelijke hond, begonnen meteen te stoeien. Toen ik de halsband bekeek zag ik tot mijn verrassing dat het adres Jones Street 914 was, mijn adres. Aan de andere kant van het plaatje stond 'Zoey'. We vonden de hond leuk en kwamen na een poosje achter de oorzaak van de verwarring. Nadat hij was verhuisd had de vorige eigenaar verzuimd het adres op het plaatje te veranderen. De hond was weggelopen en teruggekeerd naar haar oude thuis.

Precies een jaar later gingen mijn vrouw en ik op reis naar Chicago. Toen we daar waren besloot ik haar het huis in Mundelein te laten zien. Op het moment dat we voor het huis stopten stond de vader buiten. Ik legde uit dat ik hier was opgegroeid en hij nodigde me uiterst vriendelijk uit om binnen te komen zodat ik kon zien wat hij ervan had gemaakt. Ik was verrukt.

Toen hij de deur opendeed sprong er een prachtige chocoladekleurige labrador tevoorschijn. Ik vroeg hoe oud ze was: 'Ze wordt deze maand één.' Daarna vroeg ik hoe ze heette en de man zei: 'Zoey.' Mijn vrouw en ik keken elkaar aan.

We gingen naar binnen. Het huis leek een stuk kleiner. De vrouw van de man nam me mee naar boven en de herinneringen overspoelden me. Op een plank met speelgoed zag ik ABC-blokken achter elkaar gezet de namen van hun beide kinderen vormen: Alexandra en Joey. Melissa en ik keken elkaar weer aan.

Was deze vrouw op mijn dromenzender afgestemd? We waren allemaal zo verbaasd dat ik open kaart speelde. Ik vertelde haar dat ik al die tijd over het huis had gedroomd en hoopte dat ze dat niet erg vond. Ze had altijd een aanwezigheid in het huis gevoeld, zei ze, maar niemand had haar willen geloven.

Ik nam aan dat haar oudste kind, Alexandra, was geboren rond de tijd dat Alexandra bij mij op bezoek was geweest. Het was voor ons beiden een belangrijk en waardevol bezoek geweest en na al die jaren apart te hebben gewoond verbond het ons weer met elkaar. De zoon van de vrouw, Joey, was geboren in de tijd dat de Joey van mijn zus was geboren. En het mooiste van alles was dat dit gezin een chocoladekleurige labradorpuppy had gekocht en die Zoey had genoemd in de maand waarin een hond van hetzelfde ras en met dezelfde naam in Texas bij mij had aangeklopt.

Iemand heeft me ooit verteld dat gelijktijdigheid plaatsvindt als je beschermengel je laat weten dat je op het goede moment op de juiste plek bent. Broodkruimels van het lot.

Timothy Ackerman, Erie, Colorado

Anna May

Ik ben in een aangename woonomgeving opgegroeid in het midden van North Carolina. Onze woonwijk was bescheiden en de meesten woonden in kleine oude huisjes: hardwerkende arbeiders als vaders, bezige huisvrouwen en actieve kinderen van alle leeftijden.

In een huis woonde echter een eenzelvige persoon die Anna May Poteat heette. Het was een oude vrouw die voorzover wij wisten geen familieleden had. Enkele fantasierijke kinderen geloofden dat ze een heks was.

In werkelijkheid was Anna May Poteat een keurige vrouw die nogal op zichzelf was. Elke ochtend schuifelde ze haar kleine opritje af om de post en de krant te pakken, maar de rest van de tijd verbleef ze in haar kleine witbetegelde huisje.

Als kind was ik een van de weinigen uit de buurt die Anna May leerden kennen. De moeders uit onze straat brachten haar met de feestdagen zelfgebakken taarten, maar ik bezocht haar regelmatig. In de zomer maaide ik elke week het gras bij haar. Ik kreeg drie dollar voor dat karweitje.

Als ik klaar was met het gras verleidde Anna May me altijd tot een praatje. Ik stond dan in haar salon zwetend van de hitte en de vochtigheidsgraad de vreemde geuren in te ademen die in het huis hingen, wachtte tot ze me mijn beloning gaf, en onvermijdelijk bereed ze haar stokpaardje. Ik weet nog hoe breekbaar haar oude stem was, maar die kreeg een zekere jeugdige opwinding zodra ze haar plakboek tevoorschijn haalde om me het bewijs te tonen van haar meest recente triomf. Het plakboek bevatte de kroniek van wat zij het liefst haar 'gave Gods' noemde.

Die gave was de gave van de voorspelling. Ze beweerde dromen te hebben die de dood van beroemdheden aankondigde, en ze hield die dromen en de data waarop ze plaatsvonden nauwkeurig bij. Ze schreef haar weergave ervan op een bladzij in het plakboek en ten slotte, als de hoofdpersoon van de droom overleden was, knipte ze de rouwadvertentie uit de krant en plakte die naast haar eerdere aantekeningen op de bladzij. In haar redenering was dit het sluitende bewijs dat haar droom het overlijden van deze of gene befaamde politicus of beroemdheid had voorspeld.

Ik herinner me dat ze me stukken over Eisenhower, Marilyn Monroe en Martin Luther King Jr. liet zien. Er waren diverse andere onderwerpen in het dikke boek, maar het merendeel van de mensen stamde uit vroeger tijden en ik kende hun namen niet in alle gevallen. Ik nam aan dat ze nogal trots was op haar gave, want ze hield me daar regelmatig langer dan een uur vast, terwijl ze met haar artritisvingers in het boek bladerde en met groeiende verwondering haar oude voorspellingen ophaalde als ze besefte hoe precies ze waren geweest of anders triest voortmummelde over het verlies van heldhaftige en inspirerende mensen.

Ik was in die tijd net een tiener en ik weet wel dat ik meer interesse had in het krijgen van mijn drie dollar en een minzame aftocht uit de woning. Maar vaker dan ik me kan herinneren zat ik naast Anna May Poteat in haar salonnetje mijn ongeduld te verbergen en te luisteren naar haar verhalen. Toen ik mijn ouders over Anna Mays ontboezemingen vertelde grepen zij de gelegenheid aan om me te onderrichten in de fenomenen seniliteit en ouderdom. Ze herinnerden me ook aan mijn plicht om haar ondanks haar gebrekkigheid respectvol en welgemanierd te behandelen. Ik volgde hun aanwijzingen op en bleef haar tuintje maaien, haar oude overpeinzingen zo vriendelijk mogelijk ondergaan en mijn beloning opstrijken.

Tot op een avond toen ik weer met mijn grasmaaiertje bij Anna Mays huis verscheen. Zoals gebruikelijk begon ik met het maaien van het gras. Toen ik klaar was, klopte ik aan, maar er reageerde niemand. Dat was merkwaardig. De klop op de deur was altijd haar teken geweest om me binnen te loodsen voor ijsthee en een babbeltje. Die avond vertelde ik mijn ouders onder het eten dat Anna May niet aan de deur was gekomen. Mijn vader scheen bezorgd en tot mijn verrassing ging hij later die avond bij mevrouw Poteat op bezoek. Ik hoorde al spoedig dat Anna May heel erg ziek was.

Die avond werden politie en ambulance gewaarschuwd. Anna

May lag in coma toen ze haar vonden en was op sterven na dood. Ze werd naar het ziekenhuis gebracht, maar overleefde de nacht niet.

In de dagen daarna kwamen vrijwilligers van de kerken uit de buurt haar huis ontruimen en haar bezittingen inpakken om ze vervolgens te versturen naar haar familie in Juneau, Alaska.

Twee jaar later, toen ik naar de middelbare school ging, vertelden mijn ouders me wat ze hadden gehoord van een van de kerkleden die hadden geholpen bij het opruimen. Anna Mays plakboek was gevonden en gelezen en de leden van de gemeenschap waren op de hoogte geraakt van haar 'gave Gods'. De laatste bijdragen betroffen kennelijk dromen over haar eigen dood. Ze had ze in haar kroniek opgenomen, tamelijk gedetailleerde droomverslagen, en vervolgens had ze onder aan de bladzij in een voetnoot geschreven dat ze eraan moest denken geld voor mijn werkzaamheden klaar te leggen.

Jeff Raper, Gibsonville, North Carolina

Lang, lang geleden

Jimmy stierf in 1968 maar ik begon pas te rouwen toen ik zijn naam vijf jaar geleden aantrof op de herdenkingswebsite van Vietnamveteranen. Ik had niet verwacht dat het me zo zou raken, zo zeer zou doen om zijn naam te zien op een computerscherm. Dertig jaar is een lange tijd, zeven jaar langer dan Jimmy heeft geleefd. Maar kennelijk niet lang genoeg. Het was net of ik het nieuws net had ontvangen.

Die avond droomde ik dat ik een grote wond in mijn maag had. Die had de vorm van een krater die het gevolg is van mortiervuur. De dokter van de eerste hulp schudde haar hoofd en zei: 'Daar moet je meteen iets aan doen, maar daar heb je wel een andere dokter voor nodig. Zoiets enorms kan ik niet aan.'

Mensen die dromen onderzoeken zeggen soms dat elke persoon een ander aspect van de psyche van de dromer voorstelt. Dus als ik zowel de dokter ben als de patiënt, vertel ik mezelf dat ik er zolang over heb gedaan om Jimmy's dood onder ogen te zien omdat het zo enorm is en dat ik er hulp bij nodig heb.

De zes maanden daarna heb ik documentaires en films over de Vietnamoorlog bekeken en boeken gelezen – geschiedkundige verslagen, dagboeken, orale geschiedenis, brieven naar huis, nieuwsgroepen op internet, getuigenissen van peilloze woede en verbittering, aanhoudende verwarring en wanhoop, zelfs van mannen die in de oorlog hadden geloofd.

Een veteraan uit het zuiden van Louisiana vreest de aanblik van de bayous die in de lente in bloei staan, want die symboliseren de komende zomer, die even dampig en drukkend is als de tropische oerwouden van Zuidoost-Azië. Zomeronweer klinkt als artillerie en als bliksemstralen het duister oplichten ziet hij gezichten en lichamen van dode vrienden, net als alle vorige zomers de afgelopen negenentwintig jaar.

'Ooit dacht ik dat ik al die vreselijke herinneringen op den duur wel kwijt zou raken,' schreef hij op een avond naar een nieuwsgroep van veteranen op internet. 'Maar ik besef inmiddels dat dat niet zal gebeuren.'

Een andere voormalig soldaat die in een doodgewone buitenwijk woont, lijdt aan zulke levensechte flashbacks dat hij op een avond 'in mijn camouflagepak, met een zwart geverfd gezicht in een onbekende tuin stond waar ik net een hond de keel had afgesneden'.

De Vietnamoorlog is nog niet achter de rug; die leeft in ons voort, net als de diepe, donkere, bloedige wond uit mijn droom.

Maandenlang ben ik elke avond ingeslapen met de hoop op een ander soort droom, eentje waarin ik te horen zou krijgen dat ik afscheid moest nemen van Jimmy. Vervolgens belde ik zijn zus Ann, een van mijn beste vriendinnen van de middelbare school en voor het eerst in dertig jaar spraken we elkaar. Het was een van de beste dingen die ik in lange tijd voor mezelf had gedaan. We hebben een uur lang zitten lachen en roddelen over onze leraren en klasgenoten van vroeger, net als toen.

Ann heeft een zoon genaamd Jim, die onlangs haar hart heeft gebroken door zich als reservist aan te melden bij de marine. Ze vertelde me dat Jimmy met kerst naar huis had mogen die week dat hij sneuvelde, maar besloten had in plaats daarvan de feestdagen te midden van zijn mannen door te brengen. Zes dagen voor kerst werd hij door zijn hoofd geschoten en overleed ter plekke.

Willen we dat niet allemaal geloven als er iemand overlijdt?

Die nacht nadat ik met Ann had gesproken droomde ik eindelijk over Jimmy. Hij kwam alleen maar langslopen in een kaki broek, een verschoten rode gebreide trui en instappers, dichtbij genoeg om te herkennen, maar te ver om aan te raken of mee te praten. Ik bleef naar hem kijken, probeerde zijn aandacht te trekken, maar hij staarde met zijn handen in zijn zakken, diep in gedachten in de verte. Het was schemerig en we liepen door een weiland dat in alle richtingen tot aan de horizon reikte. Hij was alleen, liep de zonsondergang in het westen tegemoet en ik liep met een groepje mensen de andere kant op.

In juni jongstleden zou Jimmy vierenvijftig zijn geworden. In ons dorp stond ik voor het eerst bij Jimmy's graf. Het ligt in de schaduw van een magnoliaboom, een eenvoudige marmeren grafsteen te midden van 43.000 kopieën, in het zicht van een azuurblauwe en smaragdgroene baai. Ik lees die paar woorden en getallen steeds weer, maar als ze een geheim of mysterie verbergen, dan heb ik dat niet kunnen ontdekken.

Lynn Duvall, Birmingham, Alabama

Bespiegelingen

Aan de kust

Ik weet niet hoe ik op de gedachte kwam. Ik wist alleen maar dat deze verjaardag op de een of andere manier anders moest zijn. Niet dat ik geen vriendinnen had om deze dag mee te vieren. Niet dat ik bij mijn familie weg moest. Niet dat het iets te maken had met het feit dat ik net van mijn man af was. Ik wist alleen maar dat ik weg wilde rijden. Ik wilde mezelf alleen en in afzondering feliciteren. Dus pakte ik op mijn vijfentwintigste verjaardag een stapeltje biljetten uit mijn geldpotje, nam plaats achter het stuur en reed weg. Ik had iedereen uitgelegd dat het niet persoonlijk was bedoeld, ik ging gewoon mijn verjaardag ergens anders vieren. Meer verklaring gaf ik niet.

Toen die zwaarbeladen ochtend daar was, had ik een merkwaardig opgewekt gevoel. Ik voelde me echt lekker toen ik ontwaakte. Nadat ik het geld had gepakt en in de auto was gestapt werd dat gevoel alleen maar beter. Gewoon rijden en gebouwen zien die ik nog nooit had gezien maakte me aan het glimlachen. Alles leek inspirerend en vol mogelijkheden. Toen zag ik een richtingaanwijzer: Nena's Restaurant. Mijn moeder wordt Nena genoemd, dus sloeg ik rechtsaf en kwam op het strand terecht. Ik had geen idee aan welk stuk van de kust ik zat of waar het ophield. Ik zag de zeemeeuwen, het spatten van de golven in de branding. De wereld leek merkwaardig scherp, maar ik had nooit geweten dat hij onscherp was.

Ik merkte dat mijn auto stilhield bij een vreemd ogend rijtje bakstenen winkeltjes vlak bij het water. Het was het enige teken van beschaving dat ik in kilometers had gezien. Mijn auto parkeerde zichzelf voor een klein pensionnetje en ik opende de deur. Ik weet niet meer waarom, maar ik liep naar binnen en vroeg hoeveel een kamer kostte. Het kon me niet schelen hoeveel het was; ik bleef. Een vrouw in een kleurig wollen pak ging me op een keurige perzikkleurige trap met schone witte muren voor naar mijn kamer. Ik zag een houten hemelbed met kussens met tressen. Er was een gezellige open haard en een patio met hetzelfde zeezicht dat ik al kilometers had gevolgd. Boven het bad op pootjes hing een ouderwetse gordijnring. De koelkast zat vol drankjes en het koffiezetapparaat was ingesteld om 's ochtends vroeg aan te springen. Ik bedankte de vrouw en wachtte tot ze vertrokken was.

Ik trok mijn cd's uit mijn tassen, vervolgens mijn wierook en mijn sigaretten. Ik bleef een tijdje zitten om de kamer op me te laten inwerken. De uitstraling ervan was zo vreemd en ideaal dat ik die alleen maar wilde voelen, helemaal totaal. Ik streelde de zeepjes in de badkuip en wierp mezelf op het bed. Ik was vrij, ik was helemaal, ongelooflijk vrij, en ik wist boven alle vragen en twijfels verheven dat ik daar moest zijn.

Ik waagde me de trap af en onderzocht het kleine plekje aan zee dat vandaag van mij was. Ik kocht een broodje en een badpak en voelde de zon op mijn gezicht. Ik praatte met vreemden en las de literatuur op de muren; ik rook de baksels en proefde het zout op mijn lippen. Ergens tussen de lunch en het moment dat de zon onderging haalde ik een pocket uit mijn tas en las een poosje op het strand. Toen de zon daalde en het keurig gemanicuurde strandvolk de restaurants in verdween bleef ik. Ik zag de zon aan zijn baan omlaag en de hemel haar kleurendans beginnen. Ik had mijn handen om mijn knieën geslagen en het zachte, warme, witte zand perste zich tussen mijn tenen. Ik stond op en liep naar het water, verlangend naar de spetters tegen mijn lijf. Terwijl ik erheen liep, voelde ik dat mijn lichaam deel begon uit te maken van de planeet. Het was alsof een deel van mij zich herinnerde dat ik gewoon een mens op deze wereld was en dat ik hier thuishoorde. Opeens maakte ik deel uit van de oceaan en de zonsondergang en de rijzende maan en mijn lichaam wilde dansen. En dat deed ik. Ik begon door het water te rennen en te spelen, en te springen en te spetteren en te glijden en te draaien en radslagen te maken en ik liet mezelf vallen en het kon me niet schelen of iemand me zag. Ik slenterde en hupte en liep op mijn handen. Ik ging in het water liggen en liet het over me heen spoelen; ik voelde mezelf de zee in gesleurd worden. Ik was zo vrij. En ik was veilig.

Toen ik ten slotte uitgeput was en de hemel donker werd keerde ik terug naar mijn kamer. De kamer wachtte me op en ik gehoorzaamde. Ik ging niet uit eten. De rest van mijn broodje salami opeten en mijn boek over de liefde lezen, daar verlangde ik naar. Ik nam een bad en brandde nog wat wierook. Na elk hoofdstuk van het boek ging ik op de patio een sigaret zitten roken. Tijdens die pauzes had ik de krachtigste gedachten. Ik herinnerde me dat geen enkele man me gelukkig of ongelukkig kon maken. Ik herinnerde me de sterren en wat ze vertegenwoordigen. Ik herinnerde me dat ik altijd bevriend had willen raken met mijn moeder. Ik voelde me door niets en niemand ingeperkt. Alles leek volmaakt en harmonieus en bereikbaar. Ik wilde niet gaan slapen, ik wilde niet dat dit gevoel zou verdwijnen. De hele nacht lang deed ik niets anders dan roken en lezen en naar de volmaakte nachtlucht kijken en beseffen dat ik me goed voelde. Dit gevoel was het beste gevoel dat ik ooit had gehad. Ik was aan niets en niemand gehecht, en niets kon me worden afgenomen. Het was van mij en het kwam uit een bron die nooit zou opdrogen. Ik had zoiets nog nooit gevoeld, in de verste verte niet.

Toen ik eindelijk in slaap viel duurde dat slechts een uurtje of twee. Ik ontwaakte en het gevoel was er nog; het was me niet in mijn slaap ontkomen. Ik liep om het pension heen en trof er een houten ladder aan die naar een glazen dakraam voerde. Eenmaal boven trof ik op het dak een stel tuinstoelen en -tafels aan. Alle stoelen stonden in een perfecte stand om de zon boven de einder te zien opkomen. Ik ging zitten. Het was net of de stoelen me hadden opgewacht. Ik had de slaap nog in mijn ogen, ik zat in mijn pyjama, om me heen was het een en al roze en blauw en geel. Ik sloot mijn ogen maar. Ik voelde het alleen maar.

Ik was bijna vierentwintig uur van huis. Toen mijn auto me die middag eindelijk weer naar huis bracht, wist ik dat er iets in me was omgeslagen. Het is daarna nooit meer teruggeslagen. Het had maar vierentwintig uur gekost.

Tanya Collins, Oxnard, Californië

Martini-cocktail

Er bestaat in de staat Washington geen lekkerder martini dan de martini die ze serveren in de bar van het oude Roosevelt-hotel in Seattle. Een nipje van deze sensuele samenstelling is tegelijkertijd even koud als winterregen en even droog als de woestijn zelve. Een nipje en je verleden en toekomst botsen op elkaar in een uitgekristalliseerd ogenblik: nu.

Boven alles: de martini is koud. Niet zomaar koud. Siberisch. Onderkoeld. Er is geen ijs aantoonbaar aanwezig, maar het vermoeden van ijs gaat in iedere zoete slok schuil. Hoe kan zoiets kouds zoveel warmte teweegbrengen? Dat is de ironie en magie en het mysterie die de martini kenmerken.

Het glas is belangrijk. En dat is maar een van de dingen die de barman goed doet. Er gaat niets boven de klassieke trechtervorm. Je wilt je glas kunnen kantelen en je gehemelte tegen het uiteinde van de poel laten rusten, het niet meteen in het diepe bij de duikplank storten. Het rijke aroma van de vermout behoort zijn aanwezigheid te suggereren, je niet te verdrinken in overmatig opdringerige vermoutigheid.

Vorm, ja. Maar ook formaat. En deze drager van het drinkgelag regelt dat ook. Groot. Het verklaart stoutmoedig: ja, ik ben een martini. Geen versneden wijn. Geen bloody Mary. Geen daquiri. Een avonturier, een klauteraar, een bon-vivant. Halverwege de tweede dubbele kan ik Bond overbonden. Ik hoor mezelf tegen de barman zeggen dat hij mijn genot moet schudden, niet roeren.

Een deel van de aantrekkingskracht van het v-vormige vat is het perfecte omhulsel dat het vormt voor de olijf, de favoriete garnering. Licht hellende zijkanten vormen de ideale glijbaan. Daar ligt hij. Sexy hangend in het centrum van de slinger, tegen de ene kant leunend, vervolgens, als het glas wordt geheven, tegen de andere. Een enkel pimentpootje loos in het drankje bungelend. Nadat het plastic zwaard dat door het rubberen groen van het zoutige, kauwbare omhulsel is gestoken verwijderd is, bereikt de wodkadoorlopen olijf zijn doel.

Ambrosia.

Martini's zijn niet loslippig. Een gesprek dat met martini wordt gesmeerd is belangwekkend, versterkt door een katalysator die tegelijk je remmingen vermindert en je gevoel voor ironie en pathos vergroot. Martini's zijn subtiel. Introspectief. Nadenkend.

Ze zijn Mahler en schemerdonker en de duistere kant van jazz. Een diepe blik in de ogen van iemand die toehoort. Tegelijk spiritueel, fysiek, ritueel en uniek. Je bent een en geen en alles. Een slok verwijderd van begrip en transformatie. Acteur, rebel, dromer.

Zijn martini's kieskeurig en bedachtzaam, bier is breedsprakig en onbehouwen. Microgebrouwen voor gesprekken op maximaal volume gepaard gaand met brede gebaren en woeste overdrijving. Bier is opschepperig en vol grappen en grollen. Advocaten, vertegenwoordigers, sportfanaten.

Bier is Bartók. Het is timpanon en woeste drukte en dramatische crescendo's. Bier is voor massa's en moppen tappen en breedsprakige verhalen met voorspelbare clous en geschuddebuik. Het is reusachtig en onbesuisd. Speedboten.

Martini's zijn filosofisch. Bedachtzaam. Vooruitstrevend. Ironisch verwrongen. Liplezen. Glimlachend begrip. Zeilboten. En de eenvoudige complexiteit van het leven stijgt bij wodka en vermout naar het oppervlak. Je wordt. Je leeft. Je bent.

Gespannen. En schoon. En schitterend. Martini's zijn vreselijk eerlijk. Geen kleurstof. Geen smaakstof. Geen toevoegingen. Geen kop. Geen schuim. Niet beter dan het slechtste ingrediënt. Een goedkope vermout benadeelt de wodka; minderwaardige wodka benadeelt de vermout. Wie met pek omgaat...

Een goede martini versterkt wat je op dat moment beleeft. Bier overdrijft wat je vroeger was.

Je kunt martini alleen drinken, maar je bent nooit alleen als je er een drinkt. De essentie van de volken en de generaties en de landen die je zijn voorgegaan zijn gedestilleerd in iedere slok die je neemt. Goed doorroeren met melancholieke bluespiano en een bitterzoete saxofoon en je hebt een drankje in de hand dat niemand ooit heeft gedronken en dat niemand ooit zal drinken en dat iedereen vanaf het begin van de jaartelling heeft gedronken.

Martini's zijn plaats- en persoonsgebonden. Of je nu in Noord-Amerika van kust tot kust reist of over de wereld, waar je ook een fles gin of wodka en droge vermout aantreft, je vindt er een bar die zijn martini verhandelt als de beste in de stad of de staat of het land of de wereld.

Ze vertellen de waarheid.

Jouw ervaring. Jouw genot. Jouw geheugen is onlosmakelijk verbonden, niet alleen met de sensatie van de verzadigende sappen die spetteren tegen je gehemelte, maar is voor eeuwig verweven met de rijke geschiedenis van het volk en het land waar het drankje vandaan komt en leefde en ademde.

In een wodka-martini inhaleer je het verdriet van de Russische boer en het stoïcijnse berouw van de Russische tsaar. Je weet je met hen verbonden door je menselijkheid, je overwinningen, je nederlagen, je geloof in dit doorzichtige elixer, in je verlangen naar vrijheid en welvaart en liefde.

Een martini met iemand delen is een uitnodiging om de intimiteit van het ijzige ijsland te ontdekken dat jij alleen bewoont. Elke slok laat de ijsberg dooien totdat, gaandeweg, onmerkbaar, een ijslaag wegsmelt en het weelderige tropische paradijs daaronder wordt ontketend.

Op slag ben je je bewust van je diepe eenzaamheid en je onmiskenbare verbondenheid. Door je aderen stroomt het levenssap van elke martinidrinker die je is voorgegaan. Samen zijn jullie geboren, samen leven jullie, worden jullie ouder en sterven jullie. Onderweg vergaren en verliezen jullie de familie en vrienden en liefde die het leven draaglijk en ondraaglijk hebben gemaakt.

Als je dorst naar kennis, zoek dan niet verder dan de bodem van je glas. Roer je dromen voorzichtig en je gedachten en verbeelding zullen je diepste wensen en hopen overtreffen.

Een goede martini is de culminatie van alle beslissingen in je leven. Goddelijke openbaringen verzinken in het niet als je ontdekt dat wat momenteel nieuw en revolutionair schijnt eigenlijk allang in je leeft, sluimerend, wachtend op de volmaakte martini.

Dede Ryan, Boise, Idaho

Nergens

Ochtend in het westen van Texas, bijna ochtend in New Mexico, en de weg begint te kronkelen. Die laatste zestig kilometer lijkt oneindig. Ik ga een steile helling af, andere auto's verdringen zich achter me, maar het is net of ik op hetzelfde punt ben als een uur geleden.

De weg ontrolt zich; ik ben gewend geraakt aan honderdtien kilometer per uur. Ik doe het vaker dan ik wil, maar uit noodzaak, en nu is het algehele gebrek aan stabiliteit cruciaal geworden. Enkele ritten betroffen werk voor de zaak, enkele waren privé en enkele waren het belangrijkste wat ik ooit heb gedaan. Het is geen activiteit. De auto doet het werk en de optelsom van kilometers is het enige resultaat.

Als je terugkeert van deze uitstapjes uit het gewone, geeft de terugtocht geen gevoel van afronding. Bijzonder zwaar voor een geconcentreerde wezensactiviteit zijn de noodzakelijke stops voor eten, brandstof en rust. Maar vaak worden die dingen vergeten omdat er kilometers moeten worden gemaakt...

En nu, nu de regen voorbij is, en de laatste driehonderd kilometer druipnatte en bijna ondergelopen weg wordt afgelegd, voel ik de zinloosheid van deze beweging. Ik kan niet weten wat iemand anders hier van me vindt, in dit deelmoment, maar ik weet het omdat iemand zich ervan bewust is dat ik langskom – omdat iemand aan mij denkt.

Dat is het moment waarop ik de manifestatie van dat externe innerlijke bewustzijn van me voel. Het begint zowel boven als onder het kruispunt waarop ik me bevind. Het is een geluid dat bijdraagt aan mijn luidruchtige bespiegeling van weg. Het fluit door de nacht, het totale evenwicht komt binnen bereik en vertrekt dan weer. Het geluid is enorm en doordringend en even snel een verdwijnende gedachtenis dat ik nergens ben.

John Howze, El Paso, Texas

Wat is er toch van
Era Rose Rodosta geworden?

Het is een prachtige naam en ik denk er vaak aan. Era Rose Rodosta. Haar verdrietige bruine ogen met die lege blik, lange asbruine vlechtjes, stoïcijns stilzwijgen en die aanhoudende snotterneus. Haar leven was al een kwelling en wij maakten het tot een hel. Ze woonde bij haar oude grootouders met een vreemde tongval. Niemand wist waar haar ouders waren en niemand was van plan dat uit te zoeken. Misschien ook maar beter. We zouden die kennis alleen hebben gebruikt om haar ermee te pesten.

We zaten op de Gundlach basisschool in St. Louis. We waren allemaal blank en zuiver en zeker van wat wel en niet acceptabel was. Wee degene met de miniemste verschillen. Ik herinner me Stanley met zijn rode krullenkop. Hij was een trotse jood en dat was het probleem. Was hij maar een beetje... nou ja, bescheidener geweest over dat onderscheid. Dan was er natuurlijk de kleine Cilia Kay, dat domme kind dat het waagde om met een groen en een bruin oog geboren te worden. Om het nog erger te maken was ze zo onfortuinlijk om armer te zijn dan de rest en woonde ze boven de schamele donutwinkel die haar ouders dreven. Elke ochtend grapten we welke donutvariant er vandaag weer uit haar kleren wasemde, want die stonken altijd naar de dagelijkse vetverrijking. Maar ik herinner me vooral Era Rose.

Als we uit onze bescheiden huizen en flats naar school meanderden passeerden we een kleine, duidelijk arme zwarte buurt. Het is bijna te pijnlijk om te noemen, maar de bewoners van die buurt vormden ons ochtendprogramma. We duwden en trokken om een plekje te veroveren aan de huizenkant van de stoep; dan kon je alles beter zien. Een gezin zat vaak op de veranda met z'n allen uit dezelfde doos muesli te eten. Iedereen die we zagen was 'minder'. Minder verf, minder schutting, minder gras. Het was ook minder blond, minder mooi en minder welvarend. We grinnikten om de ongebruikelijke kapsels; we staarden maar spraken of glimlachten nooit. Maar duidelijker nog dan dit terugkerende beeld herinner ik me Era Rose.

Era Rose was zo'n gemakkelijk slachtoffer. Ze deed nooit iets terug. Ze zette zich schrap en bleef afstandelijk en onbeschikbaar. Sommige dingen kwamen door haar harnas, want zo nu en dan zag ik een traan. Ik was niet zo opgevoed, dus bleef ik in het kielzog van de honende menigte. Mijn instinct zei: Ze is interessant, maar ik had nooit het lef om haar op te zoeken. Mijn hersenen konden het probleem niet overzien.

Ze droeg oude afdragertjes. Een Schotse rok met een uitgelegde zoom, slobberkousen en die eeuwige snotterneus. Nu besef ik dat ik jaloers was op Era Rose. Ze was beter dan ik in datgene waarvan ik het meeste hield: tekenen. Dat was op school mijn fort, maar diep van binnen wist ik dat zij getalenteerder was. Sterker nog: zij tekende voor zichzelf. Ze tekende voortdurend, prachtig en vanzelfsprekend. Haar portretten bezaten natuurlijke lijnen en rimpels waar ik jaloers op was, maar die ik niet kon nabootsen. Mijn schooldag was niet compleet zonder een jaloerse blik in haar tekenblok vol prachtige, creatieve beelden. Ik probeerde haar werk na te maken zonder de onmogelijkheid van die opgave te beseffen. Zij dook als lijdend, fascinerend wezen rond groep vier in mijn bewustzijn op en bleef aan de grenzen van mijn blikveld tot aan de brugklas van Beaumont middelbare school.

In groep negen begon ze te verpoppen. Het gesnotter verdween. Haar benen werden lang en ze werd slank met veel rondingen – allemaal verborgen onder die nog altijd afgrijselijke kleren. Zo nu en dan deed ze wel eens wat aan haar haar en soms deed ze zelfs lipstick op. Ze had een fluwelige huid en haar asbruine haar was dik en glanzend. Ik trof haar naam op de roosters van teken- en schilderlessen waar ik zelf geen tijd voor had; en op een dag zag ik haar daadwerkelijk met iemand pratend een tekenlokaal uitlopen. Haar mond stond meer naar een glimlach dan ik ooit had gezien. Niemand had veel erg in haar dat eerste jaar, maar nu zie ik het beeld van de koningsvlinder die haar vleugels laat opdrogen alvorens zich te verheffen. Drieënveertig jaar is het nu geleden dat ik haar voor het laatst zag. Ik verhuisde, naar St. Louis en Normandy highschool, maar als ik terugkijk denk ik zo vaak aan Era Rose.

Wat is er van dat meisje met die prachtige naam terechtgekomen? Bij vlagen heb ik telefoonboeken doorgeworsteld. Tevergeefs. Ik koester zo'n grote hoop dat het overdreven is: de hoop dat het haar goed gaat, dat ze een extra dosis welvaart heeft gekregen vanwege al die jaren waarin het geluk haar werd ontzegd. Era Rose, immer het meisje waarmee ik nimmer bevriend was.

Carolyn Brasher, Wentzville, Missouri

Rekenen voor beginners

Soms ging ik met mijn moeder naar de winkelstraat. Eigenlijk waren er nauwelijks winkels. Er was bijna niets op de plek waar ooit onze winkel stond en nu is er niets meer. Alleen een snelweg waar auto's als gekken voorbijflitsen, het onophoudelijke voortjakkeren van de auto's op de plek waar ik altijd met mijn moeder wandelde. Ik leg mijn hand in de hare. Boven ons zie ik de boomtakken wuiven en hoor ik het gefluister van de groene bladeren, een baldakijn dat tijdens de wandeling boven ons hangt en de reisagent kijkt op van zijn zitplaats op een rechte stoel waarop hij de Hongaarse krant *Nepszava* leest, kijkt op om naar ons te zwaaien, in zijn etalage de foto van een oceaanstomer, verschoten blauw en rood. We kennen niemand die ooit met de oceaanstomer gaat, maar de foto staat er nog steeds, een herinnering aan de mogelijkheid die ons altijd kan treffen. Mijn moeder draagt een tasje dat ze haar pukkel noemt. 'Zorg dat je altijd overal een zakdoek bij je hebt,' zegt ze tegen me. We gaan iets kopen wat ze 'rattenkaas' noemt en ik neem aan dat het de lievelingskaas van de ratten is. Maar het is voor de broodjes kaas die mijn vader verkoopt bij de koffie en kranten, de *Daily Mirror* en de *Daily News*, de *Bridgeport Post* en de Hongaarse krant – niemand leest ooit de *New York Times*. 'Snoepwinkelier', zegt mijn vader als ik hem vraag wat ik de leraren moet antwoorden als ze om informatie voor de schooladministratie vragen. Maar hij verkoopt nog meer, en wij zijn nog meer.

'En waar is je vader gevestigd?' vragen de leraren. Ze willen getallen, het precieze adres want die gegevens zullen ons levenslang nareizen. Maar ik kan die getallen nooit onthouden. De hoek van Cherry en Pine, zeg ik, want woorden kan ik wel onthouden. En ik houd ervan om die woorden samen uit te spreken, cherry en pine, kersen en dennen, koele noordelijke bossen waar we nooit zijn geweest en kersen die in de hoestdrop van Smith Brothers zitten, in de snoeptrommel, rood en zoet, maar minder lekker dan de zwarte drop met de smaak van het duister op je tong en minder lekker dan hoestdrop van HB. 'Ziekenhuismerk' lees ik op het doosje, want ik moet altijd alles lezen, woorden zijn mijn eten en drinken. En mijn moeder zegt dat ik minder moet lezen omdat het niet loont om zo slim te zijn. Kijk maar waar de blauwe Dodge staat, zou ik tegen de leraren kunnen zeggen. Hij zet hem elke ochtend een eindje vooruit. Ik hoor zijn voetstappen van de achtertrap bonken en erger me aan deze verstoring van mijn dromen. De vroege ochtenduren zijn de beste, zegt hij me. Let op de blauwe auto van mijn vader, dan vind je de plek van frisdrank en jujubes in de snoeptrommel die ik heb afgestoft met de vodden van oude hemden die hij me heeft gegeven. Jujubes die naar parfum smaken, die als sieraden aan je tanden plakken, en ik heb net je tanden laten repareren, zegt mijn moeder. Alleen zegt ze tfanden, dus niet die strakke t-klank die volgens de leraren zo belangrijk is. Ik kan wel zeggen dat ik het adres niet weet, maar weet wel elke middag de weg te vinden, als ik als een slaapwandelaar onder het spoor door kruip en langs de dreunende fabrieken loop totdat ik het verschoten groene zonnescherm zie met onze naam in witte blokletters, het opstapje van mijn vaders winkel en de houten hordeur met gaten waar de vliegen doorheen kunnen vliegen. Maar dat is niet wat ze van me vragen. Het zijn de getallen die ik nooit kan onthouden. Ik kan niet aftellen zoals hij me dat heeft geleerd bij het teruggeven van wisselgeld. 'Houd dat kind bij de kassa vandaan,' zeggen de klanten tegen mijn vader. Hoe kan ik de stuivers optellen als dat magere gezicht van die afgebeelde man alles voorstelt wat wij nooit zullen worden; iemand die macht over ons heeft, dat kan ik gewoon aan hem zien, glad en mager. De klanten gooien hun kleingeld op de toonbank en ik zie de buffel op het dubbeltje, zijn kop naar het gras gebogen, ik voel het aan mijn voeten als ik naar de plek van de prairies wordt geleid, mijlenver uitzicht waar ik de kracht van de zon kan voelen en de buffel me negeert, net als de klanten, hun hoofden gebogen boven hun koffie en kranten, aandachtig en op afzonderlijke plaatsen aan de toonbank. Ik probeer ze niet te storen als ik omzichtig rond hun voeten veeg zoals mijn vader me heeft geleerd. Getallen heb ik nodig om te slagen in het leven, dat weet iedereen. Maar niemand legt me ooit uit wat het ware leven van de getallen is dat ik zo helder voor me zie. Op school vertelt niemand dat ooit. Hoe ik de cijfers voorbij zie trekken.

Een, die zo machtig is en die de lange rij cijfers die na hem volgt durft te beginnen. Maar hij is alleen. Een met geen een om hem te vergezellen. Wat heeft hij aan al zijn macht als hij alleen is? Niet zo gelukkig als twee, deel van een paar, niet oneven, maar even. Gevaarlijke drie waar elektrische röntgenstralen uit schieten. Flash Gordon schiet stralen des doods om zelfs Ming de Boosaardige Heerser van het Heelal te doden. Drie als Richie Swenson, die de prullenbak in brand steekt en van school wordt gestuurd zodat wij geen gevaar lopen om te verbranden. Vieroog noemt hij me. Wat is er, Vieroog, vraagt hij. Richie Swenson, van school gestuurd en vrij als de buffel om op straat rond te zwerven, zal nooit als vier worden. Dik en op zijn gemak en veilig. Vijf is een rode cabrio. En zes is overbelast, moet overwerken. Zeven is eindeloos leed, dat weet ik zeker. Het leed der wereld, zwaar op je schouders, een oude overjas van leed die je niet kunt uittrekken. Ik wou dat ik het leed dat zeven heet niet kende. Ik wou dat ik het kon afwerpen, maar het blijft me voorgoed bij, de kennis van het eindeloze leed der wereld dat is vervat in het cijfer zeven. Acht is betrouwbaar en saai, zal de macht van zeven nooit leren kennen. Negen is erg mooi maar dat helpt niet; negen zal nooit gelukkig worden. En tien is ze allemaal de baas, woont op een heuvel aan de goudkust.

Hoe kan ik ze optellen of aftrekken? Me met hun levens bemoeien? Als Johnny tien appels heeft en Jimmy pakt er twee, hoeveel houdt Johnny er dan over? O, Johnny, hoe kom je sowieso aan zoveel appels? Johnny in je grote huis met al je appels waar je zo gemakkelijk aan bent gekomen. Jimmy achterbuurt. Geen appels in de familie. En over de geur van de appels? Ze liggen in rijtjes op de vensterbank van de zolderkamer waar mijn tante slaapt. Green en golden delicious heten ze. Ze heeft ze in rijtjes gelegd omdat ze het zo heerlijk vindt om in een kamer te slapen die naar appels ruikt. Op zolder lees ik alle verhalen uit haar staatsburgerschapsboekje achter elkaar. 'Mabel, moet je horen hoe dit kind leest,' staat op het briefje dat de leraar van groep twee me meegeeft naar de vijfde. Ik blijf slecht in rekenen. Ze is vast stom, zegt iedereen. Ik geloof ze stuk voor stuk.

Sandra Waller, New York, New York

Weerspiegelingen in een wieldop

Het was herfst in het noordwesten. Herinneringen aan het weekend met mijn oude vriend Keith bij hem thuis in Seattle hadden me een warm en tevreden gevoel bezorgd. Nu, na een paar uur rijden, was ik gewend aan het ritme van de thuisreis. De comfortabele cadans van mijn degelijke auto met zijn brede rubberbanden die onder me zoemden, het gouden licht op het landschap langs dit schaars gebruikte traject en het zachte, bijna onderbewuste geluid van de radio droegen bij aan mijn melancholieke bui. In deze dagdroom verdronken werd ik gaandeweg een aangename gemoedstoestand in gezogen waarin ik me bijzonder alert en ontvankelijk voelde. Een intrigerend voorgevoel volgde.

Ik tuurde naar een verkeersbord in de verte en voelde een vaag soort herkenning toen ik de naam van het volgende plaatsje las. Het was een opvallende en prachtige naam en ik herkende er de plaats in waar een andere vriendin, Shawnee, de laatste keer dat ik haar had gezien, een jaar of wat geleden, naartoe wilde verhuizen.

De afslag kwam al snel en ik merkte dat ik die kant op ging. Het was zondagmiddag en het was rustig op straat. Ik reed de hele hoofdstraat af fantaserend over hoe het zou zijn om mijn oude vriendin met een bezoek te verrassen. Binnen enkele minuten besefte ik dat dit precies het soort plaats was waartoe Shawnee zich aangetrokken zou voelen. Een overmaat aan prachtige oude bomen zette de trottoirs in de schaduw en kleine groepjes mensen stonden losjes bijeen van de warme namiddag te genieten.

Toen ik een telefooncel zag opduiken, parkeerde ik en zocht in de inhoudsopgave naar aanwijzingen om het adres of kantoor van mijn vriendin te vinden, maar vond geen van beide. Tot mijn verbazing werd het voorgevoel sterker. Ik beschouwde het als aanmoediging om mijn speurtocht voort te zetten en tuurde de volgende twee uur door de ramen van kantoorgebouwen, reed door woonwijken op zoek naar Shawnees opvallende oude auto en vroeg aan de plaatselijke bevolking of men haar kende. Geen van deze tactieken scheen me dichter bij mijn vriendin te brengen.

Toen ik ten slotte merkte dat het avond begon te worden, overtuigde ik mezelf van de zinloosheid van mijn zoektocht, na een laatste teleurstellende lus door het plaatsje reed ik de oprit weer op naar de snelweg. Toen ik snelheid won hoorde ik een vreemd rammelend geluid aan de passagierskant van de auto. Voordat ik besefte waar het vandaan kwam, schrok ik van het scherpe metalige geluid van een wieldop die losraakt en doorratelt over het harde wegdek. Ik remde af en stuurde de auto de berm van de smalle weg in, mijn blik gericht op de wieldop die druk ratelend voortrolde. Ik stapte de auto uit en liep met stevige pas naar de plek waar ik de wieldop het hoge bruine gras in had zien schieten. Ik stapte de geurige begroeiing in en zag na enkele minuten zoeken de zilverkleurige schijf onder aan een steile helling liggen. Ik liet me omlaag glijden naar een holte die vanaf de weg onzichtbaar was en bukte me om de stoffige wieldop op te rapen.

Op dat moment hoorde ik in de verte een motor sputteren. Ik keek op en zag een oude rode jeep uit het dichte dennenbos mijn kant op komen. Mijn ogen werden vochtig en mijn hart begon te bonzen toen ik de chauffeur van die jeep herkende. Dat was Shawnee. Onze blikken kruisten elkaar over de voorovergeklapte voorruit toen zij op de holte afreed waarin ik op mijn hurken die gedeukte wieldop vasthield.

Eventjes werd mijn aandacht afgeleid door de weerspiegeling van deze griezelige toestand in het bolle oppervlak van de wieldop. Op deze uitgestrekte vlakte zag ik mezelf en de uitgestrekte schaduwrijke helling achter me vertekend door de schijf overgaan in het landschap voor me en om me heen. Het motorgeluid werd steeds luider en het voertuig zelf verscheen op het glanzende oppervlak. Boven op deze kleine koepel vol bewegingen zag ik de levendige rode vlekken van de schemerdonkere hemel.

Binnen die vreemde nieuwe dimensie leek het me even mogelijk dat ik de ongelooflijke samenloop van gebeurtenissen zou begrijpen waarvan ik getuige was. Ik deed mijn best om het te begrijpen, maar voordat ik me mijn uitdaging bewust werd, werden mijn zintuigen in beslag genomen door de aanwezigheid van de roestige jeep die trillend een metertje van me af in een wolk van stofdeeltjes tot stilstand kwam. Ik sprong op en rukte mijn verbaasde vriendin van haar stoel voor een veel te late en beslist mystieke hereniging.

Roger Brinkerhoff, Galilee, Pennsylvania

Dakloos in Prescott, Arizona

Afgelopen voorjaar heb ik een grote verandering in mijn leven aangebracht en ik leed niet aan een midlifecrisis. Op mijn zevenenvijftigste heb ik die allang achter de rug. Ik besloot dat ik niet nog eens acht jaar wilde wachten op mijn pensioen en niet nog eens acht jaar lang juridisch secretaresse wilde zijn. Ik zei mijn baan op, verkocht mijn huis, meubels en auto, besteedde mijn kat aan de buren uit en verhuisde naar Prescott, Arizona, een plaats met dertigduizend inwoners, hoog in het Bradshawgebergte, met een goede bibliotheek, een hogeschool en een prachtig dorpsplein. Ik heb de opbrengst van alles wat ik heb verkocht belegd en ontvang nu maandelijks $ 315 rente. Daar leef ik van.

Ik ben anoniem. Ik maak geen gebruik van overheidsondersteuning. Ik krijg geen uitkering, zelfs geen voedselbonnen. Ik eet niet bij het Leger des Heils. Ik neem geen aalmoezen aan. Ik ben van niemand afhankelijk.

Mijn basis is het centrum van Prescott, waar alles waaraan ik behoefte heb zich binnen twee kilometer bevindt – goed te belopen. Als ik verder weg moet zijn, neem ik de bus die elk uur een rondrit maakt en waarvoor een dagkaart drie dollar kost. Ik heb een postbus – kosten: veertig dollar per jaar. De bibliotheek zit op internet en ik heb een e-mailadres. Mijn opslag kost zevenentwintig dollar per maand en ik heb er vierentwintig uur per etmaal toegang toe. Ik sla mijn kleren op, mijn voorraden cosmetica en schoonheidsproducten, wat keukenspulletjes en administratie. Ik huur een afgeschermd stuk van een achtertuin dicht bij mijn opslagplaats voor vijfentwintig dollar per maand. Dat is mijn slaapkamer, compleet met pooltent, slaapzak, matras en lantaarn. Ik draag een stoere rugzak met een veldfles, zaklamp en walkman, toiletspullen en regenpak.

Het Yavapai College heeft een olympisch zwembad en een dameskleedkamer. Ik volg colleges en heb toegang tot de faciliteiten; kosten: vijfendertig dollar per maand. Ik ga er elke ochtend heen om mijn 'toilet' te verzorgen en te douchen. Zodra het nodig is ga ik met een klein bergje kleren naar de wasserette; kosten: vijftien dollar per maand. Er toonbaar uitzien is het belangrijkste aspect van mijn nieuwe manier van leven. Als ik naar de bibliotheek ga zal niemand doorhebben dat ik dakloos ben. De bibliotheek is mijn woonkamer. Ik ga op een gemakkelijke stoel zitten lezen. Ik luister via de stereo-installatie naar prachtige muziek. Ik communiceer via e-mail met mijn dochter en type brieven op de tekstverwerker. Ik houd het droog als het buiten nat is. Helaas heeft de bibliotheek geen televisie, maar ik heb een student op college zien rondhangen die er wel een heeft. Meestal kan ik naar *The News Hour*, *Masterpiece Theater* en *Mystery* kijken. Om mijn culturele behoeften verder te bevredigen woon ik gratis generale repetities bij van de plaatselijke amateurtoneelvereniging.

Goedkoop en voedzaam eten vormt mijn grootste zorg. Mijn budget voor eten bedraagt tweehonderd dollar per maand. Ik heb een primus van Coleman en een ouderwetse percolator. Ik ga elke ochtend naar mijn opslagruimte om er koffie te zetten, die in mijn thermoskan te doen, mijn rugzak vol te laden, naar het park te gaan en er een zonnig plekje op te zoeken om van mijn koffie te genieten en op mijn walkman naar *Morning Edition* te luisteren. Het park is mijn achtertuin. Het is een heerlijke plek om te vertoeven als het weer een beetje zacht is. Ik kan er in het gras liggen lezen of een dutje doen. De hoge bomen zorgen bij warm weer voor aangename schaduw.

Mijn nieuwe manier van leven is tot nu toe comfortabel en aangenaam geweest doordat het weer in Prescott de hele lente, zomer en herfst heerlijk is geweest, al heeft het in het paasweekend wel gesneeuwd. Maar daar was ik op voorbereid. Ik heb een parka, laarzen en handschoenen, stuk voor stuk warm en waterdicht.

Terug naar het eten. Jack in the Box heeft vier dingen die een dollar kosten – Ontbijt Jack, Jumbo Jack, een broodje kip en twee rundvleestaco's Als ik mijn koffie in het park heb genuttigd neem ik een Ontbijt Jack. Het ouderencentrum heeft een gaarkeuken waar ik voor twee dollar een stevige lunch kan krijgen. Voor het avondeten terug naar Jack in the Box. Ik koop verse groenten en fruit bij Albertson. Van tijd tot tijd ga ik naar Pizza Hut – eten zoveel je kunt voor $4,49. Als ik 's avonds terugkom bij mijn opslag maak ik popcorn op mijn primus. Ik drink alleen maar water en koffie; andere dranken zijn te duur.

Ik heb een manier ontdekt om verschillende eetervaringen te krijgen en die met culturele avonden te combineren. In het centrum is een kunstgalerie en de vernissages worden in de krant aangekondigd. Twee weken geleden heb ik een jurk en een panty aangetrokken, ben naar de vernissage gegaan, heb genoten van de hapjes en de schilderijen bewonderd.

Ik heb mijn haar lang laten groeien en doe het in een paardenstaart net als toen ik nog op school zat. Ik verf het niet meer. Ik vind het grijs wel mooi. Ik scheer mijn benen of oksels niet meer en lak mijn nagels niet, draag geen mascara, blos of lipstick. De natuurlijke 'look' kost niets.

Ik houd van cursussen. Dit najaar doe ik pottenbakken, koorzang en culturele antropologie – voor mijn ontwikkeling, niet voor een tentamenbriefje. Ik houd van boeken lezen maar had daar nooit genoeg tijd voor. Ik heb nu ook tijd om helemaal niets te doen.

Uiteraard zijn er schaduwzijden. Ik mis mijn vrienden van thuis. Ik ben bevriend geraakt met Claudette van de bibliotheek. Zij was journaliste bij de plaatselijke krant en is een expert in het lospeuteren van informatie. Uiteindelijk heb ik haar verteld wie ik ben en hoe ik leef. Ze heeft er nooit bij me op aangedrongen dat ik anders moest gaan leven, en ik weet dat ze voor me klaarstaat als ik er behoefte aan heb.

Ik mis ook mijn kat Simon. Ik hoop maar steeds dat er een kat mijn pad zal kruisen, liefst voor de winter invalt. Het zou zo lekker zijn om tegen een wollig lijfje aan te kunnen kruipen als ik ga slapen.

Ik hoop dat ik de winter overleef. Ik heb me laten vertellen dat het in Prescott erg kan sneeuwen en dat de temperatuur er lange tijd onder nul kan zijn. Ik weet niet wat ik moet doen als ik ziek word. Ik ben doorgaans optimistisch, maar ik maak me wel zorgen. Bid voor mij.

B.C., Prescott, Arizona

Huisje Weltevree

Mijn eerste zeven levensjaren (1953-1960) heb ik doorgebracht op een klein boerderijtje met tweeënhalve hectare grond op het platteland van zuidoostelijk Michigan. Mijn vader werkte in een doe-het-zelfzaak veertig kilometer verderop, maar mijn moeder en hij leefden liefst op het platteland, wat zij beschouwden als 'het goede leven'. Het nu volgende is een herinnering aan een bijzondere zomeravond uit die tijd.

Ik sta in mijn zomerpyjama van het lichtste katoen. Het jasje heeft knopen tot aan de platte kraag die mijn nek vrijlaat als een sporthemd uit opa's tijd. De broek wordt opgehouden door een elastische band om mijn middel die ik uitrek en loslaat, waardoor hij zachtjes tegen mijn schone lijf petst, fris van een bad op een zaterdagavond in juni. Een zwak windje woelt door de wijde pijpen van de pyjama en streelt me als een lichte elektrische lading. Ik voel me gewichtloos.

Mijn vader is net klaar met grasmaaien. Ik hoor het geknerp van grind en de ratelende weerkaatsing van de harde wielen van de grasmaaier als hij die over de oprit het grijze houtschuurtje in rijdt. Hij draagt wat hij in mijn jeugdherinneringen altijd draagt: een wit T-shirt met v-hals en een slobberige grijze werkbroek. Zijn haar is zwart en zit plat op zijn hoofd. Hij is een slanke man van ruim een meter tachtig met bruine armen en een bruine nek en sproeten, zijn linkerarm is iets bruiner doordat die uit het raampje hangt als hij rijdt. Het parkeren van de grasmaaier markeert het einde van zijn werkweek. In mijn herinnering glimlacht hij steeds op zo'n vlotte, beetje scheve manier, die ik nooit met de glimlach van een ander zou verwarren.

Geluiden die door het gebrul van de grasmaaier overstemd waren keren langzaamaan terug; het gekoer van een avondlijke duif, gedempt door een nevelige windstilte, zweeft op de lucht. Ik kijk de kant van het gekoer op maar zie slechts een weiland vol kniehoog gras omzoomd door drassige bossen. Vanuit hun inmiddels donkere diepten klinkt het ononderbroken kwakende gebrom van kikkers, onzichtbaar, maar even aanwezig als het koele gras onder mijn voeten.

Mijn moeder zit op een oude metalen tuinstoel met een witharige baby op schoot, mijn broertje Pat. Ze draagt een wapperende zomerbroek, zelfgemaakt, en ze zingt zachtjes een liedje over de koning te rijk zijn en de straat waar je woont en een geel vogeltje.

Ik ruik leliebloesem, vers gemaaid gras, koeienmest, ivoorzeep.

Ik hoor het ritmische gepiep van een slingerend touw terwijl mijn zus Marianne heen en weer zweeft onder de enorme cederboom in de voortuin, haar roodblonde haar en nachtjapon wapperen samen op als vlaggen in de wind.

Mijn zus Sharon zit in haar pyjama op de rand van de veranda een zwart-wit poesje te aaien.

De tractor staat voor de garage geparkeerd. Mijn broer Mike is op de stoel geklauterd en houdt het stuurwiel vast. Hij denkt dat hij een volwassen man is die op straat rijdt. Mikes haar zit net als het mijne. Mama heeft ons met de tondeuse zomerkapsels gegeven zodat het restant meer op suède lijkt dan op haar. Mijn broer Kevin staat een metertje verderop handenvol gras aan Jerry, onze gevlekte pony, te voeren. Kevin heeft ook de suèdelook. Mike en hij zijn allebei in pyjama.

Ik heb nog andere herinneringen aan de boerderij, herinneringen die allemaal een duidelijke aanleiding lijken te hebben: ze zijn dramatisch of humoristisch of beangstigend. Maar mijn pyjama-avondherinnering wijkt af. Daarin sta ik domweg blootsvoets in de tuin. Ik herinner me de duif, het slingerende touw, mijn moeder en vader, zussen en broers, de schuur, de lelies, het bos – alles badend in het verstrooide licht van de wegstervende zomerzon.

Tim Clancy, Marquette, Michigan

Een doorsneeverdriet

Het is met enige schaamte dat ik vandaag de radio aanzet. Radio is de vriend die ik doorgaans verwaarloos; de vriend aan wie ik pas denk als het leven triest en wanhopig is geworden. Ik wend me altijd blozend van schaamte weer tot hem – maar hij staat me altijd op te wachten; hij wil me altijd weer terug.

Toen ik nog maar net alleen woonde luisterde ik, net zoals velen, elke dag: 's morgens als ik wakker werd en 's avonds als ik uit mijn werk kwam weer. Toen ik het beleg van mijn eerste zomer in New York doorstond was het geluid van de radio het enige wat ik kon verdragen.

En dus trof ik mezelf toen mijn eerste relatie stukliep in een bruin appartement aan en wendde me wederom tot de radio. De smaak van yucca die ik toen voor het eerst in dat kleine keukentje opbakte, de geur van doorrookte gordijnen en Murphy's oliezeep, de interviews, de nieuwsrapportages, de lange declamaties van zusterstations in de Berkshires – ze zijn met elkaar en met mij verbonden. Ze zijn de smaak, de geur, de verzadigde lucht van de eenzaamheid van toen.

Radio is per slot van rekening bedacht voor eenzamen, ontheemden en ontwortelden. In tegenstelling tot televisie – die voortdurend een kant op staart, die de aandacht van het hele gemangelde lijf opeist – is radio overal. Alleenstaanden hebben radio nodig, want niets anders kan de enorme leegten vullen die zelfs de kleinste appartementjes herbergen. Hij neemt het ons niet kwalijk dat we waren afgeleid, maar begint tactvol pas zodra we hem aanzetten.

Zijn klank is onze beschermengel, alomtegenwoordig maar niet pretentieus. We gaan onze gang terwijl de radio geduldig voortgaat. Zijn vasthoudendheid dempt zelfs onze meest plotselinge en ergerlijkste eenzaamheid, verzacht de kloof tussen onze ziel en de altijd afstandelijke muren. Op die manier is radio vergevingsgezind, en de eenzamen hebben behoefte aan vergeving.

Afgelopen voorjaar ging mijn hele leven op de loop – een broodnodige baan ging niet door, mijn relatie liep stuk. Ik koos het eerste, kleinste en sjofelste flatje dat ik tegenkwam. Ik had het geduld noch de moed om verder te zoeken. Ik veranderde van parfum. Ik luisterde naar de radio. En zonder waarschuwing begonnen me woorden in te vallen.

Terwijl ik huiverde bij die zee van kansen, sloegen mijn troost en vastigheid voor me op de vlucht; ik werd me de omringende lucht bewust. Die lucht kende mijn huid, was warm van mijn eigen stem. Zodra ik weer onderdak had, viel ik stil. Ik ontleende eenvoudige, glanzende woorden aan de kou die me omklemde. Ze zwommen op me toe; ze boden zich aan mijn net aan.

Maandenlang leefde ik zo, ging nieuwe vrienden uit de weg, verwaarloosde de vriendschappen die ik aan mijn vorige relatie had overgehouden. Ik stelde het zoeken van werk uit, leefde liever op koffie, op toast, op de zon die mijn smerige ramen zou trotseren. Het was een tijd van ondraaglijke inschikkelijkheid – ik moest werk zoeken, ik moest die oude vriendschappen nieuw leven inblazen, ik moest nieuwe vrienden zoeken. De oogst zou teruglopen.

Hoewel ik elke avond huilend in slaap viel, was het een van de heerlijkste, intiemste periodes uit mijn leven. Ieder ogenblik destilleerde ik mijn vrije tijd en dronk op haar; elke dag herbevestigde ik mijn hebzucht naar mijn eigen ononderbroken tijd, en alleen de radio was daarbij uitgenodigd.

Ik werd sterk, zo in mijn eentje. Maar gaandeweg maakte de praktijk een einde aan mijn uitstel. Ik trok bij een vriendin in, vond een baan. Ik werd verliefd.

Verliefd worden is zoiets als jezelf een hoek in verven. Opgewonden door de kleuren die je om je heen hebt aangebracht, vergeet je dat je vrijheid achter je rug afneemt. Mijn verwaarloosde rivier vertraagde, mijn vangsten werden schamel. Ik hield op met luisteren naar de radio. Ik begon tijd in mijn eentje weer te beschouwen als iets om dicht te plannen of weg te wensen in plaats van iets om mezelf over uit te strekken.

En nu, nu ik het ben vergeten, maken de zaken zich weer op om me te ontvallen – er zal weer een geliefde vertrekken; ik ga alleen wonen. Ik voel de lucht helder worden, de muren wijken ten opzichte van mijn lichaam.

Huiverend, zenuwachtig, zet ik de radio aan, voor het eerst in maanden. Paul Auster leest een verhaal voor over een meisje zonder vader, dat een kerstboom door de nachtelijke straten van Brooklyn sleurt. Hij vraagt ons om onze verhalen.

Er zijn voorwaarden aan verbonden: ze moeten waargebeurd zijn en kort.

Maar ik heb geen doden, geen reizen die het verhalen waard zijn. Ik ben nooit overvallen door enorme fortuinen of ongelooflijke rampen. Ik heb alleen mijn doorsneetriestheid. Erger nog, ik kan al weken niet schrijven, mijn hersens waren bezet met raadsels over ophanden zijnde afscheiden, ophanden zijnde veranderingen.

Dan overvalt het me: dit ogenblik is de vriendelijke hand van de eenzaamheid. De radio vraagt me terug, terug naar de kamers die hij met zijn stem van het warmste flanel zal vullen, terug naar het warme licht van alleen doorleefde tijd.

Ik heb de uitnodiging pas herkend als ik deze regels heb volgeschreven. Dat is mijn verhaal, inclusief de climax van het heden.

Soms is het een goed om verlaten te worden. Terwijl we onze verliezen nalopen glipt ons ik misschien weer naar binnen.

Ameni Rozsa, Williamstown, Massachusetts